JN317210

現代財政危機と公信用

中央大学経済研究所 編

中央大学経済研究所
研究叢書33

中央大学出版部

　　　　　　　はしがき

　日本の90年代不況は，世紀の転換点を越えてなお継続し，まさに18世紀末の「大不況」時代を彷彿とさせる．この90年代不況は，高度成長破綻以降も政官財一体となって推進されてきた国家丸抱えの成長体制，すなわち「日本株式会社」の挫折を意味するものにほかならない．これを象徴的に表現しているのが，バブル崩壊以降60兆円の公的資金投入体制の創出によってもなお払拭されたとは言い難い金融危機の継続と，いまや先進資本主義諸国のなかでは最悪というべき事態に陥りつつある財政危機の深刻化である．戦後一貫して日本の成長体制を支えてきた「日本株式会社」の両輪というべき財政と金融が，まさに制度的な破綻，システムの危機に直面しているのである．

　本書は，中央大学経済研究所の現代公信用論研究会のメンバーが，現在日本に集中的に現れている現代の財政金融危機を公信用という視点から考察しようとしたものである．編者の力量不足から，必ずしも体系的な章立てにはなっていないが，現代日本の財政危機の構造分析を軸に，欧米における公信用の最新の展開や現代公信用論の課題提起，さらには日本の金融危機に対する政策責任の解明など，本書が現代資本主義論の発展に幾ばくかの貢献ができているとすれば，執筆者一同望外の喜びである．

　以下，各章の内容を概略しておく．

　第1章「地方財政危機と公信用」（岩波一寛）は，現代日本が直面している財政危機の特徴を，財政赤字の全体構造を明らかにすることによって解明している．現在国際的に見て最悪の財政赤字を抱える日本であるが，GDP比における中央政府の財政赤字額は必ずしも国際的に際立ったものではない．国際的に突出しているのは地方政府の財政赤字である．そして，歳出面から見るなら

ば，わが国の社会保障基金は歴史的に巨額の余剰を蓄積しており，その結果中央・地方政府の社会保障財政負担は国際的に最低水準にとどまっている．問題は，高度成長期以来一貫して成長体制を維持するために遂行されてきた巨額の公共事業にある．しかも，中央政府は，この巨額の公共事業を地方財政に押しつけてきたにもかかわらず，それに見合うだけの税源を地方政府には移譲せず，一方で，地方交付税や国庫支出金を通じて地方政府を自らの管理下におきながら，他方で，地方財政を多様な債務形態に恒常的に依存せざるをえない方向に誘導してきたのである．

第2章「90年代地方財政危機の構造」(関野満夫)は，現代日本の財政危機における矛盾の集約点というべき地方財政に焦点を絞って，90年代における不況の長期化と地方財政にシワ寄せを強いる中央集権的なわが国の財政構造が，いかに地方財政の危機的状態を規定したかを解明している．とくに，1992年以降6次にわたって策定されてきた「総合経済対策」において，地方公共事業が大きな位置づけを与えられ，しかも国庫支出金が抑制されることによって，地方債への依存が深まっていった点に注目している．それによれば，地方交付税と地方債の優遇措置を利用することによって，地方自治体は，事業費総額のわずか10%を資金手当てしさえすれば地方単独の公共事業に着手でき，最終的な財源措置率は最大56.2%に達した．また，地方自治体のなかでも「富裕団体」に属する大都府県において財政硬直化現象が際立っているが，この原因を，教育費比率の高さや景気変動の影響を被りやすい大都市の税収構造等に見いだし，地方財政危機一般に解消できない大都市問題にも光を当てている．

第3章「財政危機と公共事業」(加藤一郎)．2003年度までに赤字国債の発行をゼロにし，国と地方の財政赤字を対GDP比で3%以下にするなどの具体的数値目標を掲げたいわゆる財政構造改革法は，不況対策の旗印の下に，成立(1997年11月28日)とともに「その骨抜き・修正」の過程をたどった．この事実は，1965年以来もっぱらその財源を公債発行に求めつつ，つねに巨額の公共投資に成長の推進力を見いだしてきた日本資本主義の公共事業依存体質の

根深さを浮き彫りにした．ところで，現在では，公共事業の拡大と大量の公債発行・その累積が実際上連動していることは，誰の目にも明らかであるが，わが国の財政法上の公債の取扱いはそうではなかった．そこでは，公共事業のために発行されるいわゆる建設国債は，出資金や貸付金と同様にあたかも一定の自償性をもつかのように取り扱われてきた．本章では，この建設国債の性格ならびに公共事業の生産拡大効果について批判的検討が行われ，さらにこの建設国債の発行に基づいて急激に拡大した公的社会資本形成が，2010年以降更新期を迎えることによって新たな財政負担をもたらすことが示されている．

第4章「東京都財政の破綻と再建について」(秋山義則)では，東京都財政を対象に大都府県における財政危機の独自の問題が解明されている．東京都財政が，いわゆる「富裕団体」であるにもかかわらず，起債制限団体への転落が懸念されるようになったのには，大きく分けて二つの要因が作用している．その第一は，バブル期に政府・自民党と一体となって推進され，バブル崩壊後もなお継続されてきた「世界都市東京」論に基づく大規模な都市開発事業の失敗である．その中心をなした臨海副都心開発計画は，総事業費8兆円におよび，その当面の資金手当てを都債発行に依存したがゆえに，都財政を借金漬けに導いた．第二に，法人2税に大きく依存した税収構造と地方交付税不交付団体のゆえに，都財政は年度間の財政調整機能を構造的に欠如させている．1996年11月に発表された都の「財政健全化計画」は，投資的経費の削減を提起したものの，臨海副都心計画の抜本的な見直しを行わず，その結果今後最低でも1兆4,000億円の追加的な一般財政負担が見込まれる．また，都の歳入構造の構造的欠陥を打開するためには，法人事業税の外形標準化や，固定資産税などの一部税源の都から特別区への移譲などの抜本的な改革が必要である．

第5章「EU統合下の為替自由化と国債保有構造の変貌」では，EU統合に伴う為替規制の廃止が，ドイツにおける国債保有構造にどのような影響を及ぼしたのかを分析している．EEC(EU)における為替自由化の歴史は，戦後のドル体制崩壊の影響も関連して，強い通貨国と弱い通貨国との利害対立を軸に複雑な過程をたどった．ドイツについてみても，70年代には為替規制の強化

と為替自由化の流れとが交錯し，EU の基軸国として為替の全面自由化に最終的に踏み切るのは 80 年代に入ってのことである．そして，この為替取引の自由化の進展は，80 年代を通じてドイツの国債保有における非居住者すなわち外国投資家のシェアを大きく上昇させた．ところで，ドイツの公的債務は，90 年代に入って，連邦政府だけでなく，東西ドイツの統一に際して設立された「ドイツ統一基金」や負担償却基金などの準公共財政における債務の増大によって，大きく膨らんだ．この過程で，長期公債の発行方法は，従来のシンジケートによる引受から入札発行へと大きく変化した．この発行方式の変化と為替レートの変動に伴って短期的に流出入を繰り返す非居住者の保有シェア上昇によって，ドイツ債券市場のボラティリティーは高まる傾向にある．

第 6 章「アメリカにおける連邦資金調達銀行 (FFB) の活動」(井村進哉) は，アメリカにおける連邦信用計画の改革の歴史を総括することによって，日本の財政投融資も含めて公的金融活動の改革の基本的視点を提示しようとしている．アメリカでも，1960 年代以降，日本的に表現すれば「一般会計の財政投融資化」が進展し，連邦政府が関与する公的金融活動は多様化すると同時に肥大化した．70 年代に入って，この肥大化した連邦信用計画を合理化すべく設立されたのが，連邦資金調達銀行 (FFB) であった．だが，公的金融の資金調達ルートを統合することを目的とした 74 年の FFB 債 (現在日本で論議されている財投債のアメリカ版) の発行は不調に終わり，それ以降 FFB は財務省からの借入にもっぱら依存することになった．もう一つの目的であった各種政府機関の貸付債権の購入などによる公的金融の間接化の促進は，かえって議会統制の及ばないオフ・バジェットの形態での直接的な公的金融の拡大をもたらした．この結果，80 年代さらには 90 年代にかけて，信用予算制度を導入し，オフ・バジェットの公的金融の拡大を議会の統制下におく動きが強化され，最終的に公的金融の資金配分機能は，FFB から財務省内の二つの連邦信用回転基金に移管されることになった．

第 7 章「不良債権問題と『住専処理』」(米田貢) は，90 年代前半から表面化してきた日本の金融危機が，97 年 11 月以降本格化した主要な要因は，大蔵省

の金融危機管理の失敗にあるとする立場から，住専処理の過程を取り上げている．住専各社は，80年代に各設立母体行，母体業界によって土地投機を推進するための別働隊として利用され，バブル崩壊過程では不良債権の「ゴミ箱」として位置づけられた．大蔵省は，これら住専各社に対して，1991年9月から92年8月にかけて「第一次立入り調査」を行い，すでにそれらが事実上経営破綻の状態にある（住専7社の不良債権比率は37.8%）ことを知りながら，2度にわたって現実性の乏しい「再建計画」の策定を指導した．その狙いは，「再建計画」の存在を口実にして，大手銀行の経営を揺るがしかねない住専の不良債権処理を先送りすることにあった．「大手行は1行たりともつぶさない」，日本版 Too Big To Fail の採用である．この姿勢は，長信銀や信託銀行などを守るために，公的資金投入によって損失処理を一部先送りする処理案においても貫かれた．

　第8章「マルクスの公信用論」（龍昇吉）では，マルクス経済学における公信用論が，学説史的に検討されている．第一の論点は，国債と公信用との関連の問題であるが，マルクス段階では，公信用がもっぱら国債の形態で存在しており，現代のように政府貯蓄や国家による多様な形態での授信機能が展開されていなかったのであるから，マルクス自身が両者を必ずしも明確に区別していないのは当然であろう．第二の論点は，『資本論』における「国民的信用」「国家信用」をどう理解するかである．そこでは，主要には，「国民的信用」範疇によって中央銀行論の延長線上に国家規定を与えようとする濱内繁良氏の所説が批判的に検討されているが，現状では「国民的信用」「国家信用」の統一的理解はまだ生まれていない．そのうえで，従来もっぱら徴税権のみを前提に展開されてきた国債論に対して受益者負担金を根拠にして国債が増発されてきた現実，あるいは，民業を圧迫する存在となった郵便貯金などの存在，さらには，IMF，世銀，アジア開銀などの公信用の世界的な連鎖構造など，現代公信用論の諸課題が包括的に提起されている．

　なお，本書は，当初，第一章の執筆者でもある岩波一寛先生の古稀を記念するために，かつての大学院生をはじめ長年薫陶を受けてきた研究会メンバーが

中心となって企画したものであるにもかかわらず，出版が大きく遅れてしまいました．これは，ひとえに編者の怠慢によるものですが，改めて執筆者一同，岩波一寛先生の末永いご健康と御健筆を心より祈念させていただきます．

2000年3月

現代公信用論部会

主査 米 田 貢

目　次

はしがき

第1章　地方財政危機と公信用
　　　　──地方財政の赤字と債務累積の財政メカニズム──
　　　　………………………………………………岩波　一寛… 1
　1　はじめに………………………………………………………… 1
　2　日本の財政赤字の特殊性
　　　──国際的に突出する地方財政赤字──……………………… 3
　3　地方財政赤字の計量的検討…………………………………… 11
　4　地方財政債務の肥大化と多様化……………………………… 21
　5　地方財政の公信用依存の財政メカニズム
　　　──日本の公共事業目的公債の特殊性──…………………… 28
　6　増嵩する地方債務の負担帰着………………………………… 34

第2章　90年代地方財政危機の構造……………関野　満夫… 39
　1　はじめに………………………………………………………… 39
　2　地方財政赤字・財政危機の現状……………………………… 40
　3　地方財政危機の構造的背景…………………………………… 46
　4　「富裕団体」の財政危機……………………………………… 55
　5　地方財政システムの改革……………………………………… 63

第3章　財政危機と公共事業
　　　　──建設国債の位置づけ──……………………加藤　一郎… 71

1　バブル崩壊から財政構造改革へ……………………………………71
　　2　公共事業財源としての建設国債の意義……………………………77
　　3　転換が迫られる公共事業……………………………………………87

第4章　東京都財政の破綻と再建について……………秋山　義則…93
　　1　はじめに………………………………………………………………93
　　2　財政収支の破綻と債務拡大…………………………………………94
　　3　財政収支の破綻と財政運営のスタンス……………………………97
　　4　特異な歳入構造と財政運営の構造的な困難さ……………………109
　　5　計画における財政健全化の論理と問題点…………………………113

第5章　EU統合化の為替自由化と国債保有構造の変貌
　　　　──ドイツを中心として──………………代田　純…123
　　1　はじめに………………………………………………………………123
　　2　EU統合と為替自由化………………………………………………124
　　3　80年代以降の国債発行………………………………………………130
　　4　国債保有構造における非居住者比率の上昇………………………143
　　5　結論に代えて…………………………………………………………148

第6章　アメリカにおける連邦資金調達銀行（FFB）の活動
　　　　──公的金融資金調達の合理化問題と資金運用部に
　　　　　　相当する機関の役割を中心に──………井村　進哉…153
　　1　はじめに………………………………………………………………153
　　2　予算制度と連邦信用計画……………………………………………156
　　3　連邦資金調達銀行（FFB）の設立と活動…………………………167
　　4　予算統制の再強化と統合予算制度の発展…………………………175
　　5　むすびにかえて………………………………………………………181

第7章　不良債権問題と「住専処理」……………………米田　貢…187
  1　住専各社の経営破綻の実態…………………………………………188
  2　住専の経営破綻の内的諸要因………………………………………195
  3　日本金融界の投機的性格を象徴する住専問題……………………208
  4　住専問題と大蔵省・農水省の行政責任……………………………219
  5　住専処理はいかに行なわれたのか…………………………………229

第8章　マルクスの公信用論………………………………龍　昇吉…245
  1　マルクスの公信用についての見解…………………………………245
  2　現代公信用論の諸問題………………………………………………265

第 1 章

地方財政危機と公信用
―― 地方財政の赤字と債務累積の財政メカニズム ――

1 はじめに

　現在日本の財政は，先進国の中で最大の規模の財政赤字を出し政府債務を累積させている．政府は，これを「財政危機」として警告してきた．

　確かに 90 年代の日本の財政の収支状況は悪化の一途をたどり，財政運営も行きづまりを見せている．とはいえ，財政の国際比較における一般政府の財政赤字や政府債務累積の状態を，部門別に検討してみると，財政危機は一様ではなくかなり複雑な様相を伴なって展開していることがわかる．財政危機の実態把握のためにも，またその打開策を見出すためにも，そうした財政赤字の部門別構造分析が不可欠のように思われる．

　日本の社会保障基金財政は，先進国中最大規模の財政黒字を出し，積立金を累積させている．中央政府の財政赤字と政府債務累積額は，巨額ではあるが少くともこの現時点では国際的に尖出しているわけではない．それに対して地方政府の財政赤字と債務累積は，先進国中最大である．通常問題にされるわが国の財政赤字は，中央・地方両一般政府部門だけの財政赤字の純計なのである．

　このことを念頭におくと，一般政府の部門別財政収支尻の実態把握や分析をするためには，まず先進国の中で突出した財政赤字を出し続けている地方財政

の実態と原因を解明することが不可避である．この巨額な地方財政赤字を解明することによって，通常国際的に最悪とされている中央・地方政府財政の純計赤字を，それとの関連において明らかにすることができるからである．

　現在の地方財政の赤字と債務累積は，基本的には戦後日本の中央集権的な地方財政制度と運営の矛盾によるものにほかならない．地方財政は国の行財政政策に統制され，財政負担を転嫁されてきたのである．ところで，地方財政収支状況，とりわけ財政赤字を時系列で追ってみると，70年代後半以降，量・質ともに一挙に拡大を遂げている．地方財政危機はこの段階でより深刻な状況に移行していたのである．後に見るように，国の経済・財政に規定されながら70年代以降の日本の地方財政は，先進諸国の中で類を見ない大規模な公共事業費を背負い，財源調達を直接間接に公信用に依存してきたという財政運営に深く組み込まれているのである．

　こうした財源を決定的に公信用依存した公共事業による国と地方財政の歳出肥大化は，資金調達での金融面での消化問題を除けば，国民への税負担を先送りし租税抵抗を回避しうるということもあって，予算編成をめぐる政治力学で無原則に利用されてきた．日米構造協議によって課された内需拡大政策による総額630兆円の公共事業計画，日本の政治体質とされる政・官・財癒着による利益誘導に導かれた公共事業の予算化などは，まさにそれである．

　そこでは，資本蓄積促進のための産業関連社会資本の整備や，デフレ・ギャップを埋める景気政策としての有効需要拡大といういわば資本の論理に基づく要求を超えた，わが国の政治的社会資本拡張作用が強く働いてきた．林栄夫などによって指摘されてきた「不況期のケインズ主義，好況期の古典派主義」という便宜的財政政策[1]に導かれた公共事業拡充政策さえ，それは逸脱するほどのものであった．

　こうして膨張してきた公共事業は，揮発油関係の目的税源以外は専ら公信用による財源調達によって進められてきた．そして市中消化の形式をとりながら実は専ら公信用に依存したのである．という点では直接に，また経費を膨張させ財政収支尻の悪化をひき起こしこれを公信用発動で穴埋めしたという意味で

は間接的に，国と地方の財政の債務を増大させたといえる．

そして，その間，長期にわたって公信用依存で次々と先送りされた公共事業費の負担は，元本の長期分割分に利子加算した公債費という義務的経費に姿を変え，財政にそして国民の税負担に帰着しているのである．

地方財政の巨額な財政赤字と債務累積は，こうした国と地方の財政関係の中で深まっている．この小論は，以上のような視角に立って，現在の日本の地方財政危機と公信用との関連の分析を試みたものである．

2　日本の財政赤字の特殊性——国際的に突出する地方財政赤字——

90年代後半に至って日本政府は，従来からの財政政策・財政運営を転換せねばならぬことを宣言した．わが国の財政はいつ爆発するかわからない危険な時限爆弾を抱えたような状態となっている．これ以上財政破綻を拡大すれば，負の遺産によって後世代に受益を超える大きな財政負担を強制してしまう[2]．それだけでなく，21世紀初頭には財政・国際の両収支の巨額な赤字を派生させ，日本経済自体を破局に導いてしまう[3]というのである．

この財政政策・運営の軌道転換は，日本の経済・社会全体の構造改革構想の中に組みこまれ，その先導的で主要な部分をなすものとされていた．またこの「財政危機宣言」「財政構造転換構想」は，政・財界の中枢層に支えられ，それを背景にして勢力的に具体化の取組が開始された[4]．その結果，橋本内閣は1998年にこれを「財政構造改革法」という法的強制力を伴ったものとして実施することを決定した．

この「財政構造改革法」の財政再建構想は，理念的には新自由主義に沿ったもので，ケインズ主義の有効需要政策を清算し，「小さな政府」財政を指向するものであった．内容的には，社会保障関係費を中核とする民生的歳出を，系統的に厳しく抑制することを特徴としていた[5]．資本主義財政が「福祉国家」段階への移行に照応して定着させてきた三機能のうち，所得再分配と景気調整の両機能を縮小させ，「資源分配」機能に限定して市場に委ねるという性格のものであった．

この「財政構造改革法」路線は，深まる不況の中で政府の景気政策との矛盾を深め，行き詰ってしまった．そして，実質的には全く着手されないまま凍結される運命を辿った．というよりも，むしろその矛盾は政権の動揺を招き，反動的に逆方向に財政運営を加速させたのである．こうして清算を試みた従来型の赤字財政運営は，かえって拡大再生産されることとなっている．

現在日本の財政運営は，国を挙げて喧伝した財政危機・構造改革が嘘であったと思われる程，減税と財政支出拡大によって財政赤字をエスカレートさせている．

さすがにこの極端な赤字財政政策への回帰は，止むをえない「緊急避難」だと弁明されている．しかし過去の実績に照してみると，「当分の間」で実施された地方債許可制が半世紀を超えて恒常化されたように，あるいは国庫補助率の一括引下げや特例国債の発行などもそうであったように，最初は「緊急回避」「当分の間」であったものが，結局なし崩し的にそれは恒常化されることが多い．緊急避難は言訳に過ぎないのである．この短期的な経済・財政対策が，どのような長期的経済・財政政策と整合するのかが示されなければ，「緊急避難」は説得力を持たないからである．

「経済戦略会議」でもシミュレーション作業を行った結果，現在の財政政策は「持続可能」ではないとの結論をえた．財政赤字が拡大しても，後に景気が回復すれば税の自然増収によって財政赤字を解消するというような状況でないことが検証されたからである．

現状の乗数値や税収弾性値をもって税の自然増を推計するならば，公債増発による元利償還額を償還するだけの税収増を確保できず，結局政府債務増を遺す結果になってしまうというのである[6]．こうして日本の財政は，健全化の展望が見出せないまま赤字財政の深みに沈んでいくような状況にある．

政府が放置できない財政状況として危機宣言を出し，財政運営の転換を法的制約まで課して強行しようとした日本の財政赤字，政府債務の累積とは一体何であったのか，改めて問い直し，解明しなければならないであろう．

政府は，日本の財政が先進諸国の中で最大の財政赤字を出し続け，最大の政

第1章 地方財政危機と公信用 5

図 2-1 公債依存度の国際比較

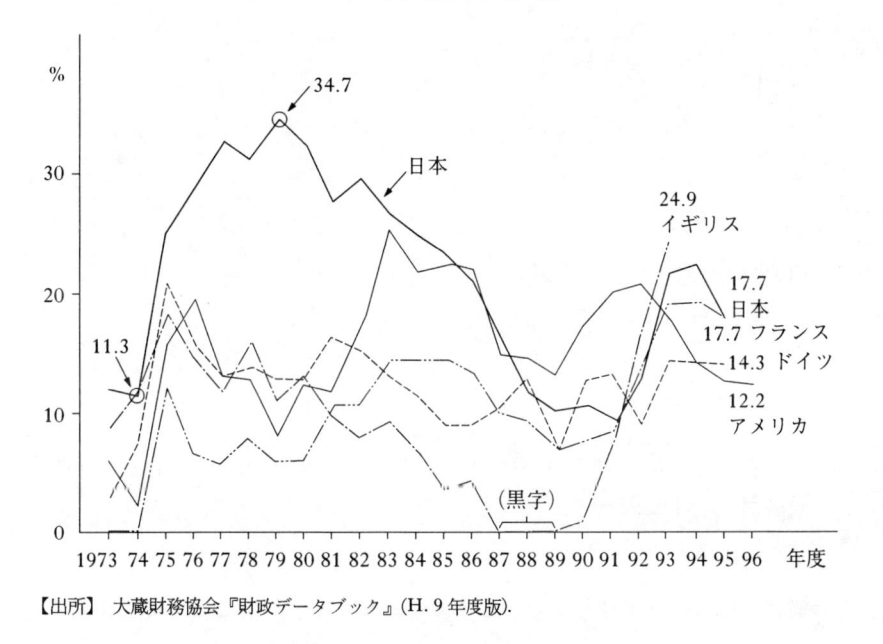

【出所】 大蔵財務協会『財政データブック』(H.9年度版).

図 2-2 長期政府債務残高対 GDP 比の国際比較

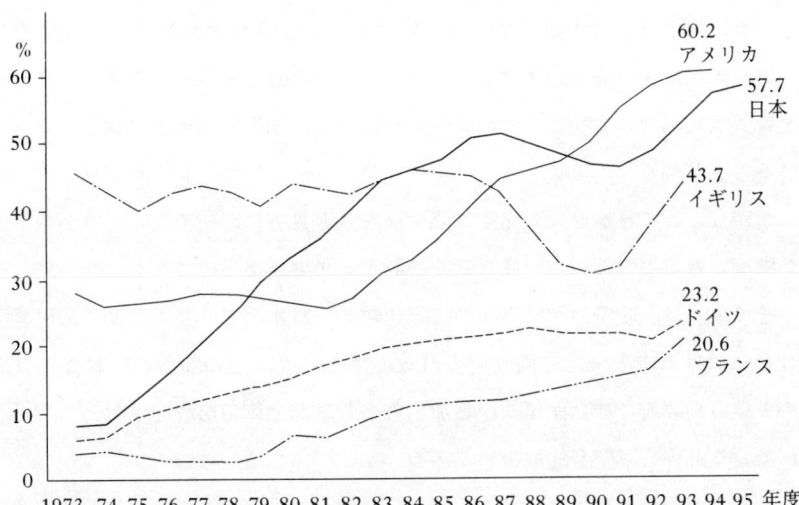

【出所】 図 2-1 に同じ.

図 2-3 利払費の歳出総額に占める割合の国際比較

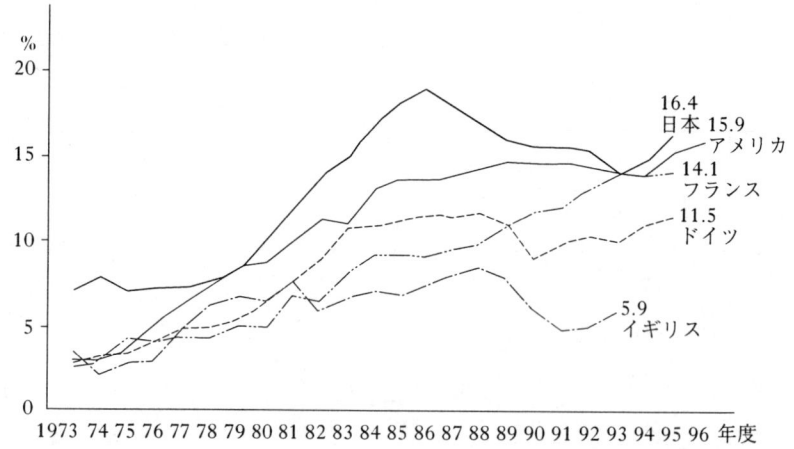

```
%
20

16.4 日本
15.9 アメリカ
14.1 フランス
11.5 ドイツ
5.9 イギリス

1973 74 75 76 77 78 79 80 81 82 83 84 85 86 87 88 89 90 91 92 93 94 95 96 年度
```

【出所】 図2-1 に同じ．

府債務を抱え，財政運営をいちじるしく硬直化していることを問題視してきた．

そして，その財政実態を論証するために資料として図2-1から図2-3まで提示した．これを見ると確かに日本の財政は，公債依存度や対GDP比率で見た財政赤字額・政府債務累積額で，あるいはまた財政硬直度の指標とされる公債費負担比率ないし利払い費の対歳出額比率で，国際的に最悪の状況になっていることが判る．

しかし，この日本財政の赤字に関する実態と見方についてはいくつかの不備が指摘できるのであって，注意深く検討する必要があるのである．

その1つは，政府の財政赤字の国際比較が，日本とアメリカだけは国民経済計算における中央・地方両政府の財政赤字をとり，他の諸国の財政赤字は中央・地方両政府に社会保障基金を加えた一般政府全体の財政赤字をとって行われているという不整合的取扱いである．

ここでの比較の基礎資料である国民経済計算は，国際的にほぼ共通の前提に立って統計的に整理されたもので，国際比較の資料として特に問題はない．も

っとも日本の公共事業の多くを実施している道路公団などの公団が機械的に一般政府から外され，公的企業に入れられているために，厳密な比較をする場合には問題が発生するようなことはありうる．

　また，政府は，財政赤字を一般政府勘定の経常取引および資本取引の最終尻である貯蓄・投資差額のマイナス値としているが，その限り適切だといえよう．統計は形式的には複式会計の体裁をとっているが，ここでの公的固定資本形成などの資本支出は，本来の収益的資本支出ではなく，いわば耐久的消費財の経常的社会資本支出と見るべき性格のものだからである．

　むしろ問題は，日本とアメリカの財政赤字額だけが，社会保障基金勘定の財政余剰を除外されていることである．

　政府の説明によれば，日米両国は社会保障基金勘定の中核をなす社会保険制度において基本的に積立金方式をとり，賦課方式をとる他の諸国と財政収支の仕組・性格を異にする．当然同勘定における財政赤字・黒字の現れ方や性格も異る．それ故に，国際的には異質な日米両国の社会保障基金収支尻は，これを除いて比較するのが適切だというのである．

　指摘される制度上の相異があることは事実であり，そのことに留意して一般政府としての財政赤字を比較検討しなければならないことも当然である．しかし，だからといって，日米の社会保障基金財政の収支尻を除いて比較すればそれで問題がないという筋合のものではない．「福祉国家」とされる現代先進資本主義国家の財政赤字に対する近代的社会保障制度の財政負担は，決定的な影響を及ぼしている．この事実を見れば，指摘される制度上の相異だけで日米両国の財政赤字から社会保障基金財政収支尻を除外してしまうと，別の面でかえって片手落の比較となってしまうという問題を生む．そして，その問題の方がむしろ重大だということにもなりかねないのである．

　またアメリカの場合は，社会保障基金財政の余剰が少なく，その加算・非加算による一般政府財政赤字への影響は小さい．従って政府の比較方法によって生ずる問題は，実質的には日本だけを別扱いするものになっているのである．

　いま例外なしに一般政府の財政赤字を国際比較すると，それは図2-4のよう

図 2-4　一般政府の財政赤字(対 GDP 比)推移の国際比較

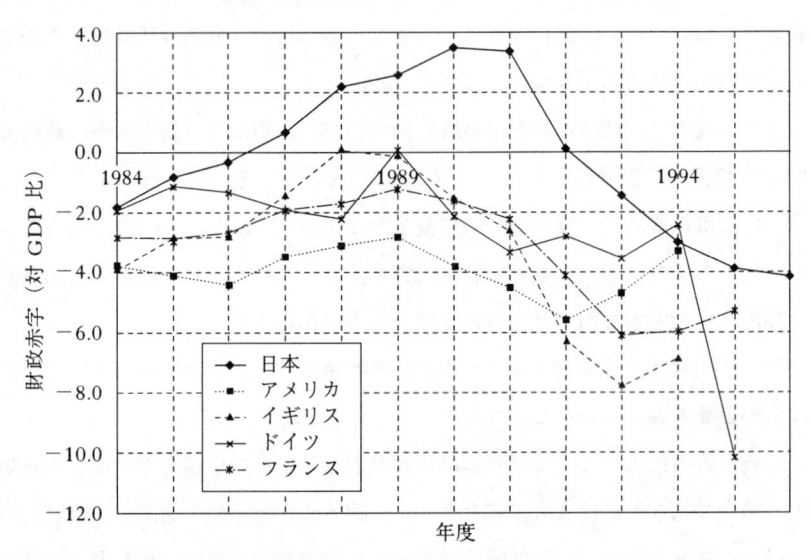

注 1) 日本の財政赤字は国民経済計算 (H. 10 年版); その他の各国は OECD: National Accounts (1997) による.
　 2) 大蔵財務協会「財政データブック」(H. 10 年度版) より作成した.

図 2-5　社会保障基金の財政赤字(対 GDP 比)推移の国債比較

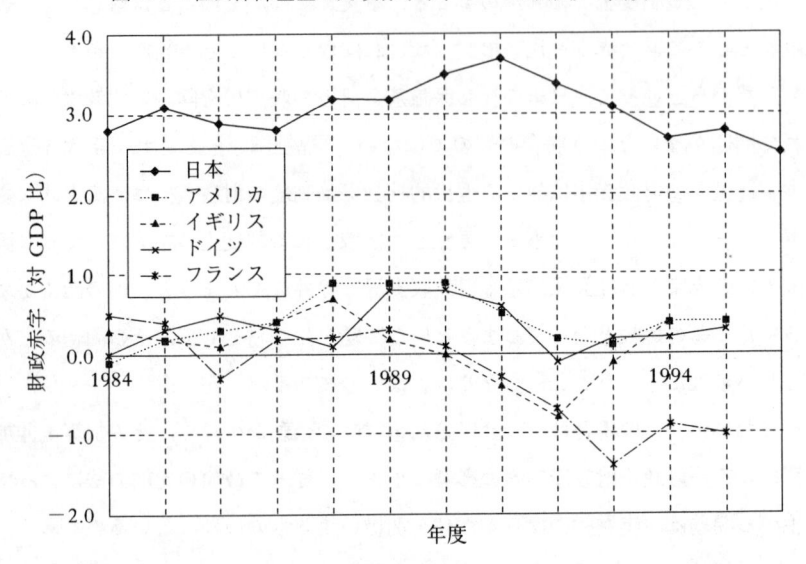

注 1) 図 2-4 に同じ.

図 2-6 中央政府の財政赤字(対 GDP 比)推移の国際比較

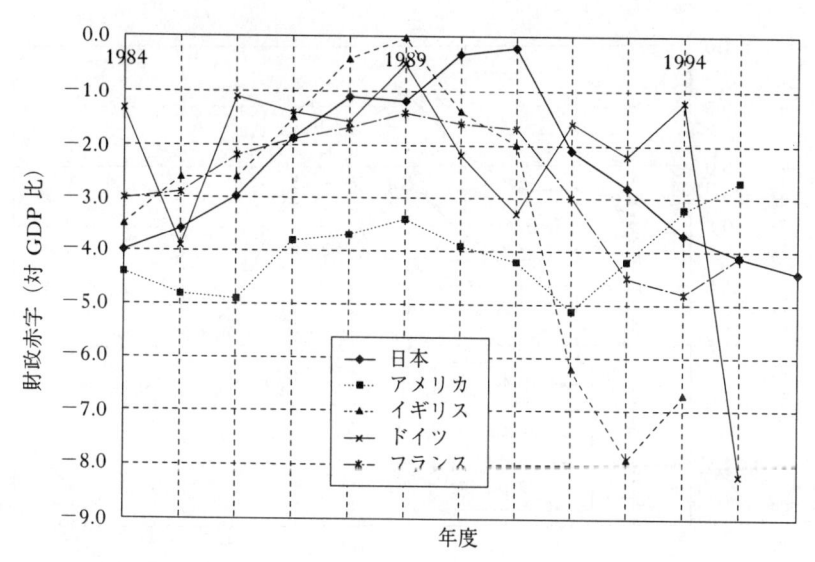

注 1) 図 2-4 に同じ.

になる．どう見ても，この場合には日本が突出した財政赤字だと断定できにくいのである．

ここでは図 2-5 のような日本の社会保障基金の国際的には異例といえるほど大きな財政余剰について検討することには深入りしない．しかし，それは結局社会年金財政が，積立金形成とその運用収入を前提として運用するという制度上の違いだけでなく，社会保険料収入水準が給付水準に対して極めて大きいことに原因していること．そしてそれによる社会保障基金財政の余剰形成が，中央・地方政府の社会保障財政負担を，先進国中最も小さくしているという関係をひき起していることだけを指摘しておく．

以上のことから第 1 に，日本の財政赤字を国際比較する際には，単に社会保障基金財政の収支尻を除外するのではなく，一般政府の財政比較とともに社会保障基金財政余剰の特殊性を明らかにすること．そしてその余剰が，中央・地方政府の財政の，社会保障財政に対する公的負担を軽課させていること．にも

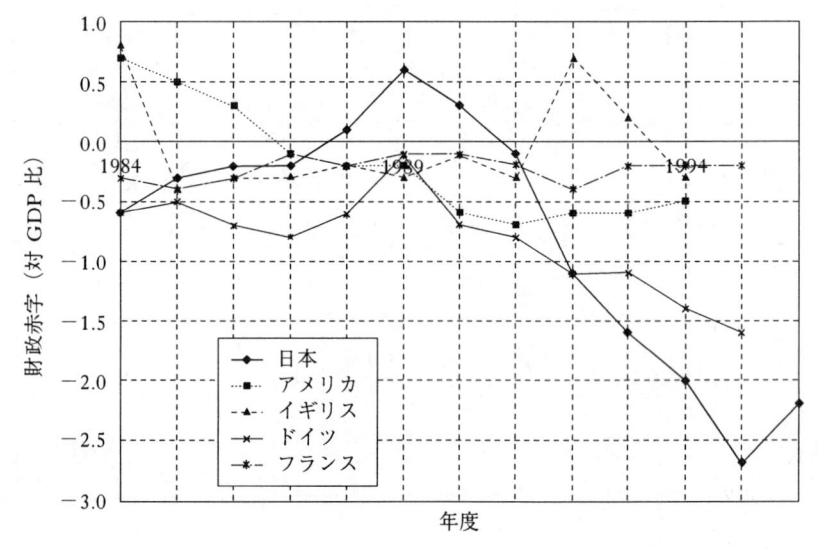

図 2-7　地方政府の財政赤字(対 GDP 比)推移の国際比較

注 1) 図 2-9 に同じ.

かかわらず先進国中最大の赤字を生むに至っているという特性を確認をすることが必要なのである.

第 2 に政府は，日本の財政赤字を，一般政府でなく中央政府と地方政府の財政赤字の合算額によっているが，しかしその両者の財政赤字を区分するとともに両赤字の相互関係を検討することが必要だということである．そうでないと議論が片手落となり誤解さえ生む．とりわけ日本の地方財政の巨額な赤字が，中央政府の財政赤字のシワ寄せと深く関わることを見逃さないことが大事である．

中央政府の財政赤字は，図 2-6 のように対 GDP 比率で見ると確かに大きい．しかし，先進国の中で際立って大きい訳ではない．これに対して地方財政の財政赤字は，図 2-7 のように中央政府の財政赤字に比較すると小さいとはいえ，先進国との比較では突出して大きいのである．

従って政府が財政危機の実態として示す財政赤字が先進国中で最も巨額とな

っている原因は，主として地方財政赤字が国際的に突出していることによると見なければならないのである．

もちろん後に詳しく見るように，地方財政赤字は，中央財政赤字との財政関係，とりわけ公共事業の財政関係を介して深く連動し，中央政府の財政政策に規定されているところに特徴がある．日本の財政赤字の国際的に突出した大きさは，地方財政赤字の大きさと，それを規定する特殊な中央地方両政府の財政関係から説明される性格のものなのである．

図2-4から図2-7までは，資料の制約があって1995年度までの比較に留っている．日本の中央政府と地方政府の財政赤字は，それ以降不況の深化の中で急激に増大している．その点を考慮すれば中央政府の財政赤字の国際的劣位は更に強まっているに違いない．

それだけに日本の中央・地方両財政赤字の構造的な特殊性についてはより適確な分析が必要となっているのである．

3 地方財政赤字の計量的検討

中央政府，地方政府，社会保障基金を包括的に把えた国民経済計算の一般政府財政収支を1955年度以降について見ておきたい．図3-1がそれである．

戦後日本の財政構造は，高度経済成長の過程で政府が資本蓄積を政策的に促進するための経済的土台として構築され機能してきた．産業関連社会資本の整備を中心に膨張した歳出構造，資本蓄積を優遇する租税減免特別措置を大規模に組み入れた租税制度，税源配分，財源調整制度，地方債許可制などによって国の地方統制の拠り所となってきた中央集権的地方財政制度，第2の予算として国家財政を補完してきた国際的にも類のない大規模な財政投融資制度などである．

この財政構造の中に組み込まれ運営されてきた一般政府の財政は，その収支尻を見るかぎり1960年代末までほぼ健全財政が維持されている．中央政府の一般会計では当初予算段階で税の自然増収を先取りした実質的な赤字積極予算が組まれていたが，民間設備投資がこの積極予算と日銀のオーバーローンによ

図 3-1 一般政府の総受取・支払額およびその収支尻の推移（対 GDP 比率）

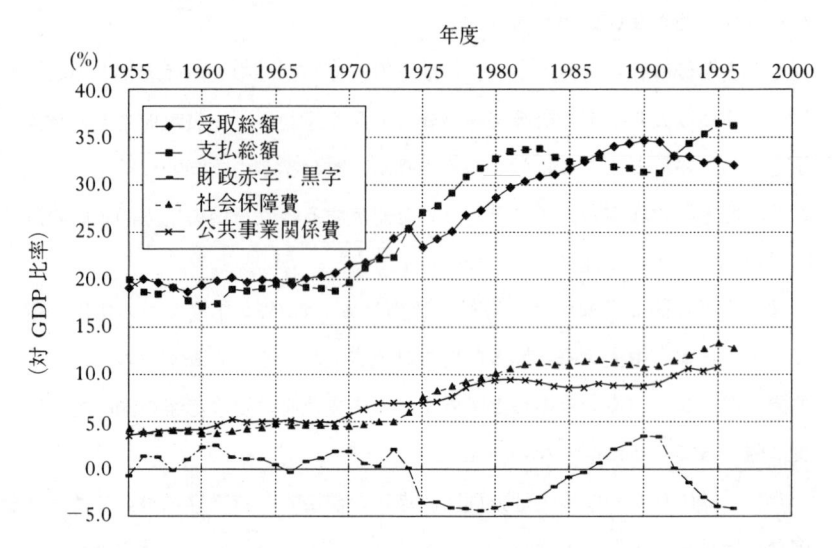

凡例：
- ◆ 受取総額
- ■ 支払総額
- ─ 財政赤字・黒字
- ▲ 社会保障費
- ✕ 公共事業関係費

注 1）経済企画庁「国民経済計算年報」該当年版より作成した．

る積極政策に誘発され，経済成長と税の自然増収を実現し，事後的には均衡財政となるという経過が続いたからである[7]．もちろんこの間，地方政府財政や中央政府の特別会計では，一定の規模で公債や借入金に依存した財政運営が行われていた．財政投融資計画は，そもそもが財源を政府の金融債務に依存して運営される性格の制度であるから，債務依存は当然であった．財政全体の収支構造はこのように多様であるが，一般政府の財政収支尻として見ると，景気変動に伴って赤字あるいは黒字と変化しているが，傾向的にはかなりの「健全財政」を保持してきたといえる．少くともその時期以降の財政赤字の恒常化，拡大化とは決定的に違っていたのである．

もとよりこの期の一般政府財政収支の実質的な内容を見れば，指摘したような赤字財政の構造や運営を内蔵していた．その意味では 70 年代以降の財政の赤字体質と不連続ではないといわねばならないし，その連続性の側面も見落せない．

それにしても，70 年代以降とりわけ 70 年代後半以降の日本の財政赤字の増

大は，それ以前とは決定的に違っている．特に財政赤字の規模の大きさと増大率の相違については十分注目しなければならない．

　以上の経緯は図3-1から明らかである．70年代前半までの一般政府の財政は，好況期に財政余剰を出し不況期に財政赤字を生むという循環的な変化を伴いながら，趨勢的には財政余剰超過と見られる財政体質を維持しているのである．

　そしてこの財政収支の基調は，70年代後半に一変し，名実ともに財政赤字体質へと移行している．もちろんバブルを含む85年度以降92年度までの好況期には，一般政府財政の収支は均衡あるいは余剰となっている．しかし，それ以外は大幅な財政赤字を出し続けている．そして，その景気循環的財政収支尻の変化より，傾向的な財政規模の膨張に伴なう収支尻の変化の方が顕著である．そこにはいわば構造的と考えられる財政赤字体質が定着し拡大していたと考えられるのである．

　70年代後半のオイルショック不況期の財政赤字は，実に対GDP比で4%を超える規模となった．90年代不況下でもGDPが500兆近いレベルを保ちながら，なおその4%超の約20兆円の財政赤字を出し続けているのである．どう見てもこれは循環要因と構造要因が複合した財政赤字の拡大再生産構造であると見なければならない．

　この一般政府の財政赤字拡大再生産体質の第1の要因は，不況期にフィスカルポリシーによって歳出規模をGDPとの相対比で膨張させただけでなく，好況期にもその歳出拡大構造を維持するという恒常的な経費膨張にある．第2の要因は，その肥大化傾向を持つ経常歳出に経常歳入が常に及ばないという恒常的な経費収入不足である．バブル景気のような異常な税収入増大時においてさえ，経常的収支尻の余剰は，不況期の赤字規模に較べてはるかに小さく，しかも短期間であったのである．

　この20年を超える長期的な歳入水準を見ると，対GDP比で実に10%近く増大している．ケインズ政策が定着した第2次大戦後の資本主義財政では，ピーコックの転位効果論は通用しなくなった．平常時でも租税抵抗を回避して歳

入規模は膨張している国が多い．それにしても日本のこの長期の歳入規模の急増は注目に値しよう．その歳入増を考えると，一般政府の財政赤字の要因は，それを上回る歳出の膨張の方にあるといわなければならないであろう．

　この歳出膨張を規定する主要な二大経費として社会保障関係費と公共事業関係費の推移を対 GDP 比で見てみよう．両経費はほぼ同規模同増加率で推移してきている．若干社会保障関係費が規模・増加率ともに上回っているが，この両経費が，規模と増加率から見て決定的な経費膨張要因であることは間違いない．

　社会保障関係費は，社会保障基金の給付総額と中央・地方政府財政の扶助費の合計額であり，社会保障関係費を包括的に把えている．これに対して公共事業関係費は，国民経済計算における一般政府の固定資本形成と純計額としての土地の購入額の合計に限定されるのが普通である．ここでは「目的公債」として運用されている「建設公債」利子費を加算した．それでもなお社会保障関係費のように包括的ではないのである．

　また一般政府の公共事業を社会保障関係費なみに包括的に把えるとすれば，国民経済計算では公的企業に属する道路公団など公共事業関係9公団の公共事業建設事業費を加えねばならない．それは自治省の「行政投資」に近いものである．そうした是正を行ってみると，むしろ公共事業関係費は社会保障関係費を上回るのである．

　国民経済計算による図 3-1 は，公共事業は是正されたものでなく，公団関係の公共事業を除いて不備のままである．しかし，一般政府の財政赤字について，その原因をなす経費膨張との関連を追跡しようとすれば，これによるほかない．その限り構造的な現代日本の一般政府財政赤字の経費要因は，社会保障関係費と公共事業関係費の大きな規模，大きな増加率にあるということができよう．

　ところで政府は，財政構造改革法の第4条で財政赤字を規定した．それは国民経済計算における中央・地方両政府の貯蓄投資差額のマイナス分とされている．社会保障基金の収支を含む一般政府の財政赤字額ではない．

図 3-2 地方政府の総受取・支払額とその収支尻(財政赤字,黒字)の推移(対 GDP 比率)

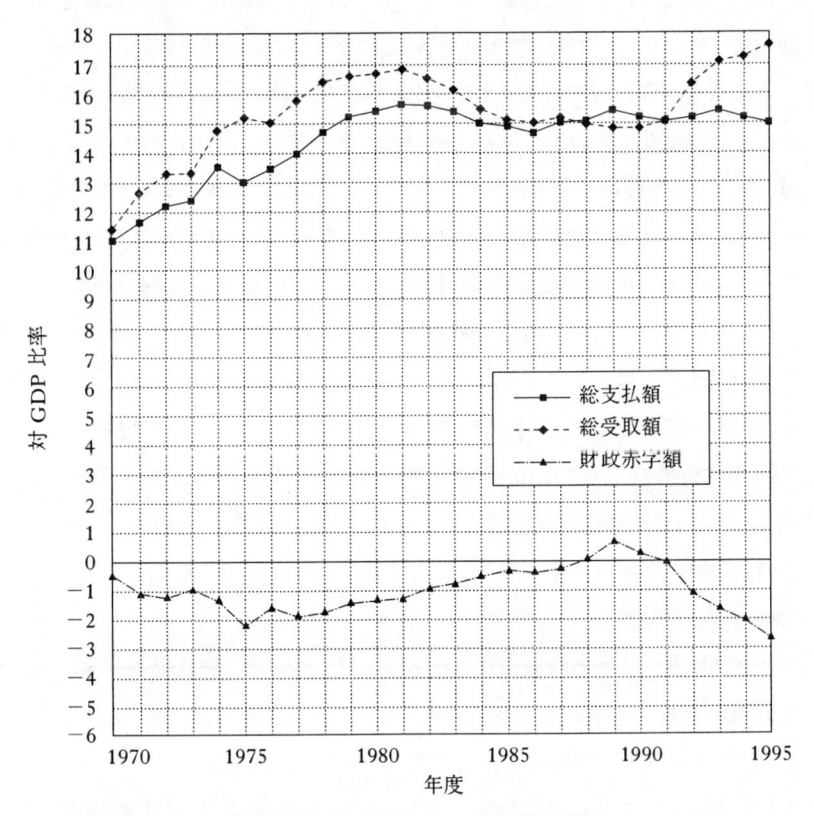

注 1) 経済企画庁「国民経済計算年報」(各該当年版)より作成した.

　この政府部門勘定は,形式としては収支を経常収支と資本収支として分けて整理している.そのために,最終的な収支尻は貯蓄投資差額となっている.しかし,公的企業財政を除いた一般政府部門の資本収支は,本来の収益性乃至自償性を前提とした資本収支ではない.実質的には経常収支に属する性格の収支である.

　従って,中央・地方両政府の総支払は,消費的支出,移転的支出の合計たる経常的支出と,土地の購入を含む公的固定資本形成としての資本的支出の総合計であり,それは実質的には経常的な性格の総支払と見ることができる.これ

に，借入金を除く税および税外収入の経常収入と資本的受取の総計が，経常的な性格の総受取額として対置されるのである．その総受取・総支払の差額が貯蓄投資差額，従って財政赤字額(黒字額)になるのである．

もっとも，資本的支出に属する土地の購入額と他の一般政府等への資本移転は，純計額となっている．従って総額は相殺分だけ小さくなる．しかしこの点は，収支尻に影響はなく財政赤字を検討するここでは大きな支障とはならない．

図3-2は，地方政府の経常・資本総収支と財政赤字の対応および推移を示したものである．1970年度以降25年間にわたるこの地方政府財政の動向は，先の一般政府財政の循環・構造の両変化とその基調は変らない．バブル期での財政収支尻の好転は僅かに4年度に留り黒字額は小さい．これに対して不況期には，対GDPで2～3%に達する財政赤字を出しているところが特徴的である．

70年代後半の「オイルショック不況」期のGDPはおよそ150兆円から200兆円であり，90年代不況段階でのGDPはおよそ500兆円近いのだから，地方財政の財政赤字は，絶対額として見ると実に兆単位の巨額なものであることを知ることができよう．

いうまでもなく地方政府の財政赤字額とその推移は，国民経済計算における地方政府の総支払額と総受取額の差額との推移として現れる．総支払額を対GDP比で見ると，不況期に大幅に増大する循環的な変動を伴いながら，趨勢的にも著しい膨張を遂げている．そしてこの25年間に対GDP比で6%を超える膨張となっている．戦後の高度成長期に，この相対的な地方総支払額が長期にわたって安定していたのとは対照的な歳出肥大である．とりわけ，景気変動過程でのビルトイン・スタビライザー的な動向の有無は，顕著な相異点をなしている．

バブル景気という異常な好況期でさえ地方政府の総支払額はGDPとほぼ同率で増大している．税の自然増収に借入収入を追加し，その調達財源の総を支出に投入しているのである．過去の債務の追加的償却はほとんどされていない[8]．

そしてGDPが停滞する不況期には国の財政による景気対策に動員されて，地方政府は財政支出を増大させたのである．

図 3-3　地方政府の総支払額と主要費目額の推移(対 GDP 比率)

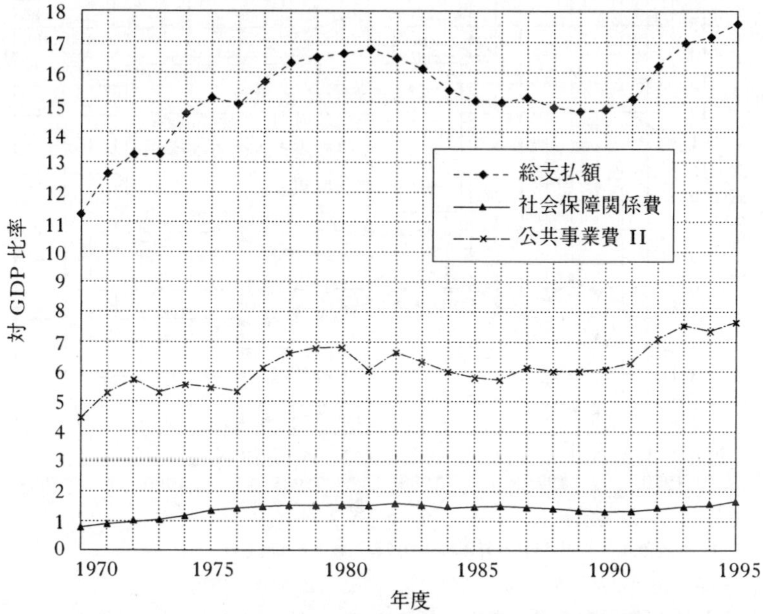

注 1) 経済企画庁「国民経済計算年報」該当年版より作成した. 社会保障関係費は, 扶助費と社会保障基金への繰入の合計額. 公共事業関係費は, 公的固定資本形成, 土地の購入(純計)の合計額に「建設地方債」の利子相当額を推計して加えたものである.

地方政府の総受取額は, 確かに対 GDP 比で傾向的に増加しているが, 総支払額の増大には及ばない. 全期間を通じて総受取は 4% 程度の膨張に対し, 総支払額は 6% 以上膨張しているからである. 殊に不況期に両者の差額としての財政赤字額は, 一挙に増幅している. 何といっても, 不況期だけでなく好況期に於て総支払額を対 GDP 比で拡大している経費肥大化こそ地方財政赤字の最大の構造的原因といわねばなるまい.

図 3-3 は, その地方政府の財政赤字化要因となっている総支払膨張を規定する経費項目として, 公共事業関係費と社会保障関係費の動向を対置して示したものである. 一般政府の場合と様相が一変していることに注目しなければならない.

社会保障関係費は, 地方政府の社会保障の公的負担として社会保障基金に繰

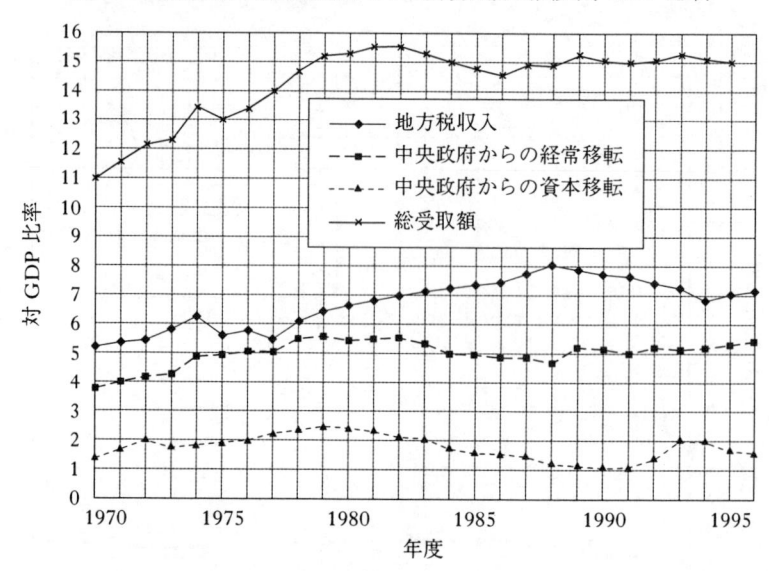

図 3-4 地方政府の総受取額とその主要項目額の推移(対 GDP 比率)

注 1) 経済企画庁「国民経済計算年報」の該当年版より作成した.

入れられる経常・資本移転費と, 地方政府の財政支出としての扶助金の合計額である. 公共事業関係費は, 公的固定資本形成と土地の購入純計額そして建設地方債利子支払額の合計額である. 資本移転には地方公営企業や地域開発公社等への, 公共事業関連のものが含まれるに違いないが, 内容が不確定なため除外した.

ここで注目すべきは, 一般政府の総支払膨張と社会保障・公共事業両経費との関連についての地方政府の場合の独自性である. 一般政府においては, 経費膨張要因として, 社会保障関係費と公共事業関係費は, ほとんど同比重で影響していた.

しかし地方政府におけるその関係は全く違い, 公共事業費が経費膨張そして財政赤字化要因として, 社会保障関係費のそれとは比較にならないほど大きな影響をもっているのである. 経費規模の違いに留らず循環変動と趨勢的増大の変化からそれは明らかである.

地方政府の財政赤字要因としての歳入関連は, 図 3-4 で見ることができる.

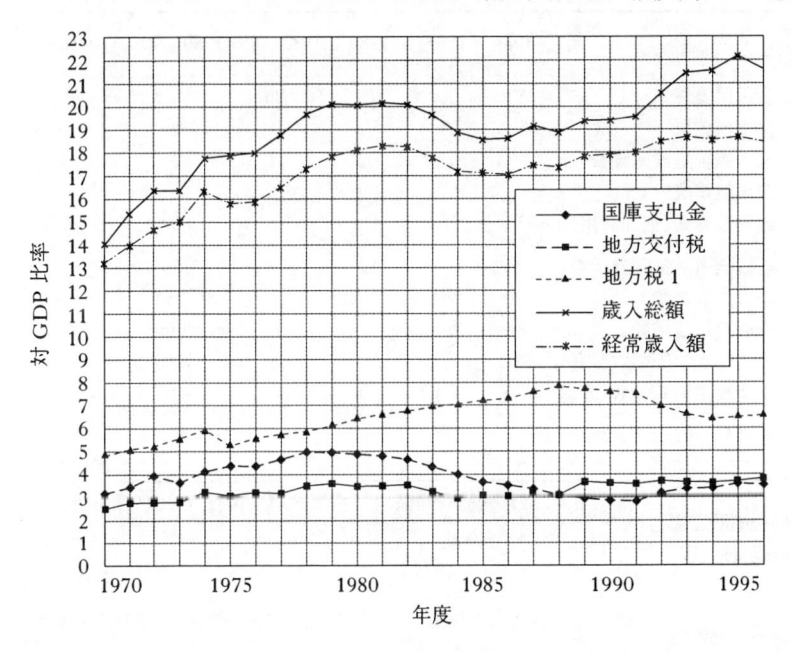

図 3–5 地方普通会計の歳入額(総額, 経常額)と国庫依存財源の推移(対 GDP 比率)

総受取額の傾向的な漸増は, 主として税収入増によっている. しかし, 基調としての停滞, とりわけ総支払額と比較しての低下傾向は, 地方政府財政歳入が決定的に依存している国からの移転財源の顕著な停滞である. 特に 80 年代の「臨調行革」以降それが顕著である. 停滞というより対 GDP 比では減退傾向さえ示しているのである. それは中央政府の財政再建優先による地方政府財政への政策的な「シワ寄せ」が, 地方政府財政の赤字増大に影響を及ぼしたことを物語るものである.

国民経済計算による地方政府総受取額の中の中央政府からの経常受取と資本受取の区分は, 内容的には経常・資本両収入を含むはずの地方交付税交付金が, 形式的に総て経常受取とされるなどの問題があり, 財政分析としては適切な資料たりえない.

そこで通常の地方財政関係資料に依って, 普通会計の歳入総額, 経常的歳入総額および主要歳入項目を, 同一期間について整理して見たのが図 3–5 であ

表 3-1 国庫補助率の引下げと，補助金の減額およびその補てん措置の経過

項目	年度	1984	1985	1986	1987～88	1989～90	1991～
経常経費	生活保護費	8/10	7/10	7/10	7/10	3/4	→
	保育措置費	8/10	7/10	1/2	1/2	1/2	→
	老人福祉施設保護費	8/10	7/10	1/2	1/2	1/2	→
	失業対策費	2/3	6/10	1/2	1/2	1/2	→
	義務教育費(追加費用)	1/2	1/2	1/3	1/3	1/3	1/3, 2/9, 1/9, 0
投資的経費	一般国道改築費(直轄)	3/4	2/3	2/3	6/10	6/10	2/3 →
	地方道改築費	2/3	6/10	5.5/10	5.25/10	5.25/10	5.5/10 →
	一般河川改修費	2/3	6/10	6/10	5.5/10	5.5/10	6/10 →
	公共下水道管梁敷設費	6/10	5.5/10	1/2	1/2	1/2	→
	第2種空港整備費(直轄)	3/4	2/3	2/3	2/3	2/3	→

注 1) 自治省「国会提出資料」より．

(構成比：%)

補助金削減影響額の経費別状況	総額	経常的経費関係	投資的経費関係	恒久化措置関係
	110,456 (100.0)	24,682 (22.3)	79,400 (71.9)	6,374 (5.8)
補助金削減影響額の措置別状況	総額	各種地方債措置分	地方交付税特例措置	地方税措置等
	110,456 (100.0)	93,145 (84.3)	7,632 (6.9)	9,679 (8.8)

注 1) 自治省「地方財政白書」該当年版より作成した．

る．地方債による収入を除いた経常的歳入総額と主要な歳入項目の対比から，歳入の停滞による地方財政の赤字増大は，主として国からの国庫支出金と地方交付税交付金の停滞によることが判る．

　中でも国庫支出金の80年代後半以降の急減は決定的といえる．民生的経費を中心とした，国庫補助率の一律引下げによるものである．その措置は，当初は暫定的とされたが結局完全な復元はなく，なし崩し的に恒常化されてしまった．

　また国庫負担引下げと税収不足などによって生じた巨額な「財源不足」が，地方交付税率の引上げなどの本来的な措置による交付税財源の拡充によって措置されることが殆んど行われなかったことも影響している．しかも，それは地方債増発と地方交付税特別会計の借入金への振替えで措置されてきた．この大

第1章　地方財政危機と公信用　21

表 3-2　地方財政の「財源不足額」とその補てん措置の経過　(構成比: %)

	財源不足額	地方税増額	地方交付税増額	うち特会借入金	地方債増額	財源不足額の地域計画に対する割合
1975年度～79年度 平均	28,046 (100.0)	—	15,370 (54.8)	14,408 (51.4)	12,676 (45.2)	9.4
1980年度～84年度 平均	20,594 (100.0)	—	9,757 (47.4)	8,932 (43.4)	10,837 (52.6)	4.5
1985年度～88年度 平均	16,966 (100.0)	900 (5.3)	3,144 (18.5)	1,125 (6.6)	12,922 (76.2)	3.1
1989年度～91年度 平均	7,167 (100.0)	—	—	—	7,167 (100.0)	1.1
1992年度～97年度 平均	59,300 (100.0)	—	33,042 (55.7)	27,747 (46.8)	26,255 (44.3)	7.1
全　　期	26,415 (100.0)	180 (0.7)	12,264 (46.4)	10,442 (39.5)	13,971 (52.9)	4.7

注 1) 自治省地方財政制度研究会編「地方財政要覧」(H.9.12) より作成した.

掛りな国の地方に対する財源の減額配分は，一貫した国庫優先，地方財政への「シワ寄せ」によって推進されてきた．表3-1, 表3-2 のようにその累計額は巨額である．

　以上の簡単な計量的地方財政赤字の検討から次のように整理できよう，第1の地方財政赤字要因は，先進国中飛び抜けて巨大な規模と高い膨張率の公共事業の費用負担を負わされている地方財政の構造にある．そして第2の要因は，国庫への歳入依存度が高い地方財政制度のもとで，その国庫依存財源が国家財政再建優先によって系統的かつ大規模に抑制されてきたことであると．

4　地方財政債務の肥大化と多様化

　70年代後半以降90年代までの日本の地方財政は，毎年度巨額な財政赤字を生み，その財政処理に関わって生じた政府債務を累積し続けてきた．

　その地方財政の政府債務は，単に，累増しているだけでなく多様化してきてもいる．こうした地方政府債務の量的質的変化にも財政危機の実態を見ることができる．

表 4-1 地方財政債務残高の推移

項目 年度末	地方債残高 ①	交付税特会借入金残高（地方負担分） ②	（参考） 地財対策による交付税特会負担繰延分	地方公営企業債残高の普通会計負担分 ③	債務負担行為額 ④	合計 ①〜③	計 ①〜④
1976	145,260 (62.8)	12,170 (5.3)	—	25,303 (10.9)	48,582 (21.0)	182,733	231,315 (100.0)
1980	295,157 (65.6)	40,551 (9.0)	—	55,123 (12.3)	59,015 (13.1)	390,831	449,846 (100.0)
1985	426,884 (64.7)	56,941 (8.6)	1,855	88,190 (13.4)	87,649 (13.3)	572,015	659,664 (100.0)
1990	521,883 (66.9)	15,221 (1.9)	2,279	133,355 (17.1)	109,868 (14.1)	670,459	780,327 (100.0)
1995	928,636 (65.3)	116,857 (8.2)	9,582	202,125 (14.2)	174,670 (12.3)	1,247,618	1,422,288 (100.0)
1997	1,080,734 (65.8)	151,137 (9.2)	11,130	236,028 (14.4)	173,386 (10.6)	1,467,899	1,641,285 (100.0)

注 1) 自治省「地方財政白書」該当年版より作成した．
　（　）内は構成比(%)である

この間の地方財政債務の構成と残高の推移は表4-1の通りである．合計欄(2種類)を見ると，何れでも地方債務が急速に増加し続けていることが歴然としている．1976年度から97年度にかけて21年間に7倍前後という驚くべき膨張である．これは債務償還を遥かに超える新しい債務増加が繰返されてきたことを物語っている．

80年代後半の「臨調行革」による財政再建下でさえそうであるし，税の大幅な自然増収が続いたバブル景気過程でもそうだったのである．

地方債務の多様化は，地方財政の危機の深化により起債が困難になることと関連して進んでいる．債務内容は地方債が中心で常に債務全体の65%前後を占めている．日本の地方債は，「地方自治体の一会計年度を超える借入金」とされている．証券発行形式をとる借入れだけでなく，むしろ証書借入形式が圧倒的に多いが，財政投融資計画による政府資金関連の借入れによるものが全体の40%以上を占めている．加えて市中金融機関の借入に対しても行われる国の許可制のもつ経済外的圧力や外債に対する政府の債務保証など，地方債はい

わば一種の政策的隔離消化市場をもって措置されてきた．こうして地方債は，地方財政の債務の中核として増加を続けてきたのである．

　地方債残高が急増する中で，80年代後半とりわけ90年代にその事業別分類で二つの変化が現れている．

　単独事業債と「赤字地方債」の急増である．それまで一般公共事業債とほぼ同規模だった単独事業債は，80年代以降一般公共事業債の3〜4倍となっている．この急増は，いうまでもなく国庫補助率の一律切下げによって補助事業が抑制され単独事業がこれに代えられたこと，またアメリカの強い要請による内需拡大政策のための国の公共事業拡充を，主として地方単独事業に委ねる政策がとられたためである．この国の政策に誘導されて拡大した地方単独事業の財源調達は，多くを起債によった．地方債の単独事業債の内訳を見ると，地域開発関連と臨時を冠した公共事業にかかわる地方債が9種類にも及んでいる．地方債計画と起債許可権を掌握する国の政策の発動を物語るものである．

　「赤字地方債」の増加について付言しておきたい．地方財政法第5条は，均衡財政を原則とし，ただし書きで例外的に地方債の発行を認めている．そしてその適債事業を列記的に限定しているのである．そこでは赤字地方債は認められていない．従って違法な赤字地方債の発行を敢て強行しようとするならば，特例法の制定による非常手段をとる以外にはないのである．事実赤字地方債の発行は，1975年度，1999年度しか実績がないのである．

　しかし，既発地方債の中には，起債目的や性格に照して実質的には赤字地方債と見なくてはならないものが沢山ある．にも拘らずそれは建設地方債とされてきた．適債公共事業を施設関連を中心に拡張解釈して拡大し，起債充当率も引上げ，その適債事業総額の範囲内に納まる限り，性格や経緯に関係なく，従って実質的には赤字地方債さえ地方財政法第5条債すなわち「建設地方債」と見做す苦肉の策がとられてきたのである．

　そうした事情を勘案し，資料的には明確な区分は難しいが，ひとまず表4-2の地方債事業別分類から減収補てん債，財政対策債，減税補塡債，財源対策債，退職手当債，臨時財政特例債，調整債をここでは「赤字地方債」とした．

表 4-2 地方債(普通会計債)の現在高の推移[事業別]

項目	年度末	1967	1970	1975	1980	1985	1990	1995	1996
「建築地方債」	一般公共事業債	2,875	3,167	16,174	22,315	28,435	34,384	105,617	132,930
	一般単独事業債	2,839	6,004	18,660	63,895	114,152	156,711	358,744	409,994
	公営住宅建設事業債	1,013	2,692	10,567	24,116	33,675	37,475	46,320	48,739
	義務教育施設整備事業債	2,666	4,626	15,891	35,118	50,405	54,675	58,572	58,036
	辺地対策事業債	83	346	3,292	2,175	3,523	4,031	4,753	4,897
	災害復旧事業債	2,442	2,381	4,185	7,090	10,739	11,743	15,189	16,051
	新産都市建設事業債	—	—	—	5,193	5,993	6,636	10,438	11,173
	一般廃棄物処理事業債	613	1,065	5,470	10,646	13,258	14,815	32,460	36,243
	厚生福祉施設事業債	665	1,362	4,502	10,328	14,550	16,811	23,815	24,666
	地域財政特例対策事業債	—	—	—	—	1,494	1,184	675	637
	公共用地先行取得事業債	80	948	8,319	15,602	20,494	18,619	28,404	28,006
	転貸事業債	270	217	373	1,395	3,003	3,871	5,152	5,402
	過疎対策事業債	—	—	—	6,743	11,451	13,975	19,145	20,526
	国の予算貸付・政府関係機関貸付	739	1,064	3,939	6,854	8,685	11,509	17,081	16,989
	地域改善対策事業債	—	—	—	5,473	7,166	6,604	4,652	4,301
	公共事業等臨時特例債	—	—	—	—	—	—	7,480	7,301
	都道府県貸付金	315	964	3,530	5,571	7,247	9,034	12,778	13,090
	特定資金公共事業債	—	—	—	—	—	29,087	—	—
	その他	2,793	2,876	9,676	7,283	10,955	14,930	28,507	31,676
「赤字地方債」	退職手当債	427	303	701	2,780	3,152	1,051	484	528
	減収補てん債	634	514	3	6,707	8,123	9,269	38,303	37,931
	財政対策債	—	—	8,471	3,393	1,082	341	203	168
	財源対策債	—	—	—	52,302	64,865	40,421	23,243	24,436
	臨時財政特例債	—	—	—	—	2,573	35,965	44,304	41,814
	減税補てん債	—	—	—	—	—	—	30,802	47,328
	調整債	—	—	—	—	2,752	17,838	11,525	10,048
合計		19,504	29,777	113,757	295,326	427,712	550,981	928,636	1,032,912
「赤字地方債」計		1,061	817	9,175	65,182	82,547	104,885	148,864	162,253

注 1) 自治省財政局地方債課「地方債統計年報」該当年版より作成した.

この「赤字地方債」は，80年代後半とりわけ90年代に急増を遂げているのである．当然普通会計債残高に占める「赤字地方債」の金額も表4-2最下欄のように増加している．

地方債が個別自治体ごとになされる債務であるのに対し，地方自治体全体のいわば共同の債務ともいうべきものが地方交付税特別会計借入金である．この地方自治体共同債務もまた急増してきている．1976年度末の約1.2兆円が96年度末には14.3兆円にもなっているのである．

この特別会計借入金の残高は，70年代後半から累増を始め，80年代後半から90年代初頭のバブル景気期に返済が進んで残高を減じたが，90年代不況期で再び急テンポな増嵩に転じている．

いうまでもなくこの借入金は，国庫補助率引下げ，税の減収，減税などによって生ずる地方交付税財源不足を，地方交付税法第6条3に基づく本来的制度改革を回避し，「当分の間」として「総額の特例措置」でいわば応急的にとってきた措置である．財源不足を地方債への振替え分とこの借入金との併用で埋め，その借入金を無原則な折半方式で国と地方で分担したというものに他ならない．その上年度間調整を名目に利用してその償還を繰延べることさえ行われてきた．

そもそも財政の公債・借入金依存は，現在の税負担を避けてこれを先送りする性格をもつだけに，安易に利用され勝ちである．そして後日の税負担の重課や財政硬直化を招いてしまう．地方交付税特別会計借入金は，この財政負担先送りによる安易な依存に加えて，それが地方自治体共同の債務であるために，個別自治体は，地方債より更に安易にむしろ特恵のようにこれを受容れてしまうのである．

地方交付税特会借入金は，資金運用部資金の短期借入という手法をとる．しかし，その元利償還は，3年程度の据置期間後10年間で行う計画によっている．実質は長期借入れである．その上財政状況によって年度間調整という理由で償還の繰延べさえ行われている．参考欄に見られるように国庫負担分の借入金償還も同様である．地方の債務としても財政運営からもこれは問題多い地方

財政の「隠れ借金」といわねばならない.

　地方公営企業債の元利償還費を普通会計が負担する分もまた増大している. 76年度末残高は2.5兆程度であったが, 97年度末には23.6兆円へと9.4倍増にもなっているのである. 地方公営企業の財政は, 制度上の建前としては収益をあげ, あるいは独立採算制をとることになっている. しかし実質には, そうした経済的条件を持たないものが多い. 多分に公共的性格を伴うからである.

　加えて国の公共事業拡大政策に地方公営企業も組みこまれてきた. 地方公営企業の事業規模は, その結果急増したのである. こうして普通会計が元利償還の責任をもつ地方公営企業債は膨張している.

　残高を累積させている債務負担行為も, またその殆んどが公共事業関連の「隠れ地方債」というべき債務にほかならない. 自治省も債務負担行為額を, 地方財政白書で地方債残高と共に「将来にわたる財政負担」と位置づけている. そしてその動向は表4-3のようになっている. 公共事業関連の土地・建造物購入・製造工事の請負いに係るものが大部分である. これは, 契約を先行させて, 事業費の支払いを後年度に先送りする財政措置である. 先送りされた後年度の財政支出は, 歳出予算に計上されることになるが, それは先送りに伴う利息分を含む事業費と見なければならない, 事実上地方債の元利償還費と変らないのである. その意味で地方債にほかならない.

　この地方債の変形ともいえる債務負担行為は, 90年代の度重なる大型景気対策に, 公共事業や土地の先行取得の財源調達手法として多用されるようになった.「ゼロ公債」などといわれる当年度の財政負担を全く負わない債務負担行為が多用された. 国の債務負担行為だけでなく, 地方でもその利用が拡大されてきたのである.

　債務負担行為は, こうして実質的に地方債と殆んど同質であるが, 形式的に地方債とは区別される. そして, 国の地方債許可制の拘束をうけない. それ故に予算措置における首長の裁量が大きい. また「隠れ借金」的に国の地方公共事業拡大政策として使われた. こうしたことが, 90年代の地方債務負担行為額拡大の背景にあったのである.

表 4-3 地方債務負担行為額の推移

項　目　　　　　年　度	1972	1975	1980	1985	1990	1991	1995
1. 物件の購入に係るもの	16,254	32,706	43,785	58,860	78,601	99,255	128,592
土地購入に係るもの	9,656	21,251	24,388	29,938	39,873	38,193	43,555
建造物購入に係るもの						11,408	14,857
その他の物件の購入に係るもの						2,202	1,919
製造工事の請負に係るもの	6,599	11,455	19,398	28,922	38,728	47,453	68,261
2. 債務・損失補償に係るもの	886	1,023	1,125	1,060	786	708	531
公社・協会等に係るもの	490	460	321	560	272	329	212
その他	396	563	805	500	514	379	319
3. その他	4,659	12,213	21,133	27,729	30,480	33,423	45,547
利子補給等に係るもの					12,473	13,335	16,898
その他					18,007	20,088	28,649
合　　計	21,800	45,942	66,043	87,649	109,868	133,387	174,670

注 1) 自治省「地方財政白書」該当年版より作成した.

「隠れ地方債」としてはそのほかに第三セクターの債務がある. 80年代後半以降, とりわけバブル期に, 国は民間の余剰資金を利用する「民活」方式の地域開発政策を推進した. それに誘導されて地方自治体は出資による多様な第三セクターを次々と創設し, 事業規模を拡大した.

これらの第三セクターは, バブル景気に便乗した投機的で政治的な利益誘導型のものが多かった. そのためにバブルが崩壊し深刻な不況期に入ると相次いで財政破たんが露呈している. 現在債務超過にまで陥っているものも少なくないといわれる.

地方自治体は, そうした中で経営の展望がないこの第三セクターに補給金や資本金の追加を行っている. 更に第三セクターの財政破たんが明らかになると, 最低限度出資割合に応じて地方財政は財政負担を背負うことになり, 財政悪化を加速してしまう. 第三セクターの運営や財務内容は, 情報公開が不十分で事態把握が困難であるが, 現在の地方財政にとって大きな財政悪化要因とな

表 4-4　国内銀行の地方公共団体等への与信残高の推移　　　　（割合：％）

項目	年度末	1977年末	1980年末	1985年末	1990年末	1995年末	1998年末
地方公共団体与信残高	ⓐ 全国銀行	50,762	85,496	98,515	102,254	149,441	185,094
	ⓑ 都市銀行	78,071	23,356	22,488	28,676	42,319	42,718
	ⓒ 地方銀行	20,722	43,598	49,684	50,677	81,866	112,119
地方公社与信残高	ⓓ 全国銀行	27,967	28,155	36,133	45,280	90,739	93,415
	ⓔ 都市銀行	10,391	9,893	12,572	15,983	38,635	44,064
	ⓕ 地方銀行	13,917	13,117	18,576	21,169	38,202	36,247
割合	ⓓ/ⓐ％	55.1	32.9	36.7	44.3	60.7	50.5
	ⓔ/ⓑ％	57.5	42.4	55.9	55.7	91.3	103.2
	ⓕ/ⓒ％	67.2	30.1	37.4	41.8	46.7	32.3

注 1) 日本銀行「経済統計年報」の「国内銀行の地方公共団体等に対する与信残高」（日本銀行調）より作成した．

っていることは間違いない．

　表4-4は，国内銀行の地方公共団体と地方公社への与信残高を示したものである．直近の98年3月末の地方公社への与信残高は9兆3,415億円に達し，地方公共団体の与信残高の50.5％にも相当している．特に都市銀行では地方公共団体の与信を上回っている．大都市地方自治体で特に「民活」方式による大規模事業が行われ，そのための債務が激増したことを物語っている．

　第三セクターの債務は，正確な実態が判らないことに加えて出資者たる地方自治体の責任も不明確だという深刻な問題が伴っている．国の「民活」推進政策に踊らされた後遺症は，こうして現在の地方財政危機に追討ちをかけているのである．

5　地方財政の公信用依存の財政メカニズム
　　　——日本の公共事業目的公債の特殊性——

　地方財政が先進国の中で最大の多様で巨額な政府債務を発生させ，累積してきたことは，外国にも類のない大規模な公共事業を行ってきたことと深く関わっていることが今迄の考察から明かであろう．

　しかし，巨額で肥大化する公共事業関係費によって地方財政の経費が経常的

歳入を超過し，その財政赤字を埋めるための臨時的財源調達手段として地方債務が起されたという一般的な財政赤字の処理によるものではないことに留意しなければならない．すなわち地方債務の大部分は，財政赤字を埋めるという一般的債務，一般的赤字公債ではないのである．

地方債務は，地方財政法第5条に定められた，適債事業に限定され，その殆んどが公共事業の財源調達として発行を許されたものである．この条項の理解と実際の運用からみて，いわば公共事業のための目的公債である．もちろんこの地方公共事業は，経常的経費に属するもので，本来的な資本支出ではないから，目的公債としての地方債は赤字公債である．これを「建設地方債」とするのはあくまで形式的呼称にすぎない．この点については誤解が定着しているといわねばならない．それを匡す意味でも地方財政の公信用依存の財政メカニズムを検討しておきたい．

戦後日本の財政政策としての高度経済成長政策および景気政策において，公共事業は戦略的手段として最大限に利用されてきた．単なるケインズ的有効需要管理による景気対策や経済成長政策だけでなく，日本経済の中核的な産業としての重化学工業の生産基盤を整備する社会資本拡充政策としてむしろ最大限に利用されてきたのである．

その戦略的社会資本拡充政策を推進した財政制度と運営は，国家財政に留らず財政投融資計画，とりわけ地方財政を動員するものであった．地方自治体は，公共事業の実施主体として最大の役割りを国から強制乃至誘導されて実施してきた．それに伴って，財政負担もまた背負うことにもなったのである．

その行財政過程では，機関委任事務の制度や「タテ割り」行政組織機構を利用した強制や指導がなされた．また同時に，地方財政制度・地方財政政策による誘導も併用され，それが決定的であった．制度的に財政の自立性を持たない中央集権的な地方財政制度のもとで，国庫補助金，地方交付税交付金，そして許可制をとる地方債制度などが連動して系統的に利用されたのである．

こうした行財政のメカニズムには，公共事業の財政措置を拠り所として政・官・財癒着による利益誘導の政治力学が強力に働いてきた．特にその財政メカ

ニズムの中で，公共事業の中心的な財政調達となった公信用依存がそれを安易に加速させる重要な役割を果した．80年代後半以降，日米構造協議によって事実上強制された630兆円の公共事業計画の実施は，この財政運営の枠組みを量質ともに一段とエスカレートさせたということができる．

現行の地方財政制度の公信用運用は，地方財政法第5条に規定されている．地方財政の運営は，均衡財政すなわち借入金に依らない健全財政主義の財政運営の建て前をとっている．国の財政法第4条の規定と同様である．

財政法第4条の健全財政主義原則は，立法時から憲法第9条の戦争放棄，平和主義を財政面で担保するものとされてきた．そして同第5条の国債日銀引受発行の原則的禁止によって，インフレを防止するものと解されてきた．

地方債は，戦費調達と直接結びつかないし，フィスカルポリシーの手段となって日銀引受発行されることも通常ありえない．その意味で確かに国と地方の均衡財政原則には違いがある．

しかし国家財政でも地方財政でもこの健全財政主義は結局守られなかった．ただ国家財政では，一般会計に限定されて60年代前半まで国債不発行が守られたのに対して地方財政では，地方財政法制定以来一度も健全財政主義は守られたことがなかったことに注目しておきたい．

この国と地方の起債運営の相異は，健全財政主義原則を規定した財政法と地方財政法の公債に関わる規定の違いによるものとはいえない．

中央集権的な地方財政制度と国家優先の地方財政政策によるものである．地方財政制度は，国に偏った税源配分と財政の自主性に欠けているだけでなく，国への依存財源によって支配され，健全財政を保持することなど及びもつかない状態におかれてきた．税収の順調な好況期でさえそうであった．こうして恒常的に地方財政では，地方債の発行が続けられたのである．しかも地方債の起債許可制は，高度成長期には，民間金融市場の資金需要超過が続く中で，資金の民間企業ないし国庫への配分が優先され，地方財政にはおしなべて資金配分が抑制的であった．80年代後半以降，金融市場に余剰資金が現れるようになると，今度は逆に国の公共事業拡大政策に導かれて地方公共事業の財源手当と

して資金配分が緩和されてきた.

　地方債の発行を規定する地方財政法第5条は，その適債事業を，財政法第4条の国債の適債事業より広範でルーズに規定している．列挙される適債事業の順序は，優先順位をも意味するといわれる[9]．とすれば，道路，河川，港湾整備などの公共事業は最も順位が低くなっているが，実際の運用ではむしろ最も高い優先順位を与えられてきた．そして，学校・保育所などの行政上の公共施設建設まで無原則に適債事業範囲を拡張されてきた．

　同時に，公共事業は債務に見合う社会資本を形成するとして，公債に財源を求めるのがむしろ合理的だとされた．世代間での受益を負担を対応させるという合理化がなされた．このように，ただし書きによる例外的な財源調達手段であるはずの地方債が，こと公共事業についてはむしろ合理的で経常的な財源調達手段であるかのように理解され運用されてきたのであって．この事実に注意しなければならない．このように公共事業のための地方債は，財政赤字補てんの一般公債ではなく，目的公債として利用されてきたのである．

　例えば自治省は，実質収支比率などの指標によって地方財政状況を診断したり行政指導をしたりしているが，この経常収入には地方債発行収入が算入される．当然地方債増発が許可されるとそれだけ実質収支は改善されるというおかしな結果を生むのである．しかもそれが当然視されるまでになってしまっているのである．

　地方交付税の交付財源不足の一部を財源対策債としての地方債起債に振替えても，地方自治体は，国によって一定の財源措置が講じられたものと受止め，あまり批判が起きないのである．まして，財源対策債の元利償還費の一定部分を，地方交付税交付金によって手当されることになると，その地方債は地方自治体では「優良債」として受け容れられた．こうした転倒した事態が生まれるまでになっているのが現状である．

　地方財政債務の一部をなす地方交付税特会借入金は，資金運用部資金からの短期借入として処理される．また地方債の財源手当は，およそ過半が財政投融資計画における政府資金の長期運用で手当てされている．資金運用部資金によ

表 5-1 地方債(普通会計債)の資金別発行額,現在高

	1996年度 発行額	構成比 %	1996年度末 現在高	構成比 %
政府資金	64,860	41.5	466,112	45.1
資金運用部	54,437	34.9	359,931	34.8
簡易保険局	10,423	6.7	106,181	10.3
公営企業金融公庫	9,707	6.2	67,170	6.5
国の予算貸付・政府関係機関貸付	1,561	1.0	16,989	1.6
(小　計)	76,128	48.7	550,271	53.2
市中銀行	56,310	36.1	330,943	32.0
その他金融機関	7,266	4.7	40,837	4.0
保険会社	964	0.6		
共済等	2,152	1.4	15,001	1.5
市場公募債	12,407	7.9	81,845	7.9
その他	926	0.6	13,981	1.4
交付公債	3	0.0	35	0.0
合　計	156,156	100.0	1,032,912	100.0

注 1) 発行額は自治省「地方財政白書」(平成11年版)による.
　　 現在高は自治省監修「地方債統計年報」(平成10年版)による.

る既発地方債の買オペも実施されている.こうして地方債務の多くは,民間金融市場から相対的に隔離された国家管理の公的金融資金で消化され保有されているのである.しかもその地方債資金は,一般的に民間資金より長期・低利な資金である.この地方債の政策的管理が,地方財政の公信用依存を国と地方の双方で拡大する一要因となってきたということができよう.

表5-1は地方債の96年度の資金別引受状況と96年度末の地方債残高の引受資金別状況を示している.殊に現在高の分布は,一定の償還が行われながらも結局大勢は多年度にわたる過去の資金別引受状況を集約している.地方債は国債より遥かに市場流動性に乏しい.公社債市場で取引される地方債は,東京都債など一部の市場公社債に限定されている.償還制度も大きな変化はない.従って起債資金別現在高の分布は,資金別保有分布とそれほど違わないと見ることができよう.

ここから表5-1のように消化・保有を含めて地方債は,ほぼ1/2を公的資金

表 5-2　地方普通建設事業の財源内訳の推移

年度	1975	1980	1985	1990	1995
国庫支出金	22,720	46,503	41,206	34,505	64,166
	(29.8)	(32.1)	(27.3)	(15.3)	(20.6)
地方債 (a)	24,424	42,703	40,076	55,114	130,856
	(32.0)	(29.5)	(26.6)	(24.4)	(42.1)
一般財源等	21,636	44,219	57,077	101,458	87,563
	(28.4)	(30.5)	(37.9)	(44.9)	(28.1)
その他特定財源	7,443	11,546	12,344	34,768	28,546
	(9.8)	(7.9)	(8.2)	(15.4)	(9.2)
合計	76,223	144,971	150,703	225,845	311,131
	(100.0)	(100.0)	(100.0)	(100.0)	(100.0)
地方債総額 (b)	32,470	47,342	44,996	62,588	169,785
(a)/(b)	(75.2)	(90.2)	(89.1)	(88.1)	(77.1)

注 1)（　）内は構成比であり％で示される．
　　　資料は自治省「地方財政白書」該当年版によった．

で手当されており．決定的に国家資金により，従って国の政策によって管理されているということを知ることができる．

　地方債発行に占める地方公共事業としての普通建設事業の地方債発行額は，表5-2のようにほぼ80～90％を占めている．まさに地方債は公共事業債なのである．そしてその地方公共事業の資金は，全体のおよそ30～40％を地方債発行によって調達されているのである．さらに借入金依存の実態はそれより大きいはずである．というのは，事業費の30％程度を占める一般財源等には財源内訳が公表されないので確定できないが，かなりの程度地方交付税交付金が含まれている．そしてその地方交付税交付金財源の一定部分は，資金運用部資金からの借入金だからである．

　また事業費の20～30％を占める国庫支出金は，揮発油税関連の目的税財源以外は殆んどが国債発行によって調達された財源によっている．大規模な地方公共事業はこのように，直接間接に殆んどを公信用に依存しているのである．そのことは日本の地方財政には，公共事業を拡大するに伴って政府債務が拡大してしまう財政メカニズムが組み入れられているということを意味するということができるのである．

6　増嵩する地方債務の負担帰着

　公債は租税の先取である．公債発行によって地方自治体の行政費を賄えば，当面は税財源の投入を回避でき，住民の税負担を軽減するかに見える．しかし，それは税負担の先送に過ぎないのであって，後日その公債の元利償還費という義務的経費として重い税負担が帰着する．

　公債の金利や償還年数，償還方法によって，何時いかなる額が公債費として帰着するかが決まるが，いずれにせよ利子が加算されるために，当初の起債額より帰着税負担総額はかなり大きくなる．もっとも，その負担額は，長期間に分散されることになることはいうまでもない．資本還元としての一回限りの公債発行とその負担帰着として見ればそうである．しかし公債発行が長期にわたって継続すると，帰着負担は累積し様相は一変する．その結果，帰着する将来の単年度の財政負担・税負担額は，税収入でその公共事業を行う場合より，はるかに重い負担となるのである．

　公債発行が社会資本を整備する公共事業財源調達で発行される場合，負債に見合う資産が形成されているとか，公債費負担は，その社会資本からの公債費負担者層が享受する受益に見合うものだとする論議もある．しかし，公共財たる社会資本からの受益は不可測である．また，最近次々と実態調査が明らかにされ，あるいは財政制度審議会答申などでも確認されているように，現実には経済合理性を欠いた浪費的公共事業も数多い．耐用年数以内に時代の変化につれて陳腐化した社会資本も沢山ある．しかもその先行世代によって選択された社会資本形成についての帰着負担は，後世代が，自主的な裁量を持ちえないのである．

　社会資本の形成を日本のように長期にわたって常時継続的に公債発行によって実施する場合には，一定の年数を超えると税負担先送りによる軽減効果は消滅し，却って税財源で実施する場合より重い税負担を招いてしまうことを知らねばならない．

　毎年度10兆円規模の公共事業を継続するとし，財源を税金による場合と公

債発行による場合で比較してみよう．公共事業費の実質財政(税)負担が時間の経過でどう違うかを比較するのである．単純化のために公債は償還期限10年とし償還期に一括現金償還し金利は5%と仮定する．

公債に依存するケースでは，最初の10年間は，毎年度10兆円の公共事業を実施しながら，1年ごとの実質財政(税)負担は，毎年度5,000億円ずつ増加する利子負担だけで済む．この財政負担先送りが10年間続く．安価な公共事業費負担の期間である．しかし，10年経過以降は一転する．公債累積100兆円の毎年度元利償還額が15兆円となって帰着するからである．従って10年目以降は，毎年度10兆円の公共事業を続行しながら，公共事業費の実質的な負担である公債元利償還額は，その1.5倍になる．高価な公共事業費の時期を迎えることになってしまうのである．

地方財政の実態に則してこの辺の事情を見ておこう．現実はここで想定したような単純なものではなく，公共事業の規模，財源調達方法，公債金利，公債償還期限など多様な組合せで変化する．従って複雑な展開となる．しかし，公債発行に依存して財政負担先送りをしつつ実施してきた公共事業が，すでに大きな実質的公共事業費としての公債費負担を発生させているのである．しかも義務的経費に変身してである．公債に依存してきた公共事業は実に高価なものになっていることを知ることができる．

表6-1のように，地方自治体の普通会計による公共事業の中心をなす普通建設事業費は，75年度の7.6兆円規模から95年度の31.1兆円へと4倍強に拡大されている．そして年度によって多少変動するが，その公共事業費の約30%程度は地方債に依存して実施されてきた．95年度では42.1%にも達している．地方債以外の財源の支出額が狭義の当年度負担額である．その地方債発行額に等しい巨額な公共事業の財政負担を先送りし続けてきたのである．従って現実の公共事業費負担は当年度負担額であり，それは普通建設事業費の7割程度となっている．

一方，公共事業費の，過去の先送額は建設地方債の元利償還費＝公債費として帰着している．従って建設地方債利子を加算した広義の普通建設事業費は，

表 6-1 地方普通建設事業の公債による負担先送りと公債費負担の帰着 (億円)

項　目　　　　年　度	1975	1980	1985	1990	1995
ⓐ 普通建設事業費	76,223	144,971	150,703	225,845	311,131
① うち地方債 （負担先送り分）	24,424	42,703	40,076	55,114	130,856
② その他の財源 （当年度負担分）	51,799	102,268	110,627	170,731	180,275
ⓑ 建設地方債公債費 （先送り費用の帰着分）	9,631	24,830	45,803	52,428	71,988
ⓒ 普通建設事業費 当年度実質負担	61,430	127,098	156,430	223,159	252,263
ⓓ 実質事業先送り分	14,793	17,873	△5,727	2,686	58,868
ⓔ 広義普通建設事業費	81,629	158,974	173,471	249,758	344,240

自治省「地方財政白書」該当年度版から作成した.
　　ⓑ 建設地方債公債費は，地方債公債費に建設地方債残高比率を乗じて求めた.
　　ⓒ 普通建設事業費当年度実質負担は，ⓐ の ② に ⓑ を加算した.
　　ⓓ 実質事業費先送り分は，①-ⓑ として求めた.
　　ⓔ 広義普通建設事業費は建設地方債利子を加算した普通建設事業費

普通建設事業費を10%以上膨張させている.

　また普通建設事業費の地方債以外の財政負担にその年度に帰着した建設地方債元利償還額を加算した実質普通建設事業負担額は，年度によっては普通建設事業費を超過するに至っている．地方債発行による事業費の先送り分を，帰着負担が上回っているのである．日米構造協議による大規模な公共事業計画に，不況対策としての公共事業の拡大が加わって地方債の発行は膨張を続け，それによって事業費負担の先送りが一挙にエスカレートした，その増額が余りに巨額なために，本来なら重い負担帰着額を上回るに至っている，異常ともいうべき負担の先送り超過である．したがって地方の公共事業が少しく規模を抑制するとその差額としての実質先送り額はマイナスに転ずることは明らかである．このように見てくると．日本の公信用依存の地方財政の公共事業は，住民にとって異常なといえる高価なものになっているのである．

　公共事業とその財政処理と公信用乱用を抜本的に改めない限り，日本の地方財政危機は深まるばかりである．

1) 林栄夫「赤字公債依存型財政の問題点」(経済評論 1976 年 1 月号)など多くの論文でこの点を鋭く指摘し続けた．
2) 1995 年村山内閣は，「財政危機宣言」を出した．1996 年 7 月財政制度審議会は，「財政構造改革白書」同 12 月に「最終報告」によってそうした財政認識を国民に訴えた．
3) 経済審議会「財政・社会保障問題ワーキング・グループ」によるいわゆる「21 世紀破局のシナリオ」がそれである．
4) 橋本内閣によって 1997 年 1 月に設置された「財政構造改革会議」は「企画委員会」と連携しつつ財政構造改革法を具体化した．
5) 拙稿「財政赤字と政府債務累積の財政構造」「日本財政の改革」所収．
6) 竹中平蔵「経世済民」1999 年 3 月，ダイヤモンド社刊，でそのシミュレーションの結果を紹介している．106～107 頁，146～147 頁．
7) 事前的赤字予算，事後的黒字決算　林栄夫「転型期」の財政(経済評論，1963 年 1 月号)
8) しかし，この地方政府の収支には現れないが，地方交付税特別会計の借入金の返済は，この期にかなり進められている．
9) 奥野誠亮・柴田護「地方財政講話」1949 年 6 月刊，洋社．177～188 頁参照．

第 2 章

90年代地方財政危機の構造

1 はじめに

バブル経済が崩壊して景気低迷が続く中，1990年代後半以降になると地方財政の危機的状況が表面化してきた．『自治体倒産』や「この街が倒産する！」というセンセーショナルな見出しをつけた書物や雑誌記事も登場しているほどである[1]．朝鮮戦争後の1950年代半ば，第1次オイルショック後の1970年代半ばに続いて，今回は戦後第3の地方財政危機ということになる．わが国ではほぼ20年ごとに地方財政危機が発生していることになるが，果たしてその原因は何であろうか．3次にわたる地方財政危機に共通して言えることは，長引く経済不況による地方税収の減少・停滞が直接的要因であることにはちがいない．とはいえこの1990年代の地方財政危機には前2回の地方財政危機の場合よりも一層明白に，戦後一貫して機能してきた集権的財政システムと公共事業依存型の日本の経済社会の矛盾が，その大きな要因になっていることではないだろうか．そこで本稿では，この1990年代の地方財政危機の構造を検討することによって，現行地方財政システムの問題点を解明し，あわせて21世紀の分権型社会に向けての地方財政システムの改革の課題を考えていくことにしたい[2]．

2 地方財政赤字・財政危機の現状

まず90年代の日本の地方財政赤字の実態をマクロ的にみてみよう．ところで財政赤字とは一般的には，政府がその会計年度の支出を租税などの経常的収入でまかなえず，他の経済セクター（企業・家計など）からの借入れによって資金収支を合わせねばならない事態である．これは国民経済計算統計にあっては各年度の政府の貯蓄投資差額となって表われる．図2-1は先進諸国の地方政府の貯蓄投資差額（財政収支）の対GDP比の推移を示しているが，日本の地方政府赤字はバブル経済崩壊の1992年度以降急速に上昇しており，95年度にはマイナス2.7%にも達している．また欧米諸国と比較しても日本の地方財政赤字の増加傾向は際立っていると言ってよいであろう．

こうしたフローの地方財政赤字は当然ながらストックとしての財政赤字累積に帰結するが，図2-2に示されるように90年代に入って地方債務残高は急上昇を遂げている．さらに重要なのはこの間，国家財政以上に地方財政の赤字累積額が増加していることである．表2-1によれば公債等の長期政府債務残高は，国家財政では90年度200兆円から97年度389兆円へと1.94倍に増加しているが，地方財政では90年度67兆円から97年度149兆円へ実に2.22倍に増加している．また99年度末見込みでも地方債務残高は176兆円(90年度比2.62倍)になり，国家債務残高の2.23倍(90年度比)よりも大きな伸びとなるのは確実である．日本ではバブル経済崩壊以降これまで国の財政赤字問題がもっぱらクローズアップされ，1997年11月には財政再建をめざす「財政構造改革法」が制定（後に施行凍結）されたが，その背後では実際には地方財政赤字も急速に増加してきたのである．

表 2-1　公債等の長期政府債務残高　　　　　　　　（兆円）

	1990	1992	1997	1999	90 → 97	90 → 99
国	200	223	389	446	1.94倍	2.23倍
地方	67	79	149	176	2.22	2.62

注1）1999年度は見込み．
【出所】『財政データブック』1999年度版，大蔵財務協会，自治省資料より作成．

第 2 章　90 年代地方財政危機の構造　41

図 2-1　貯蓄投資差額の対 GDP 比（%）

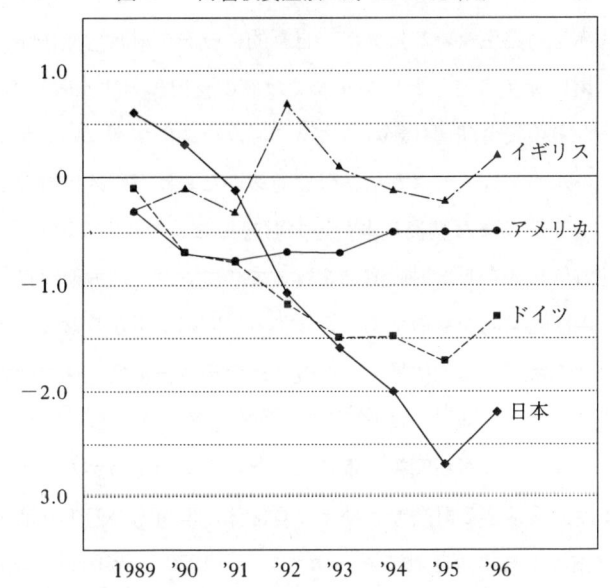

【出所】『財政データブック』1999 年度版，285 ページより作成．

図 2-2　地方の借入金残高の状況

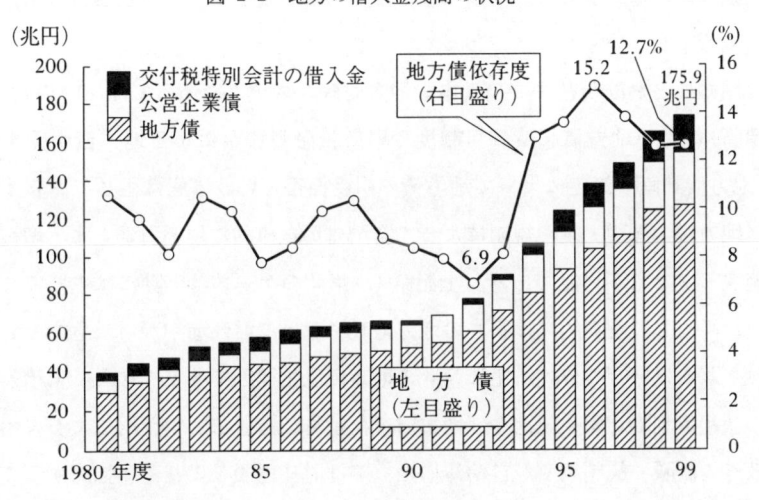

【出所】　自治省資料より．

ところで言うまでもないことだが，財政赤字と財政危機は同義ではない[3]. つまり財政赤字の発生ないし拡大が，自動的に政府を財政危機に陥らせるわけではない．財政赤字の発生とはあくまで政府の支出に対する収入不足であり，他セクターからの資金調達(借金)によって補う事態にすぎない．ケインズ主義的なフィスカルポリシーのように，景気対策のために意図的に財政赤字が形成されることもある．また戦後日本の地方財政においては国家財政とは異なり，当初から地方債に依存した財政運営を行ってきており，地方債発行という財政赤字発生は半ば恒常的なものであった．従って問題は単なる財政赤字の発生ではなく，財政赤字が累積的に拡大して遂には政治的経済的意味で地方自治体の円滑な財政運営が不可能にいたる事態が財政危機と言うことになろう．そして，このような財政危機が顕在化するにあたってはいくつかのレベルが考えられる．第1は，累積する財政赤字ゆえに自治体の信用力が低下し地方債による資金調達を市場から拒否されるケースである．1970年代半ばのニューヨーク市財政危機が有名である．第2は，自治体財政再建のための地方税増税案を出しても行政不信などで市民(選挙民)に拒否されるケースであり，これは財政危機と同時に容易に政治的危機にも陥りやすいケースである．第3に，財政赤字累積のために公債費負担が増えて自治体財政が硬直化し，財政運営の余裕が著しく低下していくケースである．

周知のとおり現在までの日本の地方財政システムにあっては，中央政府(自治省)による地方債起債許可制度や財政投融資資金による地方債引受を含む「地方債計画」策定によって地方債の引受拒否という事態は生じておらず，また地方税の課税・税率規制によって自治体が自律的に税率引き上げ・増税を実施することも不可能であり，上記第1，第2のケースは実際には生じてこなかった．そして現実的には日本の地方財政において財政赤字が財政危機として認識されるにいたるのは，主に第3の財政硬直化要因であり，加えて自治省主導の「起債制限比率」規定や「地方財政再建特別措置法」の適用による自治体財政への制限・統制規定が自治体にとっては財政危機をより一層強調することになる[4].

それでは1990年代の地方財政はいかなる意味で危機的状況にあり，またいかなる特徴を示しているのであろうか．第1に指摘すべきは，従来の地方財政危機の際には決算段階での収支欠損が生じる「赤字団体」が大量に発生していたのに比べて，90年代においては「赤字団体」はほとんど発生せず，その代わりに地方財政債務が顕著に膨張してきたことである．1950年代半ばの第1次地方財政危機の際には最大で39府県(1953年度)，2,596市町村(1954年度)が「赤字団体」になり，またオイルショック後の第2次地方財政危機の際にも減少したとはいえ27府県(1975年度)，242市町村(同)が「赤字団体」に陥った．これに対して1990年代の第3次地方財政危機の中では「赤字団体」(1996年度)に陥ったのは府県では0，市町村でもわずか14団体にすぎない．近年「赤字団体」が大きく減少した理由は，自治省が毎年度作成する「地方財政計画」において翌年度の財源不足額を予想し，収支欠損が生じないようにあらかじめ地方債増発や地方交付税増額などで資金的手当てを講じているからである[5]．近年の財源不足額は図2-3のように「対処」されている．

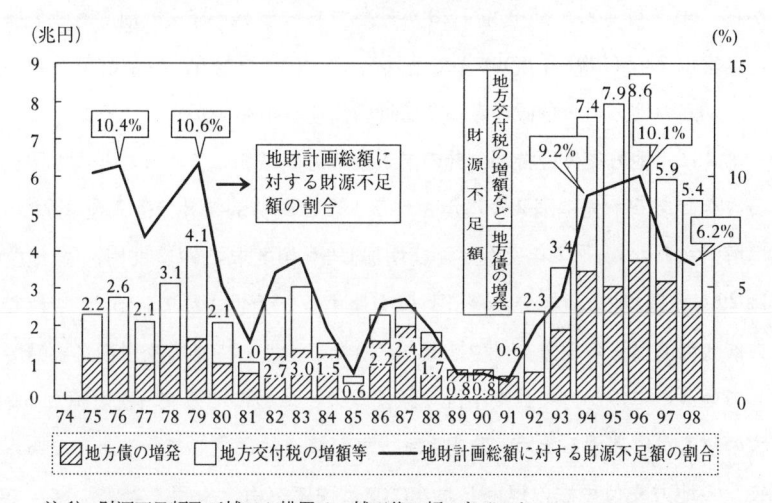

図 2-3 地方財政の財源不足の状況

注1) 財源不足額及び補てん措置は，補正後の額であること．
　 2) 地財計画総額に対する財源不足額の割合は，当初地財計画に対する割合であること．

【出所】『図説地方財政』1998年版，東洋経済新報社，243ページ．

図 2-4　地方債残高の対一般財源等との比較

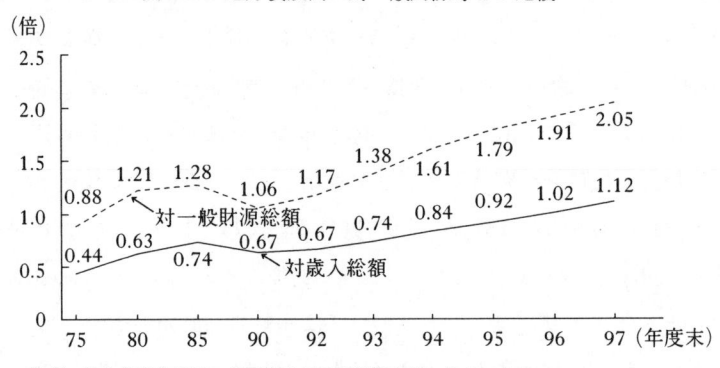

(倍)
2.5
2.0
1.5　1.21　1.28　　　　1.17　1.38　1.61　1.79　1.91　2.05
1.0　0.88　　　　1.06
　　　　　対一般財源総額　0.67　0.74　0.84　0.92　1.02　1.12
0.5　0.44　0.63　0.74　0.67
　　　　　　　　　　対歳入総額
0
　75　80　85　90　92　93　94　95　96　97 (年度末)

注1)　地方債現在高は，特定資金公共事業債を除いた額である．
【出所】『地方財政白書』1999年度版，36ページ

かくして収支欠損の「赤字団体」としては表面化はしないが，その分，地方の債務・借入金残高は増加してくることになる．そこで図2-4で地方債残高の対一般財源比率の推移をみてみよう．一般財源との関係を問題にするのは，地方税，地方交付税，地方譲与税からなる一般財源が基本的には債務の利払い・償還の財源となるからである．第2次地方財政危機の際には1975年度の0.88から，80年度1.21，85年度1.28が最高であったが，今次の地方財政危機の際には実に2.05(1997年度)にまで上昇しているのである．返済財源との関係では，前回の地方財政危機の際の2倍近い債務負担をかかえていることになる．

第2に，地方交付税特別会計の借入金が再び増加していることにも留意されるべきである．先の図2-2に示されるように同特別会計の借入金は91年度には解消されたが，92年度から再び増加し96年度末で21.2兆円，99年度末には29.6兆円(地方負担分22兆円)にも達すると予想されている[6]．これは，地方債元利償還費の地方交付税措置(後述)などもあって地方交付税必要額が増加しているのに，一方で長期不況や減税政策のために地方交付税財源たる国税5税の収入が停滞するため，収支ギャップが構造的に生じているからである．本来なら地方交付税法の規定どおりに交付税率を引き上げて対処すべきであるが，国は財政難を理由に地方交付税特別会計の借入金で処理してきているのである．これは個々の地方自治体にとっては自らの借金とは意識されにくいが，

図 2-5 公債費負担比率の推移

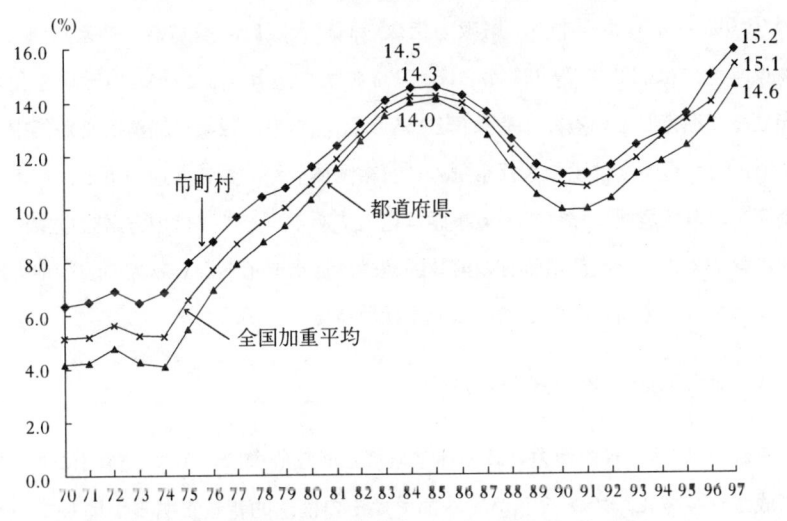

【出所】『図説地方財政』1998年版,『地方財政白書』1999年版より作成.

結局は将来的には地方財政全体で負担しなければならない債務なのである.

第3に,地方債の累積とともに公債費負担が増加し地方自治体の財政硬直化が進行している.図2-5は地方一般財源に占める公債費負担の比率であるが,80年代から低下していた公債費負担比率は90年代に入って再び上昇し,1997年度には過去最高の15.1%に達している[7].個々の地方自治体でも公債費負担比率は15%が警戒ラインとされているが,この15%水準を超える自治体は1997年度には都道府県は31団体(全体の66%),市町村では1,822団体(56%)に達していた[8].そして自治体財政の硬直化の度合いを示すとされる経常収支比率も急速に悪化し始め,地方財政全体では1990年度の70.2%から97年度には87.4%に上昇している[9].この経常収支比率は,経常一般財源総額に対する公債費や人件費・扶助費など自治体の経常的・義務的経費に充てねばならない経常一般財源部分の比率であり,100%に近いほど新規政策,投資事業などへの財政運営の自由度が低下する.

第4に,地方財政が全体的に危機的状況にある中で,都道府県ではとりわけ大都市圏の「富裕団体」ほど財政危機の度合いが強くなっていることである.

経常収支比率だけをみても，都道府県平均では91年度の71.3%から97年度の91.0%へ上昇する中で，財政力指数の高い大阪府，愛知県，神奈川県の3府県平均では同じく79.9%から106.0%にまで上昇しており，財政硬直化が際立って進行しているのである(表4-3参照).本来，企業や経済活動が集中して財政力が豊かなはずの大都市圏の「富裕団体」が，景気低迷の下とはいえより深刻な財政危機に陥っている事態は重大である．そこには地方財政危機一般には解消できない大都市特有の財政問題や，都市サイドからみての現行地方財政システムの矛盾が内在しているのではないだろうか．

3 地方財政危機の構造的背景

それでは90年代の地方財政の赤字累積と財政危機はいかなる要因によって形成されてきたのであろうか．本節ではその構造的背景を明らかにしていくが，その前提として90年代における地方財政全体の推移を概観しておこう．まず表3-1で地方財政と国家財政の歳出額推移をみると，国は90年度の74.1兆円から97年度84.9兆円へと10.8兆円の増加だが，地方財政は90年度の78.4兆円から97年度97.6兆円へと19.2兆円の増加であり，この間の増加分では地方は国の2倍近い増加額になっている．国から地方への財政移転分も考慮した歳出純額の国内総支出での比重でも国はこの間10%台で安定している

表 3-1 国と地方の歳出推移 (兆円, %)

	歳出総額		歳出純計額		A/国内総支出	B/国内総支出
	国	地方	国(A)	地方(B)		
1990	74.1	78.4	46.5	77.3	10.6	17.6
91	75.6	83.8	46.8	82.7	10.1	17.8
92	77.1	89.5	46.5	88.2	9.9	18.7
93	79.3	93.0	48.1	91.6	10.1	19.2
94	79.9	93.8	48.7	92.7	10.2	19.4
95	86.4	98.9	53.3	97.4	10.9	19.9
96	87.3	99.0	53.6	97.7	10.6	19.4
97	84.9	97.6	52.3	96.4	10.4	19.1

【出所】『地方財政白書』1999年度版，318-319ページより作成．

表 3-2 地方財政の歳入・歳出の推移

	85	90	91	92	93	94	95	96	97
歳入総額(兆円)	57.4	80.4	85.7	91.4	95.3	95.9	101.3	101.3	99.8
地 方 税	23.3	33.4	35.0	34.5	33.5	32.5	33.6	35.0	36.1
地方交付金	9.4	14.3	14.8	15.6	15.4	15.5	16.1	16.8	17.1
国庫支出額	10.4	10.6	11.1	12.8	13.6	13.7	14.9	14.6	14.3
地 方 債	4.4	6.2	7.2	10.1	13.3	14.2	16.9	15.6	14.0
歳入構成比(%)									
地 方 税	40.6	41.6	40.9	37.8	35.2	33.9	33.2	34.6	36.2
地方交付税	16.4	17.8	17.4	17.2	16.2	16.2	15.9	16.7	17.1
国庫支出金	18.3	13.3	13.2	14.2	14.4	14.4	14.9	14.6	14.4
地 方 債	7.8	7.8	8.5	11.2	14.0	14.9	16.8	15.4	14.1
歳 出 額(兆円)									
人 件 費	17.9	22.2	23.3	24.1	24.6	25.2	25.8	26.4	26.9
物 件 費	3.7	5.1	5.6	6.1	6.5	6.8	7.3	7.4	7.5
扶 助 費	3.7	5.1	4.3	4.7	4.9	5.2	5.5	5.7	6.1
普通建設事業費	15.0	22.5	24.5	28.5	30.7	29.3	31.1	28.9	27.7
公 債 費	5.7	6.5	6.8	7.0	7.4	8.0	8.6	9.4	10.2

【出所】『地方財政白書』各年版より作成.

が,地方の歳出純額は90年度の17.6%から95年度19.9%,97年度19.1%へと2ポイント前後も増加しているのである.バブル経済崩壊前後の政府部門の支出拡大はもっぱら地方財政が担ってきたことがはっきりわかる.

そこで次に表3-2で地方財政の歳出・歳入構造の推移をみてみよう.歳出面では普通建設事業費と人件費が2大経費であるが,人件費がこの間安定的な漸増傾向であるのに対して普通建設事業費は92年度以降顕著に拡大していることが注目されよう.また普通建設事業費の財源の大半は地方債発行によるものであり,そのため90年代後半以降になると公債費支出も急増してきている.一方,歳入面では地方税は景気低迷のため91年度の35.0兆円をピークに低下を続け96年度になってようやく91年度水準復帰した状態である.反対に地方債は90年度の6.2兆円から増加を続け95年度には16.9兆円にもなっている.90年代においては地方財政は国家財政以上の膨張を遂げてきたが,それは地方税収の減少傾向にもかかわらず借入金依存(地方債増発)によって普通建設事業費を拡大させてきたことが大きな要因になっているのである.また国庫支出

図 3-1 普通建設事業費の推移

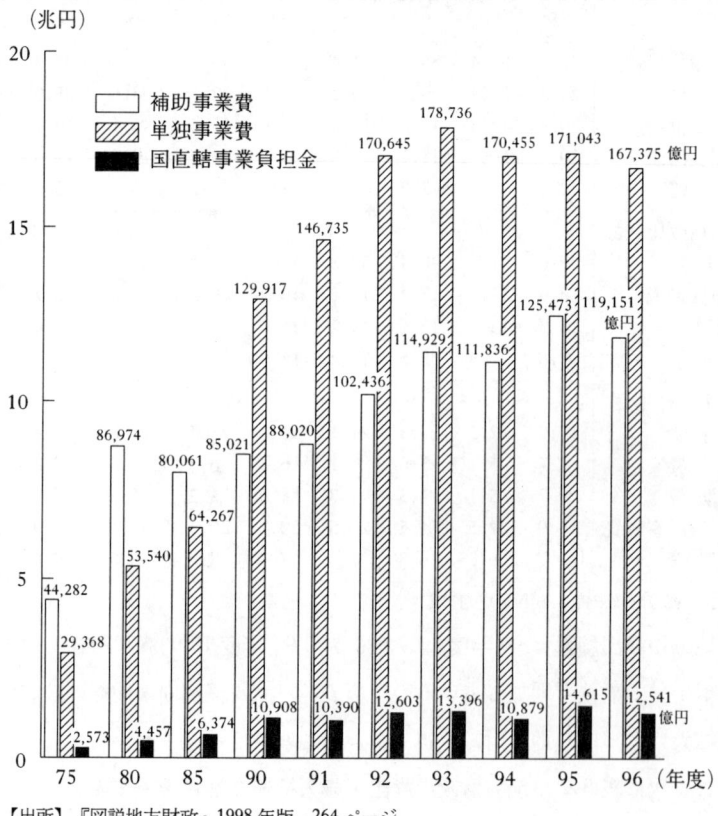

(兆円)

凡例:
- 補助事業費
- 単独事業費
- 国直轄事業負担金

年度	補助事業費	単独事業費	国直轄事業負担金
75	44,282	29,368	2,573
80	86,974	53,540	4,457
85	80,061	64,267	6,374
90	85,021	129,917	10,908
91	88,020	146,735	10,390
92	102,436	170,645	12,603
93	114,929	178,736	13,396
94	111,836	170,455	10,879
95	125,473	171,043	14,615
96	119,151 億円	167,375 億円	12,541 億円

【出所】『図説地方財政』1998 年版, 264 ページ.

金の比重が 80 年代に比べて 90 年代には大幅に減少していることも見逃せない．地方歳入額が 85 年度から 90 年度にかけて 23 兆円も増加したのに，この間の国庫支出金はわずか 0.2 兆円増であり，歳入構成比でも 85 年度の 18.3% から 90 年度 13.3%, 97 年度 14.4% と 4～5 ポイントも低下しているのである．これは財政再建を理由にして 1980 年代半ばから実施された国による補助率カットの影響によるものであり，一定の財源対策はとられたものの地方財政側の負担拡大要因になってくるものであった．そこで以下では 90 年代地方財政危機の構造的要因となる地方債依存による地方公共事業拡大のメカニズムと，国庫支出金削減の影響をやや詳しくみていくことにしよう．

図 3-2　地方単独事業に対する財源措置の仕組み

① まちづくり特別対策事業(地域産業・観光センター，スポーツ・レクリエーション施設，文化会館等)

地方債 75% (後年度の交付税措置 30〜55%)	一般財源 25%

* 財源措置率　22.5〜41.25%.
* 同様の仕組　地域文化財保全事業，商店街等振興整備特別事業，地域経済基盤強化対策，リーディングプロジェクト.

② ふるさとづくり事業(体育館，総合運動場，総合文化センター，親水公園等)

地方債 75% (後年度の交付税措置 30〜55%)	一般財源	
	15% (交付税 補正分)	10%

* 財源措置率　37.5〜56.25%.
* 同様の仕組　地域特定道路整備事業，地方特定河川等環境整備事業，ふるさと農道・林道緊急整備事業，地域福祉推進特別対策事業.
* 平成8年度以降，交付税補正分を地方債に振替え.

③ 都市生活環境整備特別対策事業(電線類地中化，駐車場，駐輪場，都市環境緑地等)

地方債 75% (後年度の交付税措置 40%)	一般財源 25%

* 財源措置率　30%.

【出所】『図説地方財政』1998年版，265ページ.

まず90年代の普通建設事業費の拡大について考えてみよう．1990年度には22.5兆円であった同事業費総額は90年代半ばには30兆円前後に急速に拡大してきたが(表3-2)，その伸びを主導してきたのは図3-1で示されるように国の補助金のつく補助事業ではなく地方単独事業であった．普通建設事業費総額での地方単独事業の比重は1980年度の36.9%から1990年度57.5%，1997年度55.7%へと20ポイント近くも上昇してきているのである[10]．ところで90年代に入って地方の普通建設事業費が増加してきたのは，バブル経済崩壊後の景気対策として1992年以降6次にわたって策定された「総合経済対策」におい

図 3-3　普通建設事業費の財源構成比の推移

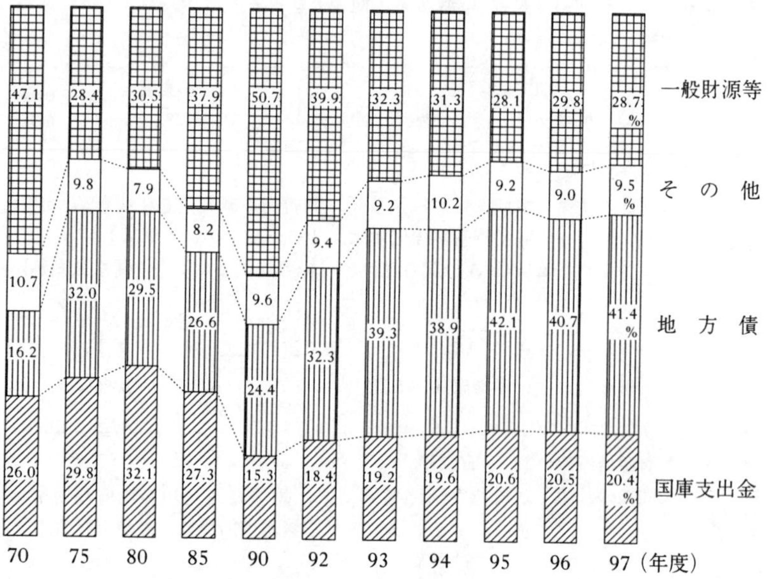

	70	75	80	85	90	92	93	94	95	96	97
一般財源等	47.1	28.4	30.5	37.9	50.7	39.9	32.3	31.3	28.1	29.8	28.7%
その他	10.7	9.8	7.9	8.2	9.4	9.6	9.2	10.2	9.2	9.0	9.5%
地方債	16.2	32.0	29.5	26.6	24.4	32.3	39.3	38.9	42.1	40.7	41.4%
国庫支出金	26.0	29.8	32.1	27.3	15.3	18.4	19.2	19.6	20.6	20.5	20.4%

（年度）

【出所】『地方財政白書』1999年版, 110ページ.

て地方公共事業が積極的に位置付けられてきたからである．その際，従来なら国の建設国債増発を財源にした補助金拡大によって地方公共事業(補助事業)を促進してきたものが，90年代には国の財政危機ゆえに補助金を伴わない地方単独事業を主体に遂行されるようになった[11]．それでは地方自治体は何故に補助金のつかない地方単独事業を増加させてきたのであろうか．そこには財政的理由と行政的ないし政治的理由も作用してきたようにみえる．

　財政的理由とは，補助金に代わって地方交付税と地方債による優遇措置がとられてきたからである[12]．図3-2は地方単独事業に対する財政措置の仕組みの代表的事例を表わしている．例えば，体育館，総合運動場，総合文化センター，親水公園等を対象にする「ふるさとづくり事業」の場合には，事業費総額の75%の地方債起債が認められ，その後年度の元利償還費用は当該自治体の財政力に応じて30〜55%を交付税措置されるだけでなく，自治体一般財源負担分25%のうち15%分も地方交付税で補正されるため，当該自治体は事業費

総額の10%分の一般財源を用意すれば単独事業に着手できることになった．最終的な財源措置率は最大で56.25%にも及び，さしあたり自治体にとっては補助金の交付を受けるのと同様の効果がある．これらは1978年度に制定された「地域総合整備事業債」を利用した財源措置であるが，本来地方自治体の一般財源を保障するべき地方交付税が，このように事実上の特定財源化され，自治体財政を誘導する役割を果たすことになった．いわば地方交付税の機能変質が進んでいるのである．

行政的理由とは，国の要綱・規制に縛られ画一的になりやすい補助事業に比べて，地方単独事業では原則として自治体の創意や住民ニーズをより反映した事業が可能になると考えられ自治体にとっては選好されやすく[13]，また実際にも地方単独事業では生活関連公共施設の比重が比較的高くなっている．97年度決算によれば補助事業費(11兆607億円)では道路橋りょう費(14.5%)，河川海岸費(14.4%)，農林水産業費(28.2%)などが目立つのに対して，市町村主体の地方単独事業(15兆4,521億円)では都市計画費(18.8%)，公園費(4.5%，都市計画費の内数)，図書館などの社会教育費(3.7%)，体育館などの保健体育費(3.1%)などの費用が目立っている[14]．生活関連型公共施設の整備は，選挙民を意識する自治体首長や自治体議会にとっても自らの政治的ポイントになりやすく，加えて先の図3-2の「まちづくり特別対策事業」や「ふるさとづくり事業」として有利な財源措置を受けられ，かつ国の景気対策の要請に応じるという大義名分もつくため，容易に事業促進に乗り出しやすくなっていたのである．

だがこうした地方単独事業中心の地方公共事業の拡大は地方財政に大きなツケを残すことになった．一つは，マクロ的にみて地方財政全体では地方債依存の進行と地方債残高の急増をもたらした．図3-3で普通建設事業費の財源構成をみると地方債は1985年度は26.6%，1990年度は24.4%であったが，その後は40%前後に急上昇してきて地方債を主な財源にしているのがわかる．また図3-4で地方債残高の推移と目的別構成をみると，地方債残高が90年度の52.1兆円から97年度には111.4兆円へと急増していること，中でも一般単独

図 3-4 地方債残高の推移と目的別構成

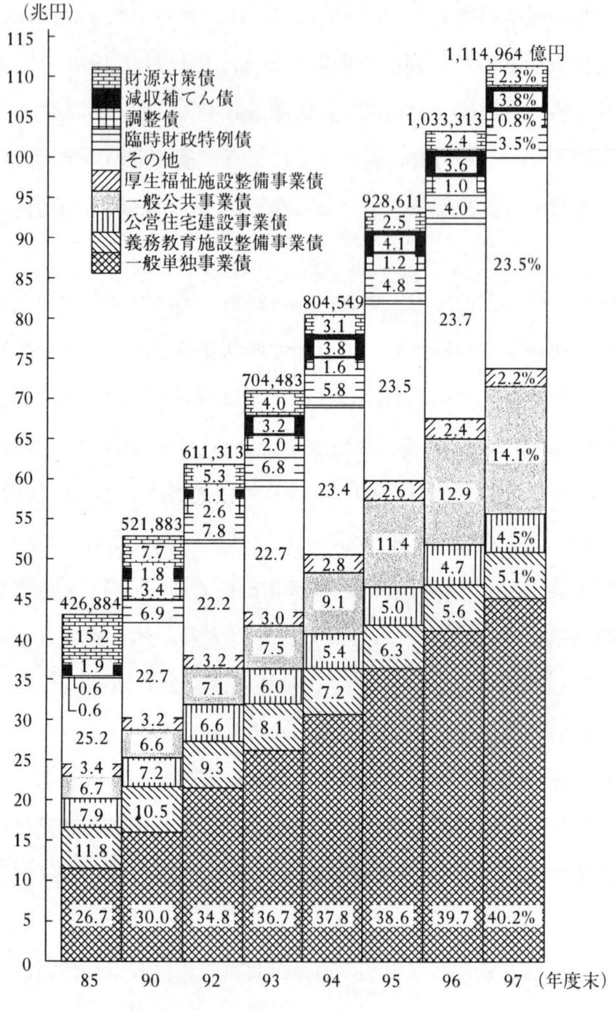

【出所】『地方財政白書』1999 年版, 37 ページ.

事業債(90 年度 30.0% ⇒ 97 年度 40.2%), 一般公共事業債(同 6.6% ⇒ 14.1%)の伸びが大きいことが目を引く. 地方債累積はその一部が地方交付税措置されるといっても, 当然ながら公債費負担の増加となる. かくして前節でみたように公債費負担比率は 1997 年度には 15.2% にもなり地方財政を大きく圧迫する

ようになったのである．

　いま一つの問題としては，ミクロ的にみて個別自治体では競争的な「ハコものの施設」建設など安易な財政運営に陥らせやすくしたことである．そこでいま，地域総合整備事業債に依存して地方単独事業を拡大してきた自治体の一例をみてみよう．山形県南部の米沢盆地に位置する南陽市は人口3.7万人，市税収規模30億円強の自治体である．この南陽市の市債発行残高は88年度末の90億円弱から96年度末には実に173億円に倍増したのである．その原因は同市が，88年から96年にかけて7件，投資総額102億円もの「ハコもの」投資を実施したからである．その内容は，温泉保養施設(40.3億円)，市民体育館(39億円)，民話と郷土資料館(6.9億円)，ハンググライダー施設(4.3億円)，観光物産センター(3.3億円)，健康長寿センター(4.4億円)，結城太郎記念館(6.2億円)であり，このうち88億円が地域総合整備事業債による借入金でまかなわれた．この時期，全国の自治体で競うように「ハコもの」投資が進められたが，南陽市のこれら事業の多くも市の総合計画を前倒しする形で実施された．これらの「ハコもの」施設の維持管理費は市財政に年間約1億円の負担増になっている．また，温泉保養施設の経営は市中心の第3セクターであるが，当初のバブル期の甘い経営見通しでは開業2年目で黒字になるはずであったが，実際には現在累積赤字3億円をかかえ，毎年2,000万円規模の市の助成で経営を支えている状況である．このようにやや安易に「ハコもの」施設をつくってきた南陽市は，現在その「ハコもの」施設の維持管理費に加えて，地方債の元利償還負担で深刻な財政危機に陥っている，という[15]．甘い経営見通しで安易に「ハコもの」施設をつくってきた同市の責任はもちろん重いが，地域総合整備事業債をてこにそれを積極的に誘導してきた政府の責任も重いと言わざるをえない．こうした事態はひとり南陽市に限られるのではなく，大なり小なり多くの地方自治体が巻き込まれてきているのである．ところで地域総合整備事業債に関わる元利償還費の一部が地方交付税措置されるといっても，自治体に交付される時はあくまで一括した地方交付税交付金であり，実際には自治体にとって元利償還費への財源保障として明瞭に認識されるようにはなっていないこと

表 3-3 主な補助負担率の推移

年　度	1984年度	85	86	87~88	89~90	91~93
〈経常経費〉						
生活保護	8/10	7/10	7/10	7/10	3/4(恒久化)	→
保育所措置費等	8/10	7/10	1/2	1/2	2/1(恒久化)	→
義務教育費						
追加費用	1/2	1/2	1/3	1/3	1/3	1/3
退職年金・退職一時金	1/2	1/2	1/3	1/3	1/3	1/3
長期給付	1/2	1/2	1/2	1/3	1989. 3/8	
					1990. 1/2(恒久化)	→
恩給費	1/2	1/2	1/3	1/3	(一般財源化)	→
〈投資的経費〉						
公共事業						
道路改築(内地)						
一級国道(直轄)	3/4	2/3	2/3	6/10	6/10	2/3
〃　　(補助)	3/4	2/3	6/10	5.75/10	5.75/10	6/10
河川改築(内地)						
一級河川(直轄)	2/3	6/10	6/10	5.5/10	5.5/10	6/10
〃　　(補助)	2/3	6/10	5.5/10	5.25/10	5.25/10	5.5/10

【出所】　自治省資料.

にも留意すべきであろう．

　次に国庫支出金の削減についてみてみよう．国は財政再建のために1984年度以降表3-3に示すような多くの分野で補助負担率を削減してきた．その結果，先の表3-2でみたように地方歳入に占める国庫支出金の比重は4～5ポイントも低下してきた．さらに地方主要経費の財源構成を示す表3-4によれば，国庫支出金は民生費では45.7%(77年度)から27.1%(97年度)に，教育費では24.8%(77年度)から18.2%(97年度)に，土木費では26.1%(77年度)から14.8%(97年度)に低下しており，反対にそれぞれ地方の一般財源の負担が増加していることがわかる．ところで国庫補助負担率カットの財源措置としても地方債と地方交付税が利用された．つまり補助率カットによる財源不足に対しては，臨時財政特例債，公共事業等臨時特例債および臨時公共事業債が調整債として発行が認められ，その元利償還費が地方交付税の基準財政需要額に算入されることになったのである．だがこれによっては，地方交付税の不交付団体

表 3-4 地方財政・主要経費額と財源内訳　(%)

	1977	1985	1990	1997
民 生 費	37,366	62,523	82,280	127,215
国庫支出金	45.7	35.0	27.9	27.1
一 般 財 源	44.0	54.6	61.0	60.7
地 方 債	3.0	1.2	1.5	2.8
教 育 費	86,152	132,738	165,987	187,901
国庫支出金	24.8	22.8	19.4	18.2
一 般 財 源	60.5	64.8	69.4	69.5
地 方 債	10.5	6.7	5.2	7.0
土 木 費	68,122	115,131	174,918	213,304
国庫支出金	26.1	20.4	11.0	14.8
一 般 財 源	32.9	47.2	57.0	39.5
地 方 債	30.5	20.4	18.9	33.1

【出所】『地方財政白書』各年版より作成.

は恩恵は受けられず，補助率カットの負担だけが残ることになった．また基準財政需要額への算入措置をとったとしても，そのために必要な交付税総額の加算措置が完全には実施されておらず，交付団体にも補助率カット分が完全に補塡されてはいない[16]．この80年代後半に行われた補助負担率カットそれ自体は全国の地方自治体に大きな財政負担を強いるものであった．ところがその後90年前後にかけてのバブル景気によって地方税収が相当に伸びたこともあって，その矛盾は一時的に後景に退いていた形であった．だが補助負担率カットが恒久化され，90年代半ば以降になっても深刻な経済不況が続く中で，この国庫支出金の削減は地方一般財源の負担を大きくし，今次の地方財政危機の構造的要因の一つになっていることはまちがいないであろう．

4 「富裕団体」の財政危機

90年代後半になって東京都，大阪府，神奈川県などの「富裕団体」（都道府県）が軒並み財政赤字の拡大で自ら「財政危機」を宣言し行政リストラに乗り出している[17]．財政危機に陥るにはもちろん個々の自治体の固有の要因もあるが，大都市圏の「富裕団体」がいずれも財政危機に陥るにはやはりそれなりの

表 4-1　5都道府県の財政指標と順位(1997年度)

	経常収支比率		公債費負担比率		純債務返済		財政力指数		交付税依存度	
	%	順位	%	順位	年数	順位	%	順位	%	順位
大 阪 府	112.0	1	12.6	38	2.56	3	0.93	4	4.6	45
神奈川県	106.2	2	11.2	45	1.89	30	0.93	4	5.1	44
愛 知 県	99.0	3	12.4	40	2.25	12	0.97	2	0.4	46
福 岡 県	97.6	4	13.7	35	1.96	26	0.58	12	35.6	37
東 京 都	96.1	5	9.4	47	1.46	47	1.07	1	0	44

注1) 47都道府県の中での順位であり,経常収支比率ワースト5の都道府県を計上.
【出所】『週間ダイヤモンド』1999年3月27日号.

表 4-2　普通建設事業費の推移　(%)

	普通建設事業費			うち単独事業費			普建/歳出総額		
	1990	1993	1996	1990	1993	1996	1990	1993	1996
東　京	16,711	20,419	15,542	14,018	16,349	11,061	25.6	29.0	22.4
大　阪	3,750	6,001	4,985	2,040	3,560	2,423	16.7	23.7	20.0
愛　知	4,055	5,573	5,331	2,121	2,819	2,807	22.4	26.7	24.7
神奈川	2,972	3,980	3,446	2,005	2,614	1,981	18.7	22.1	19.1
茨　城	2,179	3,134	3,339	799	1,216	1,437	26.0	31.3	31.3
栃　木	1,643	2,334	2,608	710	1,067	1,314	26.1	31.3	31.1
群　馬	1,699	2,422	2,729	549	953	1,256	27.0	33.4	35.3
埼　玉	3,651	4,559	4,602	2,157	2,497	2,534	26.8	29.4	25.6
千　葉	3,269	4,241	4,423	1,580	2,186	2,152	25.6	28.9	28.2
青　森	1,893	2,849	3,111	489	964	1,337	28.7	38.1	38.1
高　知	1,583	2,190	2,360	509	738	856	32.3	37.7	38.0
全　国	117,647	163,646	168,043	50,827	74,215	75,139	27.4	30.1	31.8

【出所】『地方財政統計年報』各年版より作成.

構造的背景もあると考えるべきであろう.

そこでまず「富裕団体」の財政指標(1997年度)の全国的位置を表4-1で確認しておこう.財政力指数の上位4都府県(東京,大阪,愛知,神奈川)が経常収支比率の上位5位に入っており,いずれも最もタイトな財政運営を強いられる状況にある.また財政力指数が高いゆえに当然ながら地方交付税依存度も極めて低くなっている.前節でみた自治体財政危機要因としての地方債依存の財政運営に関する指標については,これら「富裕団体」の公債費負担比率は全国

表 4-3 道府県のグループ別経常収支比率の推移

財政力指数	区 分	91	92	93	94	95	96	97
		%	%	%	%	%	%	%
	総平均	71.3	76.6	82.1	86.1	86.8	86.1	91.0
	うち 人件費充当	42.7	45.9	48.8	50.8	50.8	49.4	51.2
	公債費充当	12.3	12.7	14.1	14.9	15.3	16.3	18.5
0.8〜1.0	B₁ (A)	79.9	90.7	98.4	104.8	105.0	100.6	106.0
	うち 人件費充当	49.2	56.5	61.0	65.1	65.6	61.0	63.7
	公債費充当	9.8	9.5	11.0	12.1	12.7	13.2	15.2
0.5〜0.8	B₂ (B)	71.9	76.4	82.4	86.5	85.9	84.9	90.7
	うち 人件費充当	44.5	47.1	50.5	52.5	51.6	50.0	52.8
	公債費充当	10.5	11.1	12.3	13.2	13.6	14.6	16.8
0.4〜0.5	C	67.8	72.5	76.3	79.9	80.8	81.7	86.4
	うち 人件費充当	39.3	41.6	43.6	45.2	44.9	44.8	46.2
	公債費充当	13.9	14.6	15.5	16.6	17.1	18.3	20.9
0.3〜0.4	D	68.1	71.4	78.9	81.6	83.1	82.8	87.6
	うち 人件費充当	39.6	41.5	45.0	46.0	46.4	45.6	46.9
	公債費充当	14.5	14.4	16.8	17.3	17.3	18.4	20.6
〜0.3	E	67.9	72.7	76.5	79.6	81.8	82.9	85.4
	うち 人件費充当	39.5	41.8	43.5	44.8	45.6	45.1	45.3
	公債費充当	14.3	15.2	16.5	17.1	17.7	18.8	20.8

注1) 比率は加重平均である.
2) 各グループの該当団体及び団体数は，各年度により異なる．また，94年度以前におけるグループ区分は，A, B, C, D 及び E となっている．
【出所】『地方財政白書』1999 年版，132 ページ．

的にみれば低位であるといってよい．むしろ問題は公債費負担比率が低位であるにもかかわらず，経常収支比率が極めて高くなっていることである．一方，借入金残高の自治体財政（一般財源）への負荷の程度を表わす純債務返済年数では「富裕団体」でも格差が生じている．大阪府，愛知県は相当に高く，神奈川県，東京都はそれほど高いわけではない．

後者の純債務返済年数の「富裕団体」間での格差は，積立金を無視すれば基本的にはこの間の地方債依存による普通建設事業費の動向によるものであろう．表 4-2 によれば，歳出総額に占める普通建設事業費の比重は「富裕団体」はほぼ 20% 台であり，30% 近い関東近県や 40% 近い農村県に比べて低い．

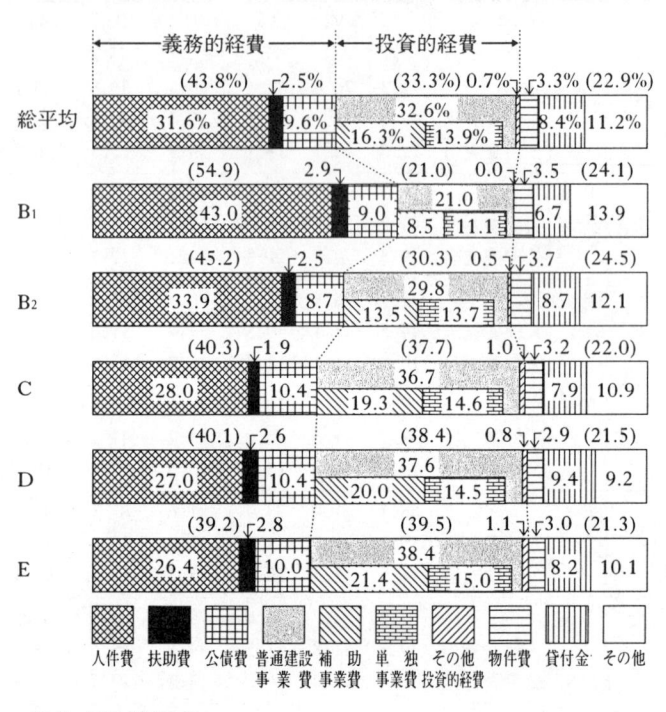

図 4-1 道府県のグループ別歳出(性質別)決算の状況(構成比)

	義務的経費		投資的経費		
総平均	(43.8%) 31.6%	2.5% 9.6%	(33.3%) 0.7% 16.3% 32.6% 13.9%	3.3% 8.4%	(22.9%) 11.2%
B₁	(54.9) 43.0	2.9 9.0	(21.0) 0.0 8.5 21.0 11.1	3.5 6.7	(24.1) 13.9
B₂	(45.2) 33.9	2.5 8.7	(30.3) 0.5 13.5 29.8 13.7	3.7 8.7	(24.5) 12.1
C	(40.3) 28.0	1.9 10.4	(37.7) 1.0 19.3 36.7 14.6	3.2 7.9	(22.0) 10.9
D	(40.1) 27.0	2.6 10.4	(38.4) 0.8 20.0 37.6 14.5	2.9 9.4	(21.5) 9.2
E	(39.2) 26.4	2.8 10.0	(39.5) 1.1 21.4 38.4 15.0	3.0 8.2	(21.3) 10.1

人件費　扶助費　公債費　普通建設事業費　補助事業費　単独事業費　その他投資的経費　物件費　貸付金　その他

注1) 1997年度決算
【出所】『地方財政白書』1999年版, 130ページ.

　90年度から93年度にかけては, バブル景気による税収増の追い風を受けて積極的な公共事業を行なったこともあり, 各都府県とも比重を相当に伸ばしている. その中で, 大阪府(7ポイント増), 愛知県(4.3ポイント増)は, 東京都(3.4ポイント増), 神奈川県(3.4ポイント増)よりも伸びがやや大きい. また96年度の数字をみると東京都, 神奈川県は90年度水準を下回っているのに, 大阪府, 愛知県は90年度水準をまだ上回っている. つまり大阪, 愛知は90年代に入って普通建設事業費をより積極的に拡大・維持してきたのであり, そのため財政規模に比しての借入金残高の指標は相対的に悪化してきたのであろう.

　それでは前者の経常収支比率が「富裕団体」において特に悪化する原因をどう考えるべきであろうか. 第1に留意すべきは,「富裕団体」の経常収支比率

図 4-2 道府県のグループ別歳入決算状況（構成比）

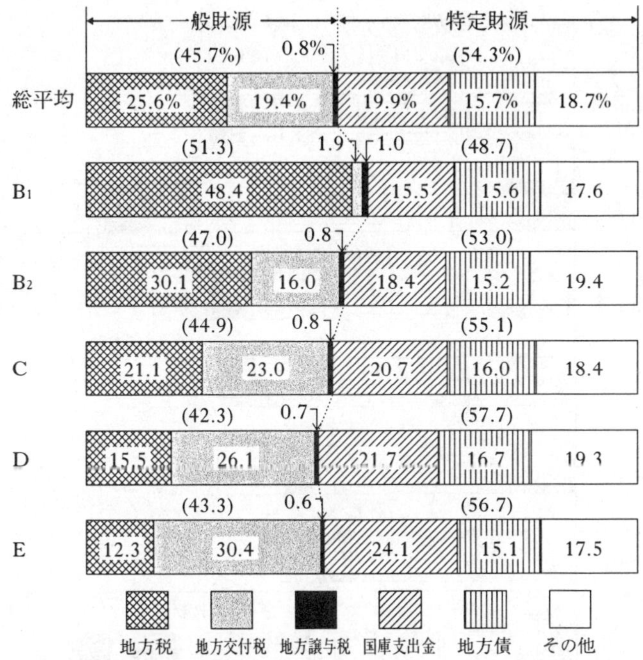

	一般財源 (45.7%)	0.8%	特定財源 (54.3%)		
総平均	25.6%	19.4%	19.9%	15.7%	18.7%
B₁	(51.3) 48.4	1.9 / 1.0 15.5	(48.7) 15.6		17.6
B₂	(47.0) 30.1	0.8 16.0	(53.0) 18.4	15.2	19.4
C	(44.9) 21.1	0.8 23.0	(55.1) 20.7	16.0	18.4
D	(42.3) 15.5	0.7 26.1	(57.7) 21.7	16.7	19.3
E	(43.3) 12.3	0.6 30.4	(56.7) 24.1	15.1	17.5

地方税　地方交付税　地方譲与税　国庫支出金　地方債　その他

注1) 1997年度決算.
【出所】『地方財政白書』1999年版, 127 ページ.

はそもそも恒常的にも高くなっていることである．表4-3に示すように財政力指数最上位(0.8～1.0)の B₁(A) グループ3府県の経常収支比率は都道府県平均よりも常に10～20ポイント高い．経常収支比率は，分母に経常一般財源をとり分子に経常経費に充当された一般財源をとった数値である．ところが図4-1に示されるように大都市圏の「富裕団体」の場合，投資的経費の比重が相対的に小さく義務的経費(経常的経費)の比重が高い．これは，① 府県内にある政令指定都市が府県に代わって社会資本整備のためのかなりの公共事業を担っていること，② 大都市府県では農林水産業費が小さく(97年度 B₁ 府県3.3%，道府県平均11.5%)，農村型公共事業も少ないこと，③ 大半が人件費である教育費の比重が高いこと(同 B₁ 府県33.6%，道府県平均25.8%)，などによる[18]．従って，固定的で大きな義務的経費が存在する上に，投資的経費拡

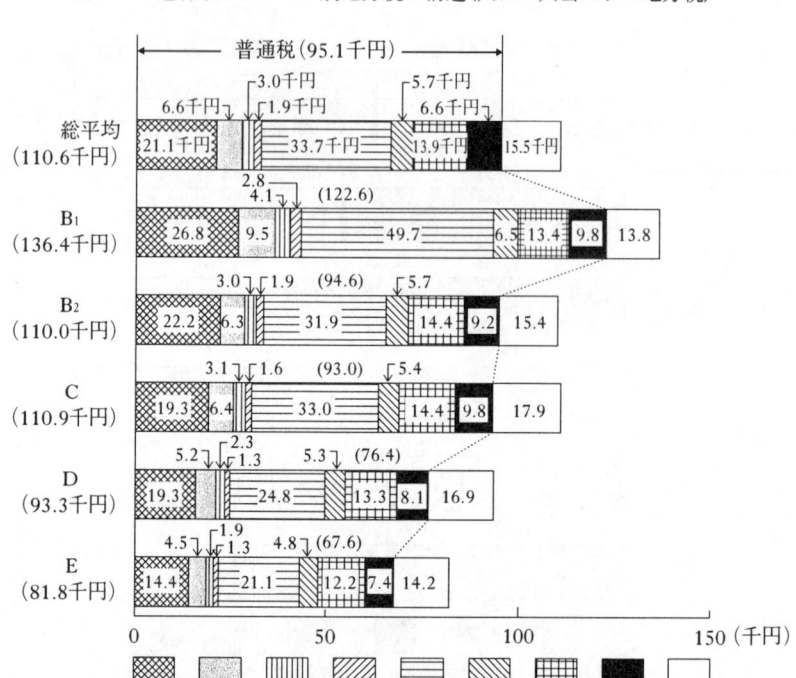

図 4-3 道府県のグループ別地方税の構造（人口1人当たりの地方税）

グループ	個人道府県民税	法人道府県民税	道府県民税利子割	個人事業税	法人事業税	地方消費税	自動車税	普通税その他	目的税等
総平均 (110.6千円)	21.1千円	6.6千円	3.0千円	1.9千円	33.7千円	13.9千円	5.7千円	6.6千円	15.5千円
B₁ (136.4千円) 普通税(122.6)	26.8	4.1	2.8	9.5	49.7	13.4	6.5	9.8	13.8
B₂ (110.0千円) 普通税(94.6)	22.2	6.3	3.0	1.9	31.9	14.4	5.7	9.2	15.4
C (110.9千円) 普通税(93.0)	19.3	6.4	3.1	1.6	33.0	14.4	5.4	9.8	17.9
D (93.3千円) 普通税(76.4)	19.3	5.2	2.3	1.3	24.8	13.3	5.3	8.1	16.9
E (81.8千円) 普通税(67.6)	14.4	4.5	1.9	1.3	21.1	12.2	4.8	7.4	14.2

普通税(95.1千円)

注1) 1997年度決算．地方消費税については，都道府県間の清算を行った後の額を計上している．

【出所】『地方財政白書』1999 年版，128 ページ．

大による公債費負担が加わると，経常収支比率の分子部分はすぐに高くなってしまうのである．また分母たる経常一般財源構成では図4-2に示すように，B₁府県は地方交付税が極めて少なくもっぱら地方税収のみである．つまり地方税収の変動がすぐに経常一般財源を左右することになる．財政力指数の低い道府県の場合には地方交付税が緩衝装置として働くが，B₁府県では地方税収が減少すればすぐに一般財源の減少になりやすい．かくして分子，分母の両面からも経常収支比率は高くなり，不況期にはとりわけ顕著に悪化しやすいのである．

第2に，「富裕団体」の地方税収は景気変動がストレートに反映しやすい租

表 4-4　府県税収の変化

	大阪府 1990	大阪府 1996	青森県 1990	青森県 1996
道府県民税	4,845	3,392	286	290
個 人 分	1,981	1,952	158	193
法 人 分	1,030	922	51	64
利 子 割	1,833	516	78	32
事 業 税	7,213	4,885	247	304
個 人 分	261	260	14	16
法 人 分	6,951	4,625	232	289
地方消費税				
不動産取得税	573	750	56	65
道府県たばこ税	311	324	40	44
ゴルフ場利用税	68	72	3	3
特別地方消費税	165	110	13	9
自動車税	725	912	134	181
法定外普通税				19
目 的 税	850	1,139	176	284
総　　額	14,731	11,548	957	1,203

【出所】『地方財政統計年報』各年版より作成.

税構造になっていることである．図4-3は人口1人当たりの地方税収を示しているが，B_1府県は地方税収額では13.6万円で最も高いが，とくに法人事業税と法人県民税や県民税利子割が他の道府県よりも高くなっている．だが周知のとおり法人2税の税収は景気動向に極めて影響されやすく，バブル期には顕著な税収増になったが，逆に長期不況下では税収低下も著しい．また近年の超低金利情勢の下では県民税利子割も急速に減少している．例えば表4-4は大阪府と青森県(財政力最下位グループ)の地方税収を比較したものだが，大阪府では税収総額が90年度1兆4,731億円から96年度1兆1,548億円へと3,000億円以上減少しているが，これはバブル景気時に伸びた法人事業税，法人県民税，県民税利子割がその後大きく落ち込んだからである．一方の青森県ではこの間に250億円近く税収増となっている．ここではバブル景気の恩恵は受けなかったものの，地方税収は安定的に推移していたのである．このように現行の地方税システムの下では，「富裕団体」ほど地方税収の変動を被りやすく，不況下

表 4-5　都道府県・一人当たり一般財源　　　　　　　　　　（千円）

	1990年度 地方税	1990年度 地方交付税	1990年度 一般財源	1997年度 地方税	1997年度 地方交付税	1997年度 一般財源
大　　阪	158	…	163	122	6	132
愛　　知	162	…	167	148	1	151
神 奈 川	126	…	130	107	6	116
B_1府県	148	…	153	124	5	132
埼　　玉	95	21	120	91	33	121
千　　葉	98	23	125	92	28	122
栃　　木	114	60	182	111	74	190
茨　　城	105	56	167	104	62	170
群　　馬	103	60	171	104	69	177
B_2県	103	44	153	100	53	157
青　　森	58	171	235	74	162	240
高　　知	62	221	292	73	240	318
E　　県	64	168	239	75	185	264
平　　均	103	70	180	101	77	181

注1)　B_1府県は財政力指数0.8〜1.0，B_2府県は財政力指数0.5から0.8，E県は財政力指数0.3以下。

【出所】『地方財政白書』1992，1999年版より作成。

表 4-6　基準財政需要額の動向

	総額(億円) 1986	総額(億円) 1990	総額(億円) 1996	倍 86⇒90	人口一人当たり(千円) 1986	人口一人当たり(千円) 1990	人口一人当たり(千円) 1996
大　　阪	7,136	9,108	9,865	1.27	83	106	114
愛　　知	5,526	7,206	8,171	1.30	85	91	120
神 奈 川	5,487	7,093	8,073	1.29	72	89	98
茨　　城	2,921	4,008	4,470	1.37	105	140	150
栃　　木	2,119	2,919	3,294	1.37	112	150	165
群　　馬	2,057	2,862	3,176	1.39	106	145	158
埼　　玉	4,561	6,195	7,235	1.35	76	97	107
千　　葉	4,265	5,807	6,496	1.36	81	104	112
青　　森	2,353	3,311	3,321	1.40	152	218	220
高　　知	1,588	2,274	2,431	1.43	188	272	295
島　　根	1,529	2,276	2,436	1.48	192	291	295
鳥　　取	1,150	1,663	1,843	1.44	185	268	297

【出所】『地方財政統計年報』各年版より作成。

には経常収支比率を悪化させやすくなっているのである[19)].

さてすでに述べたように財政力指数が1.0以上か1.0に近い「富裕団体」には，地方交付税の交付額が極めて少ないが（もしくは不交付），これがまた財政危機に陥らせやすい重要な一因にもなっている．表4-5は各府県の地方税，地方交付税を含めた1人当たり一般財源額を比較したものである．1997年度では財政力の高いB_1府県平均は，地方税12.4万円に地方交付税はわずか0.5万円であり，一般財源は13.2万円にとどまる．反対に財政力の最も低いEグループ平均では地方税7.5万円に地方交付税18.5万円が交付されて一般財源は26.4万円となり，B_1府県の2倍の額になっている．1990年度から1997年度までの変化をみてもB_1府県では地方税収の減少(14.8万円→12.4万円)を地方交付税(0.5万円)で相殺できず，一般財源は2.1万円も減少している．一方，Eグループでは地方税並びに地方交付税も増加しており，一般財源でも2.5万円の増加となっている．つまり財政力指数の低い「貧困団体」では相対的に低い地方税収を地方交付税が補って一般財源が確保されているが，「富裕団体」の場合は地方税が減少しても地方交付税では十分にカバーされておらず，それだけ財政危機が表面化しやすくなっている．

自治体ごとの地方交付税交付額は，基本的には基準財政需要額から基準財政収入額を差し引いた不足額によって決定されるが，1人当たり地方交付税額の格差は主要には基準財政需要額の算定によって規定されるといってよい．いま表4-6で各府県ごとの基準財政需要額をみると90年度から96年度にかけて若干の増加はあるが，人口1人当たりでは大阪，愛知，神奈川は青森，高知の2分の1から3分の1の需要額しか算定されていないのである．確かに大都市圏では人口が密集しており「規模の利益」が働き，より効率的な財政支出が可能になるが，これだけの基準財政需要額の格差が果たして合理的かどうか検討の余地があるのではないだろうか．

5 地方財政システムの改革

以上，戦後第3の地方財政危機と言われる1990年代の地方財政の実態と財

政危機の構造的要因を検討してきた．これらの検討から今日の地方財政危機の背景としてさしあたり明らかになったのは，何よりも膨大な地方公共事業の展開による地方財政赤字の累積があること，そして地方財政を景気政策・公共事業に動員するべく財政システムが機能してきたこと，また大都市圏の都府県財政にとっては現行の地方税や地方交付税システムでは安定的な歳入基盤になりえていないこと，であろう．そこで最後に，上記の検討もふまえて，現行の地方財政システム改革の課題として，① 公共事業中心の「開発型」地方財政からの転換，② 地方財政への安定的地方税源の確保，について考えてみたい．

(1) 公共事業中心の「開発型」地方財政からの転換

周知のとおり日本の公共事業は先進諸国の中では異常に大きい．GDP に占める公的固定資本形成の比重は(1995年度)，アメリカ 0.3%，イギリス 1.9%，フランス 2.8%，ドイツ 2.4%，イタリア 2.1%，カナダ 2.3% に対して，日本は実に 8.0% に達しており先進諸国の 3〜4 倍の公共事業を実施している．しかもその約 8 割を地方財政が担っており，まさに肥大化した公共事業を支える「開発型」地方財政になっている[20]．だが従来型の大きな公共事業は次のような意味からももはや重大な矛盾と限界をかかえている[21]．

第 1 に，日本では戦後一貫して景気対策の中心として公共事業が位置づけられてきたが，近年では公共事業の経済効果(乗数効果)は大幅に低下しており，すでに先進諸国の中では景気対策として公共事業を利用する国はなくなっている．

第 2 に，わが国の公共事業には「公共事業複合体」による弊害が大きく，浪費的な公共事業支出が少なくない．建設業者による談合，政治家・自治体官僚を巻き込んだ汚職，官官接待など不明瞭な公共事業行政によって，わが国の公共事業単価は外国や民間事業に比べて 2〜3 割高いという実態がある．また社会・経済環境の変化でもはや必要性がなくなった公共事業も過去の計画・決定を理由に遂行されている事例もある．

第 3 に，自治体中心に設立された開発型第 3 セクターもバブル経済期に多額

の公共事業投資をしてきたが,その多くは経営破綻の状況にあり,地方自治体一般会計への負担にしわ寄せがなされている．その最大のものは東京都の臨海副都心開発,大阪府のりんくうタウンであるが,例えば1997年度末で東京都の臨海副都心開発関連の第3セクター8社のうち7社が赤字であり,膨大な累積赤字をかかえている[22]．

このように公共事業中心の「開発型」地方財政はそれ自身不合理な財政運営であるだけでなく,今日の地方財政危機の重大な要因になってきた．21世紀の高齢化社会においては介護や社会福祉ニーズはますます高まり安定的で分権的な地方財政が何よりも必要となることは明白であり,「開発型」地方財政から「福祉型」地方財政への転換は急務であろう．もちろん今後も良質な社会資本整備を進めるための公共事業が必要であることは否定できないが,従来のような経済・景気対策を理由にした公共事業の「聖域化」は許されないであろう．むしろ産業連関表を使った近年の研究では,社会保障関連支出や医療関連支出は経済効果の面でも公共事業に匹敵するか,それ以上の効果があることも試算されているのである[23]．

(2) 地方財政への安定的な地方税源の確保

現在の危機的な地方自治体の財政状況を改善する上で,また今後めざすべき分権的な財政システムを形成するにあたっては,国税からの税源移譲も含めて地方税源の充実・確保が重要な課題である．それは次のような理由による．第1に,日本の地方財政は国際的にみても「大きな地方財政」「小さな地方自治」を特徴とし,中央政府の意向や国家財政に左右されやすい構造になっている．1997年度の歳出純計額は国52.3兆円,地方96.4兆円で地方は国の2倍近い業務(支出)を行っているにもかかわらず,税収は国税55.6兆円,地方税36.1兆円であり国の約6割にすぎない[24]．地方財政の歳出と税収のギャップは,国からの財政移転である補助金,地方交付税と,国の許可による地方債によって補てんされると同時に,これらを使って地方財政はコントロールされてきたのである．かくして地方財政運営の自主性を高めるには歳入における自治を強める

こと，つまり地方税源を充実することが重要となる．

第2に，地方税も地方交付税も地方自治体にとって使途の特定されない一般財源としては同じようにみえるが，今後の分権的財政システムにあっては基本的には地方税が重視されるべきである．地方自治体における財政アカウンタビリティを高め，効率的な行財政を展開するためにも，自治体・住民にとって負担の不明確になりやすい地方交付税よりも，地方税に依ることが望ましい．もちろん地域間の経済力・財政力の不均衡がある以上，地方財政調整制度の仕組みは不可欠であるが，現行地方交付税のように95％の地方自治体が交付されている現状も異常とも言える．現行の地方交付税制度にあっては自治省の関与・権限が強く，事実上の特定財源化しつつあることも問題であろう．地方税源を抜本的に拡充して不交付団体を大幅に増やし，それでも財政的に自立できない自治体に対して一般財源を保障する制度として地方交付税制度は再編されるべきであろう[25]．

第3に，本来財政力があるはずの大都市圏の「富裕団体」が財政危機に陥る原因の1つは，地方税収が景気変動の影響を受けやすいことと，地方交付税の恩恵を受けていないことにある．従って，安定的な地方税源が確保されれば，企業活動や個人所得，消費，課税資産に恵まれている大都市圏では十分な地方税収基盤を形成することが可能になる．また地方交付税の不交付団体も大都市圏を中心に大幅に増加することになろう．

それではいかなる地方税改革がなされるべきであろうか．さしあたり重視すべきは地方所得課税の充実と事業税の外形標準課税化であろう．前者の地方所得課税は，税収の安定性や普遍性，さらには自治体住民の納税者意識や参加意識を高めるにも最も望ましい地方税である．この地方所得課税の充実に関しては近年，「ワークフェア原理」からの地方比例所得税提案[26]，地方が課税の中心となる所得税・住民税の共通税化提案[27]などが研究者から出されており，それら提案の現実性も高い．ちなみに東京都地方税財政研究会が1997年に発表したシミュレーションによれば，例えば国税所得税の基礎税率部分(10％)を現行の地方住民税に移譲，上乗せした場合(都道府県民税率5％増，市町村民税率

5％増),所得課税の配分は現行の所得税62.5％,住民税37.5％が,所得税15.5％,住民税84.5％に変わり,税収全体の配分でも国税62.4％,地方税37.6％から国税49.5％,地方税50.5％へと大幅な税収移動となる.また住民税の地域偏在度を示す変動係数も現行1.37から1.31に低下し,地域間の税収格差の是正にも一定の効果が発生するという[28].このように所得税源の一部移譲による住民税充実は,地方歳入の独立性・自主性を向上させて「3割自治」を解消し,また大都市圏を中心に地方交付税に依存しない自治体を大幅に増加させることにもなり,21世紀の分権化社会に向けての望ましい財政システムである.所得税移譲による国税収入の減少分も,地方交付税必要額の減少,国庫支出金の削減によって調整は可能であろう.

都道府県税である事業税の外形標準課税化は,とくに大都市圏の都府県にとっては地方税収の安定的確保という観点から長年要求されてきた事項である.現行の事業所得(利潤)を課税標準とする事業税では景気動向による税収変動が極めて大きく,また赤字企業の場合にはどんなに地方公共サービスを享受していても事業税負担を免れることになり,地方税収の安定性や応益性という点からみても問題の大きい地方税なのである.1999年に入って政府税制調査会でもこの事業税の外形標準課税化の議論が進められ,具体的な課税ベースの比較検討もなされている.景気動向による導入時期の判断,中小企業の負担問題,産業業種間の負担変動の格差など慎重な検討を要する課題も多いが,1949年のシャウプ勧告で都道府県の付加価値税が提案されて以降すでに50年が経過しようとしている現在,外形標準課税での事業税は分権化社会での基幹的地方税収の一つとして位置付けられるべきであろう[29].

1) 神野直彦,分権・自治ジャーナリストの会『自治体倒産』日本評論社,1999年,井熊均『自治体破綻』日刊工業社,1999年,「全47都道府県財政破綻度ランキングこの街が倒産する! 第1弾」『週刊ダイヤモンド』1999年3月27日,「最新調査 この街が倒産する! 全693都市財政破綻度ランキング」同1999年5月15日.
2) 分権型社会に向けての地方財政システム改革については,重森暁『地方分権』丸善ライブラリー,1997年,神野直彦・金子勝編『地方に税源を』東洋経済新

報社, 1998 年, 林宜嗣編『地方新時代を創る税・財政システム』ぎょうせい, 1997 年, 吉田和男『地方分権のための地方財政改革』有斐閣, 1998 年, などを参照.
3) 財政赤字と財政危機に関しては, 拙稿「財政赤字と財政改革」重森・鶴田・植田編『Basic 現代財政学』有斐閣, 1998 年, を参照されたい.
4) 起債制限比率は, 地方債元利償還費に充当された一般財源の標準財政規模に対する過去 3 年間平均の割合(地方交付税が措置されるものを除く)であり, この比率が 20% を超えると一般単独事業債や厚生福祉施設整備事業債等の起債が制限される. 地方財政再建特別措置法(1955 年制定)では, 決算赤字が標準財政規模の 5%(都道府県)ないし 20%(市町村)を超えると同法準用の「再建団体」に指定され, 再建債発行が許可されるかわりに自治省監督の下に行政リストラを迫られ自治が事実上停止する. 自治体が同法適用を申請しないと起債が許可されない.
5) 中西啓之「『行財政改革』と地域・自治体」岩波・谷山・中西・二宮著『日本の財政改革』新日本出版社, 1998 年, 262-264 ページ, 参照.
6) 自治省資料より.
7) なお地方債残高が一般財源比率で 85 年度 1.28 倍から 97 年度 2.05 倍に増加しているにもかかわらず, 公債費負担比率では 85 年度の 14.3% に対して 97 年度は 15.2% であり, それほど大きく上昇していない. これは近年の異常な低金利情勢によって公債の利払い負担が軽減されているからである. ちなみに地方債利子率をみると 85 年度では利子率 6% 以下の地方債は残高全体の 5.4% のみであったが, 97 年度には利子率 4.0% 以下の地方債が残高全体の 54.6% を占めていた(『地方財政白書』1987 年版, 1999 年版より).
8) 『地方財政白書』1999 年版, 34 ページ. なお 1990 年度には公債費負担比率が 15% を超えていたのは 3 府県, 1,114 市町村であった(『地方財政白書』1994 年版, 20 ページ).
9) 『地方財政白書』1999 年版, 28 ページ.
10) 同上, 99 ページ.
11) 普通建設事業費(1997 年度)の内訳は, 都道府県では補助事業 7.6 兆円・地方単独事業 7.0 兆円で, 市町村では補助事業 4.0 兆円・地方単独事業 9.0 兆円であり, 市町村において特に地方単独事業の比重が高い(同上, 100-101 ページ).
12) 地方交付税と地方債が地方単独事業を誘導してきたメカニズムと問題点については, 梅原英治「地方単独事業の拡大と地方債・地方交付税措置」鹿児島経済大学地域総合研究所『分権時代の経済と福祉』日本経済評論社, 1996 年, 町田俊彦「公共投資拡大への地方財政の動員」『専修経済学論集』第 32 巻第 1 号, 1997 年 7 月, 池上岳彦「一般財源主義の限界と新たな一般税源主義の課題」前掲『地方に税源を』, を参照されたい.
13) 地方単独事業の拡大という状況変化もふまえて「地方分権型公共事業」の可能性を論じるものとして, 加藤一郎『公共事業と地方分権』日本経済評論社, 1998 年, がある.
14) 『地方財政白書』1999 年版, 101-108 ページ.

15) 河北新報社編集局編『虚像累々 検証 地域から問う公共事業』日本評論社，1998年，188-206ページ．
16) 池上，前掲論文，92-99ページ，参照．
17) 例えば，1998年度には地方税収は当初見積もり比で東京都4,000億円，大阪府1,500億円，神奈川県1,150億円前後不足することになり，実質赤字額は神奈川県で640億円，大阪府では3,119億円にのぼると見込まれていた．神奈川県の場合は赤字額530億円，東京都の場合は3191億円を上回ると自治省管理下の「再建団体」に転落してしまうため，各都府県とも福祉・教育分野での歳出削減や公有地売却などの行政リストラを本格化している（『日本経済新聞』1998年10月1日）．
18) 『地方財政白書』1999年版，129ページ．
19) とはいえ「富裕団体」の側でも，景気変動による地方税収の増減を見越して財政調整基金を活用するなど計画的な財政運営に努める必要がある．
20) 『図説 地方財政』1998年版，50ページ．
21) 日本の公共事業の問題点と批判に関しては，五十嵐敬喜・小川明雄『公共事業をどうするか』岩波新書，1997年，中山徹『公共事業依存国家』自治体研究社，1998年，が詳しい．
22) 1997年度末現在の累積赤字額は，東京テレポートセンター166億円，竹芝地域開発193億円，東京臨海副都心建設291億円，東京ファッションタウン121億円などである（『日本経済新聞』1999年5月31日）．
23) 永峰幸三郎氏は1990年の産業連関表数値を使って，各々1兆円の支出増加の経済波及効果・雇用創出効果を試算している．それによれば，福祉関連支出では2.7兆円増・29万人増，公共事業支出では2.8兆円増・20万人という結果になった．いわゆる「福祉型」支出は経済波及効果では公共事業とほぼ同じであり，雇用創出効果ははるかにすぐれていることがわかる（同「福祉サービスと公共事業の経済波及効果の比較」『地方財務』1997年11月号，参照）．なお自治体問題研究所編集部『社会保障の経済効果は公共事業よりも大きい』自治体研究社，1998年，も参照．
24) 『地方財政白書』1999年版，290-291，318-319ページ．
25) 税源移譲による地方交付税不交付団体の拡大の戦略については，伊東弘文「財政分権の具体的設計の課題」地方自治総合研究所『地方分権の戦略』第一書林，1996年，また特例市など人口20万人以上都市の不交付団体化の展望については，林建久「都市歳入の2層構造」『地方財務』1999年5月号，参照．
26) 神野・金子編，前掲，『地方に財源を』，第3章，第4章，参照．
27) 重森，前掲，『地方分権』，152-164ページ，参照．
28) 上野俊一「地方分権と税源移譲——税源移譲のシミュレーション等に関する調査・研究から——」『都市問題』1998年1月号，参照．
29) 事業税の外形標準課税化の意義と問題点については，梅原英治「法人事業税の外形標準課税問題の検討」『経済』1998年9月号，参照．

第 3 章

財政危機と公共事業
──建設国債の位置づけ──

1 バブル崩壊から財政構造改革へ

　戦後日本財政の特徴を示す高い水準の公共事業は，21世紀を前にしてその無駄と浪費，癒着と腐敗の構造が批判されるようになってきている．高度経済成長の牽引役を果たし，税収を拡大するものとして位置づけられていた公共事業は，建設国債という安易な財源に依存することによって膨張し，財政危機を招来しているという認識が高まってきている．

　こうした認識は，大蔵省サイドでも1990年代の後半に顕在化しだした．例えば，大蔵省主計官村瀬は，大蔵広報『ファイナンス』誌上での1996年度の公共事業予算の説明で，先進諸国に比べて立ち後れている社会資本の整備を，急速な高齢社会を迎える前に整備しておく必要性を指摘しながらも次のように述べた．「但し，現在の財政状況の下では止むを得ないこととはいえ，投資の財源の殆どを建設公債の形で賄い，いわば将来世代の負担で社会資本整備を行っている形となっていることには留意する必要がある．」(村瀬[1996] 71ページ).

　公共事業の財源として建設公債を発行することに対する危惧の念は，財政構造改革元年と称された1997年度には，より厳しいものになる．同じ村瀬が，

同じく『ファイナンス』誌上で1997年度の公共事業費の説明をしているが,その中で次のように述べている.「欧米先進諸国と比べて公共投資の国民経済に占める比率がバランスを失する程高いことが,我が国の巨額の財政赤字の要因の1つであることは否定できないものと考えられる.」(村瀬 [1997] 46 ページ).

ここで,このような公共事業に対する厳しい認識,財政危機の一要因として公共事業費を位置づけるようになった財政構造改革路線に至る過程を,バブル経済の発生からその崩壊,そして不況対策としての公共事業の拡大とその抑制という一連の流れの中で考察しておこう.その前に一言付け加えておけば,1998年時点で,財政構造改革路線は,不良債権の顕在化と総会屋との癒着など,放漫かつ腐敗した企業経営のあおりを受けた1997年度以降の金融機関の破産,金融機関の貸し渋りを受けた不況の深刻化によって,頓挫している.恐らく,21世紀に入らないことには,財政構造改革路線の再構築は困難であろう.しかし,財政構造改革の必要性が消滅したわけではない[1].

さて財政構造改革路線が形成されるのは1996年である.そこに至る1990年代前半の状況を表1-1によりながら説明していこう.

1985年に12,000円台であった日経平均株価は1989年度には3倍近い34,000円台にまで上昇した.しかし,その株価の暴騰(バブル)もその年度までで1990年度には下落を始めた.しかし,GDP(国内総生産)成長率はまだ低下せず,実体経済は不況に入っていなかった.また,株価とともにバブルの両輪を形成していた地価もまだ上昇を続けていた.だが,1991年度になると株価の下落が続くとともに,GDP成長率も低下し始めた.地価もはじめて上昇率がマイナスになるなど,バブルの崩壊が明らかとなった.

バブルの形成,そしてその崩壊には様々な要因が働いているが,その一つは金利の動向である.金利は,1985年のプラザ合意を受けた円高と,円高の下での不況に対応するため急速に低下させられていった.この金利の急速な低下が金余り現象を生み出し,株や土地投機に向かわせバブルを生み出した一要因であるのは間違いないだろう.その金利が上昇に転じたことが,バブルを崩壊

表 1-1 バブル前後の経済指標

年　度	日経年平均株価（円）	GDP実質成長率（％）	三大都市圏地価変動率（％）全用途	日本銀行公定歩合（各年末）（％）	政府資本形式（実質）前期比（％）
1985	12,566	4.1	2.9	5.00	−6.4
1986	16,402	3.1	7.1	3.00	6.6
1987	23,248	4.8	34.4	2.50	6.7
1988	27,039	6.0	22.4	2.50	−0.6
1989	34,069	4.4	13.9	4.25	2.2
1990	29,437	5.5	21.5	6.00	5.2
1991	24,296	2.9	−3.2	4.50	6.1
1992	18,109	0.4	−14.3	3.25	17.4
1993	19,100	0.5	−12.7	1.75	12.3
1994	19,936	0.6	−7.1	1.75	−0.1
1995	17,330	2.8	−6.8	0.50	7.6
1996	21,088	3.2	−6.5	0.50	−2.9
	東京証券取引所	経済企画庁『国民経済計算年報』	国土庁『都道府県別地価調査』	日本銀行『経済統計年報』	経済企画庁『国民経済計算年報』

させる一因になったこともまた事実であろう．

　さて，バブルの崩壊が株価，GDP，地価のいずれにおいても明らかになった1992度に経済対策が打ち出され，政府資本形成（とりあえず公共事業と考えて良い）が急増する．この公共事業の急増は，補正予算によって行われたものである．1993年度には地価の下落は続くが，株価の低落は一段落し始め，1995年度にはGDP成長率の回復傾向が見られるようになる．公定歩合が史上最低の水準にまで低下させられるなど，本格的な景気回復とはいえないものの，不透明ながらいつまでも公共事業による景気対策を続けることもできなくなっていたのである．

　こうした中，1996年に財政構造改革路線が形成されていく．いま，財政構造改革という表現を，1990年代後半の特定の財政政策の方向性を示すものとしてとらえるなら，次のような経過で財政構造改革が主張されるようになった．

1995年11月14日午前，大蔵省は96年度予算編成に向けた一般会計の歳出・歳入見込みの試算を公表し，景気の足踏みで伸び悩む税収などの歳入を，国債の償還や利払い費の急増などが見込まれる歳出が大きく上回り，11兆5,200億円前後の財源不足に陥るとした．武村正義蔵相(当時)は閣議後の記者会見で，年末に向けて歳入の上積みと歳出抑制に努力するものの，穴埋めのため償還財源の当てのない赤字国債の大量発行に踏み切らざるを得ないとの見解を明らかにし，事実上の「財政危機宣言」を出した．当初予算で償還財源の裏付けのない赤字国債発行に追い込まれるのは89年度予算以来で，バブル経済による税収の急増で赤字国債依存体質から脱却して7年目である(『日本経済新聞』1995年11月14日)．

　しかし，この「財政危機宣言」は増税の布石ではないかと疑問視する向きも多かった．例えば次のような見解である．「武村蔵相が発した『財政危機宣言』もパフォーマンスの一種とみてよさそうだ．国債残高，歳入に占める国債依存度，歳出に占める公債費比率などの財政指標が戦後最悪の状態になっている事情はわかる．96年度の歳入不足が11兆5,200億円という大蔵省の試算も，話半分としても，巨額である．しかし『危機的』と騒ぐのはここまでで，だからどうするという具体策は伝わってこない．『財政事情が苦しいのはわかりますが，ウチの事業も大事ですからねえ』．要求官庁の反応はこんなところだ．大蔵省主計局も，遊び過ぎて身を滅ぼした幹部を出したショックを抱えているせいか，危機的数字をどんどん流すわりには，歳出を削ろうとする気迫は感じられない．『財政危機宣言』は，かつての財政再建キャンペーンのように歳出削減を訴えたものではなく，むしろ増税へのムード作りを狙ったものではないのか．主計局幹部は口をそろえて『消費税率はやはり7%にしなくては』と言うようになった．照準を来年9月の消費税率見直しに合わせ，ここで5%からの上乗せを主張する布石が『危機宣言』の本質ともとれる」(『日本経済新聞』1995年12月3日)．

　さて住専問題をめぐる混乱の中で，1996年の年明け早々に退陣した村山内閣の跡を継いだ橋本内閣のもとで，大蔵省は財政危機への対応を探ることにな

る．その1つとして，蔵相の諮問機関である財政制度審議会は，今後の財政再建策を検討するために，95年秋から欧米諸国の例などを調査してきた基本問題小委員会を格上げし，財政構造改革特別部会(部会長＝石弘光・一橋大教授)にすることを決め，財政赤字の削減に向けた数値目標，また社会保障費の削減など個別の分野についても制度改革を含めて検討することになった(『朝日新聞』1996年1月18日).

しかし，歳出カットを図るための政府の役割や官民の守備範囲の見直しを行うには，省庁や審議会の垣根を越えることが必要で，蔵相の諮問機関に過ぎない財政制度審議会だけで取り組めるものではない．そこで，1996年5月16日に，橋本龍太郎首相と財政制度審議会，社会保障制度審議会，政府税制調査会，経済審議会の4機関のトップ懇談会が行われ，首相は，財政再建論議を「財政審を中心に進めてほしい」と指示し，蔵相の諮問機関である財政審にお墨付きを与えた(『朝日新聞』1996年5月17日).

この財政制度審議会財政構造改革特別部会が，1996年7月に「中間報告」等をだし(石[1996])，同年11月に発足した「行政改革会議」で，当時の橋本首相が財政構造改革等を内閣の重点課題としたことから，財政構造改革という財政政策の方向性が一応決定したといえるだろう(加藤他[1997] 82ページ).

そして，財政再建のため1998年度から2003年度までの歳出削減目標を盛り込んだ「財政構造改革の推進に関する特別措置法」(財政構造改革法)が，1997年11月28日に成立した．財政構造改革法の主な数値目標は，2003年度までに，① 赤字国債の発行をゼロにする，② 国と地方の財政赤字を対GDP比で3%以下にする．また，1998年度から2000年度までを集中改革期間として，主要歳出項目別に伸び率の上限枠(キャップ)を決める．例えば，社会保障は，1998年度には増加額を300億円以下にし，1999, 2000年度は伸び率を2%以下にする．公共投資は1998年度は7%の削減とし，2000年度には，98年度比で15%以上の削減とするというものである．

1998年度当初予算は，この財政構造改革法で定められた数値目標を守る形で作成された．しかし，1998年度予算の作成作業が進む中で，景気対策のた

めの1997年度補正予算が提出され1998年2月4日に成立したが，それは98年分の2兆円の所得税・個人住民税の特別減税などを盛り込んでいるほか，98年度分の公共事業の一部を前倒し発注するゼロ国債（国庫債務負担行為）によるものを含め2兆5,000億円規模の公共事業を実施し，そのための財源として1兆480億円の赤字国債が発行された．これは，明らかに財政構造改革法の趣旨から逸脱するものである．財政構造改革法はその成立と同時に，骨抜き・修正の道をたどったのである．

さらに，1998年度予算の成立以前から，景気対策のための大型の補正予算の必要性が政府与党からも提起される．それは次のような理由からである．「自民党幹部が補正予算の編成にこだわるのには理由がある．98年度予算案に計上した公共事業関係費は8兆9,853億円で前年度より7.8％少ない．景気対策として大型の補正予算を組んだ95年度は補正後で14兆円台の公共事業費を投入しており，地方では反動減に苦しむ建設業者が悲鳴を上げている．自民党も地方からの陳情を無視できなくなっている．しかも財政構造改革法には補正予算の編成を縛る規定は特にない．2003年度までに赤字国債の発行をゼロにする目標を掲げているが，公共事業は建設国債が財源なのでこの規定にも違反しない．補正予算で財政出動をすれば財政構造改革路線を事実上棚上げすることになるが，財政構造改革法に反しないので路線は維持しているとも説明できる」のである（『日本経済新聞』1998年2月13日）．このことは，公共事業の財源として建設国債が位置づけられていることが，安易な財政膨張につながっていることを証明するものである．次節で公共事業の財源としての建設国債の意味を検討することにして，その前に，財政構造改革法がたどったその後の経過について簡単に見ておこう．

1998年5月29日に財政構造改革法が改正された．これは，財政健全化目標の達成年度を2003年度から2005年度に延長し，また経済情勢に応じて弾力的に赤字国債の発行を可能にするものであった．この改正によって再改正も視野に入れられることになった．そしてこの改正財革法に基づいて，同年6月17日には補正予算が成立し，2兆100億円の赤字国債が追加発行され，当初予算

とあわせた赤字国債の発行額は9兆1,400億円となり，97年度の補正後の発行実績を6,000億円余上回ることとなった．この時点で，財政構造改革法の実際的な意義はなくなったといえるだろう．その後，7月12日に行われた参議院選挙の選挙戦の中で，橋本首相が恒久減税を表明し，また不良債権問題や景気の改善が見られないこともあり，一層の景気対策が求められるようになる中，財政構造改革法は凍結された．

2 公共事業財源としての建設国債の意義

(1) 財政危機の原因としての公共事業

公共事業の財源として安易に建設国債が発行されることが，財政危機の要因の一つであることは，大蔵省の担当者によっても認識されていることは既に指摘した．そのことを統計的に明確に指摘したのは，岩波[1997]である．岩波は財政危機の原因として社会保障費があげられることが多く，また，一見するとそのような数値が示されるが，しかし公共事業費の規模は，公共事業費の財源となっている公債の利払い費を含めて考えるべきであり，そうすると社会保障よりも公共事業費の実質的な規模が大きくなると指摘する(同上，44ページ)．

そして，たとえば1994年度について見ていくと，国の一般会計においては公共事業費はほぼ完全に国債発行で措置され，国の特別会計における公共事業では全体の62%が借金となっており，地方財政での公共事業もその約6割が借金に依存しており，公共事業の借金依存率は59.8%になるとする(同上，49-50ページ)．こうした公共事業の借金依存体質が財政危機のもっとも大きな原因であるとする．さらにこの借金の7割近くが政府資金，準政府資金によってファイナンスされていることを指摘し，巨額な借金の資金調達をファイナンスし，金融上の制約や破綻の可能性を抑えてきた政府の内部金融が，日本の公共事業を肥大化させてきた要因の一つであるとする(同上，52ページ)．

岩波は，公共事業が膨張し続けるもう一つの理由として，宮本[1967]がかって指摘した点をあげる．それは，産業関連社会資本の整備が，日本の基幹産

業となった重化学工業にとって，生産力を高め資本蓄積を進める不可欠の条件となったことである．さらに，もう一つの要因として，建設業界のみならずセメント，鉄鋼，機械，電力などの産業に，公共事業が巨大な政策的市場を作り出したことも指摘している(同上，51ページ).

岩波の指摘の中でまず検討しておくべき点は，公共事業費の計算にあたって公債の利払い費を含めるべきかどうかということである．私は建設国債の現状を考えるとき，財政負担という視点から公債の利払いを含めて考えることに一定の合理性があると思う．というのは，公債の償還のために一般会計から国債整理基金特別会計へ，公債残高の1.6%を繰り入れする(定律繰り入れ)建前になっているが，1982年度以降は，1990-92年度の3か年度を除いて行われておらず，国債整理基金の残高はほぼゼロになっている．もし，国債整理基金の残高が大きければ，その運用によってそれなりの利子収入が発生し，公債の利払い費の一定部分を賄うことができるが，現状はそのような利子収入がほとんどなく，公債の利払い費はそのまま財政負担となっていると考えることができるからである．

さて，岩波のもう一つの指摘点である，公共事業が巨大な政策的市場を作り出し日本の公共事業を国際比較において異常なまでに肥大化させたという指摘は，中山[1998]が詳しく行っている．中山は，日本の建設企業が世界ゼネコン契約ベスト25位中，1位から6位までを独占するともに，25位までの中に18社が入っている突出ぶり，建設投資への依存度が非鉄金属鉱物の84.0%を筆頭に窯業・土石製品76.3%，製材・木製品69.8%，鉄鋼関連56.0%，金属製品54.4%等極めて高いこと，農林水産関連予算の中で公共事業費が50%を上回るといった産業全般の公共事業依存度の高さがあり，その結果「不況になると，雇用確保とか，遊休している設備を動かさないとだめだとか，そういう要望がでてきて，とりあえず公共事業を増やせということになる」と指摘している(同上，19-20ページ). 中山は，公共事業を膨張させる政治構造，政官財の癒着構造についても指摘している．

中山の指摘するように，公共事業依存体質が，特に不況期に公共事業の膨張

圧力を高め，政官財の癒着構造の中で現実に公共事業を膨張させてきたというのは，バブル崩壊後の不況対策としての公共事業の膨張という側面を説明するものとしては，重要な視点であろう[2]．とともにバブル崩壊後の不況対策としての公共事業は，高度成長期のように生産力の増強に貢献するという側面が後景に退いていることも指摘しておかなければならない．それは，公共事業の財源として建設国債の発行が行われる理由としてあげられる，公共事業が生産力を高め，そのことによって将来の税収等を増大させるという側面が稀薄になってきたことを示す．公共事業の財源として建設国債を発行する根拠が弱まっているのである．

また，岩波が指摘した公共事業を膨張させた要因としての政府金融の問題は[3]，金融の国際化，不良債権問題など金融機関の破綻，財政投融資をはじめとする政府金融システムの転換という視点からして極めて重要な問題である．つまり，これまで公共事業の財源として発行されてきた国債などの借金をファイナンスしてきたシステムが，危機にさらされているからである．この問題は，21世紀に向けて極めて重要な問題となろう．国債等がファイナンスされないことになれば，単に公共事業の財源をどうするかという問題ではなく，真の意味での財政破綻につながるからである．

(2) 建設国債の位置づけ

公共事業費の財源としての建設国債には検討すべき幾つかの課題がある．財政法第4条は「国の歳出は，公債又は借入金以外の歳入を以てその財源としなければならない．」として，公債や借入金の原則禁止をうたっているが，その条文に続けて「但し，公共事業費，出資金及び貸付金の財源については，国会の議決を経た金額の範囲内で，公債を発行し借入金をなすことができる．」とし，国会の議決という条件を付けながらも，公共事業費等の財源として公債を発行することを認めている．この条文が，公共事業の財源として建設国債の発行が認められる理由となっているのだが，この点について若干の検討を加えておこう．

上に見たように，財政法第4条では，公共事業が出資金，貸付金と並列されている．いうまでもなく，出資金や貸付金は収益性，回収可能性をもつものである．しかし，現在，公債発行対象経費となっている公共事業は，このような収益性，回収可能性をもっているとはいえない．

この点について坂野[1997]は，公債発行対象経費としての公共事業の位置づけは，財政法が制定された1947年時点から確定されていたものではなく，戦後初めての公債(一般会計長期普通公債)発行に踏み切った1965年度に実践的運用原則として確立されたとする(同上，60ページ)．坂野は当時の大蔵大臣の国会答弁(1966年3月7日，衆議院予算委員会)や，大蔵省が財政制度審議会に提出した資料(『公共事業の範囲の考え方』1965年10月)を紹介し，公共事業が公債発行対象経費として処理される根拠が，「資産としてあとに残るもの」とされるようになったとし，次のように指摘する．「かくして，公共事業が公債発行対象経費になりうる根拠は，収益性・自償性という条件を備える必要がないばかりか，『生産を助長し，国民経済の発展を促し，税源を涵養する投資』であるかどうかの条件も問題にする必要もなく，『耐用年数が長期にわたる』耐久的施設・資産であればよい」ことになったとする(同上，61ページ)．

しかも，公債発行対象経費としての公共事業費には，耐久施設・資産の中に入らない旅費・庁費や調査費なども含まれていること，実際の耐用年数を明らかに超える60年という長期の償還期間を設定していることなどを指摘する．そして，この長期の償還期間の設定によって，財源がないという拒絶・拒否の根拠をなくさせ公共事業費の拡大圧力を強めたと指摘する(同上，67ページ)．こうしたことは支出決定に参加できなかった後の世代に，利用することのできない施設・資産の償還・利払いの負担を強いることになりかねず，財政民主主義の破壊につながる危険性をはらんでいるとする(同上，68ページ)．

公共事業について，あまりにも当然のこととして受け入れられてきた考えで，いま再検討する必要のある点は，坂野の指摘する公共事業が生産的な投資であるといえるのかどうかということである．国の一般会計における公共事業費という分類は，1946年の連合軍総司令部の指令に端を発しているが，当初

は失業者救済を主目的とするもので，政府固定資産形成そのものを示す概念であった．その後，失業対策事業が公共事業からはずされたのを始め，文教・厚生・行刑施設費，官庁営繕費，上下水道施設費，航路標識費，住宅施設費等々が，つぎつぎに公共事業費からはずされていき，完成後の「生産力効果」を中心としたものに変わっていく．これが1950年代半ばのことで，そのことによって高度経済成長促進のための公共事業の位置づけが完成したのである（加藤 [1998] 73 ページ）．

しかしその後，先の坂野の指摘にもあったように公共事業費の範囲は再び拡大されていく．自償性あるいは少なくとも生産を助長する機能を持たない，あるいは極めて弱いものが公共事業費の中に取り入れられていったのである．この公共事業費の範囲の拡大は，財政危機が進行し，赤字国債の慢性的な発行が継続する中で，岩波の指摘にもあったように限度額一杯の建設国債の発行という条件の下で，少しでも建設国債の発行額を拡大しようとしたことの当然の帰結でもある．しかし，それは公共事業の生産力効果を弱め，建設国債発行対象経費としての性格を喪失させていったのである．

さらに，景気対策のための需要喚起効果を示す公共投資乗数も低下してきている．この理由として第1番目にあげられているのは，産業構造の変化である．次のように説明される．「公共投資が増加したときに直接的な効果が及ぶのは，建設業のほか鉄鋼，セメント等の素材型産業が中心である．産業構造の変化により加工組立型産業やサービス業のウェイトが増大すると，公共投資増加の各産業への波及の時間がかかり，相対的に弱い影響しか受けない産業が多くなる．」（増井 [1998] 24 ページ）．

一般に社会保障などはその年度に消費されてしまう経費であるのに対して，公共事業は，それがしばしば公共投資とか行政投資と称されるように，投資的経費であり，将来に何らかの生産的効果を生み出すものと考えられてきた．しかし，こうした公共投資乗数の低下の中で，いまや社会保障こそ生産的であるという考えや，あるいは公共事業よりも社会保障の経済効果が高いという指摘がでてきている[4]．少なくとも，公共投資を生産的投資として，その財源とし

て建設国債の発行を安易に認める議論は容認されがたくなってきているのである.

(3) 社会資本の耐用年数と維持更新費

坂野の指摘の通り,公共事業が建設国債の発行対象経費とされるのは,耐用年数が長期にわたる耐久的施設・資産であるという意味しか現在では持っておらず,そのことの問題点を指摘してきたが,ここではこの耐用年数について検討してみよう.現在,公共事業によって形成される社会資本の耐用年数は60年とされている.これは,土地取得費などの永久資産の耐用年数を仮に100年,対象経費の80%を構成する構築物の耐用年数を50年として,平均耐用年数60年として計算されたものである.しかし,この60年という期間は,1966年度の予算審議で当時の福田蔵相が20,30年と例示していた年数の2倍以上である(坂野[1997] 66ページ).

では実際の耐用年数はどうであろうか.経済企画庁[1998]がその推計を試みている.これは,企業の減価償却費の計上,企業の課税標準の算出を目的に定められた大蔵省令を,「我が国で用いうる個別資産の耐用年数としてもっとも一般的であり,かつ権威のあるもの」と認識し(同上,53ページ),この大蔵省令による個別資産の耐用年数を加重平均するなどの方法によって,部門別の平均耐用年数を推計したものである.その推計結果は表2-1に示されているが,治山の50年が最高であり,他はこれを下回る.そして,公的な社会資本ストック全体の平均耐用年数を,「1984年度以前の耐用年数は32年,1985,86年度の耐用年数は33年,1987年度以降の耐用年数は36年」と推計している(同上,203ページ).建設国債が想定する50年という耐用年数は明らかに長いといえよう.

この平均耐用年数と,災害が起きる平均経過年数(1987年度以降18年)等を考慮して次式によって,公的な社会資本ストックの総額を推計する.

$$K_t = K_{t-1} + I_t - I_{t-36+18} - B_{t-36}$$

表 2-1 部門別平均耐用年数の試算結果

部 門 名	平均耐用年数	備　考
1. 道路	47 年	
2. 港湾	49	
3. 航空	17	
4. 国鉄	22	ただし，1953（昭和 28）年度以降．1952（昭和 27）年度以前は 50 年で固定．
5. 鉄建公団等	26	
6. 地下鉄等	34	
7. 電電公社	19	
8. 下水道	15	
9. 廃棄物処理	15	
10. 水道	33	
11. 都市公園	24	
12．文教		
（1）　学校施設・学術施設	29	1952（昭和 27）年度以前は 24 年，1953〜79（昭和 28〜54）年度は 53 年，1980（昭和 55）年度以降は 29 年で固定．
（2）　社会教育施設・社会体育施設・文化施設	49	社会教育・社会体育・文化施設は 49 年で固定．
13. 治水	49	
14. 治山	50	
15. 海岸	30	
16. 農林漁業		
（1）　農業	32	
（2）　林業	27	
（3）　漁業	50	
17. 郵便	24	
18. 国有林	34	
19. 工業用水道	37	

【出所】 経済企画庁 [1998] 82 ページ

　　　K： ストック額

　　　I： 新設改良費

　　　B： 災害復旧費

　　　t： 当該年度

その結果を示したものが，表 2-2 である．

まず，新設改良費(実質)について見ていくと，1953 年度の 10,550 億円が，6 年後の 1959 年度に倍以上の 22,317 億円になり，それがわずか 3 年後の 1962 年度に 45,155 億円に倍増している．さらに 6 年後の 1968 年度に 97,417 億円，8 年後の 1976 年度に 195,276 億円と倍増を繰り返してきた．名目で見ると，倍増のスピードは一層拡大し，6，3，5，4，6 年となる．いずれにしろ，1970 年代半ばまで極めて異常な早さで拡大を続けてきたのである．この中で，公共事業依存体質が形成されてきたといえるだろう．

しかし，70 年代後半以降になると拡大傾向は続くものの，そのスピードはダウンする．実質で見た新設改良費は 1993 年度に至っても 1976 年度の数値の倍を越えていない．名目では，1977 年度の数値の倍になったのが 1992 年度で，倍増に 15 年かかっている．絶対額の伸びを実質で見ると，1968 年度から 1976 年度までに 9,759 億円増加したが，1976 年度以降これと同様の伸びになるのは 15 年後の 1991 年度である．とくに 1980 年代に入って，その増加額は抑制された．1980 年代の臨調行革路線の中で，公共事業の抑制もまた行われたのである．臨調行革路線全体の評価は別とすれば，これは当然のことである．ほぼ 5 年で倍増するというような事態こそが異常なのであって，むしろ正常な状態になったといえよう．

ところが，80 年代の後半，1987 年度以降になると再び増加し始める．これは，1985 年のプラザ合意以降の円高不況に対処するとともに，貿易摩擦解消のための内需拡大策として 6 兆円を超える補正予算が組まれ，その中で 13,584 億円あまりの公共事業費が計上されたことなどによる．この 80 年代末の公共事業の拡大傾向は，輸出大国から輸入大国への歴史的転換を図るという前川レポート(1986 年 4 月)，その実施を求めるアメリカの要求によって開催された日米構造協議(1989 年 9 月)，それを受けて作成された公共投資基本計画(1990 年 6 月)という公共事業拡大の一連の流れの中で，バブル経済に突入していく中でも継続された．

民間の建設需要の拡大が進む中での公共事業の拡大は，高度経済成長時代に

表 2-2 社会資本ストック総額(1990暦年基準) (億円)

年 度	公的固定資本形成	新設改良(名目)	災害復旧(名目)	デフレータ1990暦年	新設改良(実質)	災害復旧(実質)	ストック額
1952(昭和27)					15,290		
1953(28)	5,342	4,508	834	42.729	10,550	1,952	335,202
1954(29)	5,423	4,753	670	41.420	11,475	1,618	349,251
1955(30)	5,713	5,151	562	41.349	12,457	1,359	363,597
1956(31)	6,485	6,012	473	44.737	13,439	1,057	377,269
1957(32)	7,895	7,410	485	44.238	16,750	1,096	392,724
1958(33)	8,834	8,287	547	41.426	20,004	1,320	412,032
1959(34)	9,969	9,160	809	41.045	22,317	1,971	431,252
1960(35)	11,753	10,839	914	40.772	26,584	2,242	453,969
1961(36)	16,112	14,957	1,155	42.046	35,573	2,747	478,628
1962(37)	20,138	18,861	1,277	41.769	45,155	3,057	508,546
1963(38)	23,034	21,879	1,155	41.473	52,755	2,785	543,693
1964(39)	25,275	23,908	1,367	41.176	58,063	3,320	591,323
1965(40)	29,541	28,075	1,466	40.957	68,548	3,579	649,208
1966(41)	34,887	33,254	1,633	42.868	77,573	3,809	716,970
1967(42)	39,423	37,832	1,591	44.037	85,910	3,613	793,499
1968(43)	45,160	43,639	1,521	44.796	97,417	3,395	879,265
1969(44)	51,085	49,662	1,423	46.157	107,594	3,083	979,397
1970(45)	61,717	60,273	1,444	47.993	125,587	3,009	1,098,155
1971(46)	78,257	76,478	1,779	48.305	158,323	3,683	1,249,739
1972(47)	94,556	90,938	3,618	49.808	182,577	7,264	1,425,471
1973(48)	105,519	102,531	2,988	58.200	176,170	5,134	1,594,102
1974(49)	128,194	124,586	3,608	68.934	180,732	5,234	1,767,541
1975(50)	139,729	135,218	4,511	70.165	192,714	6,429	1,951,256
1976(51)	147,634	141,798	5,836	72.614	195,276	8,037	2,141,114
1977(52)	176,520	170,789	5,731	74.937	227,910	7,648	2,366,892
1978(53)	208,171	204,772	3,399	77.108	265,565	4,408	2,628,396
1979(54)	220,699	216,430	4,269	82.637	261,904	5,166	2,885,224
1980(55)	234,252	229,250	5,002	88.633	258,651	5,643	3,135,177
1981(56)	240,409	233,177	7,232	89.957	259,209	8,039	3,386,427
1982(57)	240,189	230,390	9,799	90.593	254,313	10,817	3,628,647
1983(58)	233,757	224,766	8,991	89.715	250,533	10,022	3,867,448
1984(59)	229,202	223,824	5,378	90.643	246,929	5,933	4,102,482
1985(60)	214,885	208,922	5,963	92.576	225,676	6,441	4,060,836
1986(61)	225,363	218,798	6,565	90.935	240,609	7,219	4,292,781
1987(62)	245,464	239,843	5,621	91.442	262,290	6,147	4,385,765
1988(63)	248,839	242,689	6,150	93.277	260,181	6,593	4,634,915
1989(平成1)	264,235	258,205	6,030	97.594	264,571	6,179	4,892,569
1990(2)	286,361	278,007	8,354	100.926	275,456	8,277	5,163,930
1991(3)	314,678	306,235	8,443	103.815	294,981	8,133	5,452,102
1992(4)	370,419	364,938	5,481	104.935	347,775	5,223	5,792,624
1993(5)	413,439	406,350	7,089	104.694	388,131	6,771	6,172,218

【出所】 経済企画庁[1998] 208ページ

形成されていた公共事業依存体質を，高度経済成長の終焉という時代的背景の下に復活させた．バブルの崩壊は，大量の不良債権の発生というツケを抱え込みながら，公共事業へのさらなる依存を強めることになったのである．しかし，経済成長率の低下という時代的背景の下で，これ以上公共事業への依存を強めるべきではないし，また強めることはできない．

　新設改良費の問題以上に将来一層困難な問題になると考えられるのは，社会資本の更新と維持補修の問題である．既に見たように新設改良費は極めて速いスピードで増加してきた．30数年という社会資本の平均耐用年数からして，21世紀の初頭には，急速な拡大を続けていた1960年代から70年代に建設された社会資本の更新期にはいる．そして高齢化がピークに達する頃には，1980年代末から始まった再拡大期の公共事業の更新期にはいるのである．一方，社会資本の維持補修費は社会資本のストック額と関係している．社会資本ストック額は，1953年度の335,202億円が，13年後の1966年度の716,970億円に倍増し，さらに7年後の1973年度にまた倍増，8年後の1981年度にまたまた倍増した．その後1993年度時点では倍増にいたっていないものの，確実に増加している．これは，社会資本ストックの今後の維持補修費を確実に増大させる．

　ではどの程度の維持補修費，更新費になるのであろうか．それを示したのが表2-3である．ここでケース1は新設改良費の実質投資額を2004年度まで3%で伸ばし2005年度以降横ばいとしたケースで，ケース2は一律3%で伸ばしたケースである．この表で維持補修費は回帰式に1990年度，2000年度，2010年度の3時点において求めた公的資本ストック額を当てはめ，それぞれにおける維持補修費を予測したものである．また，更新費は耐用年数の経過した過去の設備投資の除去分である(同上，269ページ)．

　この表の1980年度と90年度を比較すると，社会資本ストックの増加に対応して，維持補修費は順調に増大しているものの，更新費はむしろ減少している．これは，表2-1で示されている道路のように耐用年数47年のものがあるからである．耐用年数47年のものは1943年，つまり日本が戦時経済に突入

表 2-3 社会資本ストック総額 回帰式 $\log_{10}(M) = -0.4533149 - 0.73496128 \log_{10}(K)$

	年度	ストック額 K	維持補修費 M	更新費 D	維持更新費 $M+D$	新設改良費 I	$\dfrac{M}{K}$	$\dfrac{D}{I}$	$\dfrac{M+D}{I+M}$
	1980	3,135,177	20,950	12,018	32,968	258,651	0.00668	0.04646	0.11791
	1990	5,163,948	30,232	11,214	41,446	275,456	0.00585	0.04071	0.13558
ケース1	2000	9,108,768	45,879	51,880	97,759	490,321	0.00504	0.10581	0.18232
	2010	13,475,491	61,182	161,841	223,023	551,861	0.00454	0.29326	0.36380
ケース2	2000	9,108,768	45,879	51,880	97,759	490,321	0.00504	0.10581	0.18232
	2010	13,841,079	62,398	161,841	224,239	658,951	0.00451	0.24560	0.31086

【出所】 経済企画庁 [1998] 269 ページ

し，公的社会資本形成が十分に行われなかった時期の更新分で，更新額が少なくなっているのである．2000 年度になると更新対象になるのは 1950 年代以降のものとなり，2010 年代になると更新対象になるのは全て 1960 年代以降のものである．この時期から急激な公的社会資本形成の拡大が続いており，それらが更新対象となってくるため急激に更新費が拡大するのである．1990 年度には維持補修費の 3 分の 1 程度に過ぎなかった更新費は，2000 年度には維持補修費を上回り，2010 年度には 2.5 倍以上になる．

維持補修費の確実な上昇と更新費の急激な上昇によって，投資全体に占める維持更新費の割合は，1990 年度時点での 13.6％ に対して 2000 年度には 18.2％，2010 年度には 36.4％ になる．絶対額で見ると，2010 年度には維持更新費が 223,023 億円となり，それは 1993 年度の新設改良費 388,131 億円の 57.5％ になる．維持更新費は 2010 年度以降も上昇が予測され，バブル期からバブル崩壊後の不況期に拡大した公共事業の更新期に入る 2020 年代には膨大なものになろう[5]．そして，2020 年代は日本の高齢化がピークに達する時期でもある．

3 転換が迫られる公共事業

21 世紀を前にしてなお肥大化を続ける公共事業は，日本の高齢化のピークにおいて膨大な維持更新費という重い負担を課すのである．建設国債の発行と

いう形で財政危機を進行させながら拡大してきた公共事業は,その拡大故に将来の財政危機を生み出すまでに至っている.

資本の生産力の拡大と資本にとっての国内市場の公的確保を目的としてきた公共事業を,国民の福祉の向上と地域の雇用確保を中心とする公共事業に転換していかなければならない.大型機械を多用し自然破壊に結びつく可能性の高い大規模プロジェクト中心の公共事業ではなく,人間のきめ細かな労働を基礎とする,等身大の視点に立つ環境保全型の公共事業にしていく時期である.政治家と官僚の権力基盤となってきた公共事業を,住民自治を基礎とする地方分権によって担われる公共事業に転換していかなければならない.そのことによって,公共事業のスリム化,維持更新費用の縮小をはかることが,財政危機というツケを21世紀に回さないための,私たちの課題であろう.

1) 念のためにふれておくと,私は財政構造改革で示された公共事業の改革方向が正しいと考えているわけではない.中山[1998]は,財政構造改革が目指す公共事業改革の内容を次の点で批判している. ① 公共事業の削減が十分でない, ② 大規模な拠点開発を公共事業の重点にしようとしている, ③ 生活関連社会資本の整備を自治体に押しつけようとしている(同37-39ページ).確かにその通りである.しかし,公共事業のスリム化を中心とした改革は是非手を着けなければならない課題であり,財政構造改革はその一歩を踏み出そうとしたものとして評価すべきである.結果として,集中改革期間中の公共事業の削減という一歩すら踏み出せなかったことの問題は大きいといわなければならない.
2) 念のために指摘しておくと,バブル崩壊後の不況対策として公共事業が拡大したというのはその通りであるが,次表に示したように,行政投資額は昭和50年代前半(1980年代前半)から昭和60年代初頭(1980年代中葉)の抑制基調から,バブルに突入する昭和62(1987)年度以降拡大基調に転じている.いうまでもなくバブルの時期は民間の建設需要も拡大した時期であり,その時期に行政投資も拡大していたのである.バブルの崩壊により民間の建設需要が激減する中,バブルで自らも拡大していた行政投資が,不況対策として民間の建設需要の急減を補うために,より一層の拡大を行ったというところにバブル崩壊後の行政投資拡大の特徴がある.バブル崩壊後の行政投資の拡大は,一般的な不況対策としての意味合いとともに,バブル時に拡大した行政投資をより一層拡大したといういう点で,より深刻な問題を発生させたのである.

　バブル期における公共事業の拡大の意味を重視しなければならないもう1つの理由は次の点にある.1980年代後半から90年代初頭にかけてのバブルは,かつてオランダで発生した球根の高騰といったものではなく,株や土地に代表される

専売・電々，国鉄を除いた推移

区分 年度	行政投資額	対前年度増減率	指　数 (54年度＝100)
昭和54年度	23,802,667万円	— %	100
55	25,519,584	7.2	107
56	26,431,733	3.6	111
57	26,536,364	0.4	111
58	25,906,358	△2.4	109
59	25,488,773	△1.6	107
60	26,247,547	3.0	110
61	27,213,744	3.7	114
62	30,411,566	11.8	128
63	31,678,983	4.2	133
平成元	33,827,554	6.8	142
2	36,793,740	8.8	155
3	40,336,216	9.6	169
4	46,337,275	14.9	195
5	51,126,950	10.3	215
6	47,820,967	△6.5	201

注1) △印は減少を示す.
自治大臣官房地域政策室 [1996] 11 ページ

資産のバブルが中心であったということである．いま建設重要ということに焦点を絞って考えると，このバブル期にゴルフ場，リゾートマンションなどが次々に建設されていった．これらが建設されたのは，ゴルフに行くとか，リゾートに出かけるとかといった実際の利用＝需要に基づくものだけではなく，ゴルフ会員権の値上がり，マンション価格の値上がりを期待して建設されたものも多い．つまりバブル期には実需を上回る資産形成が行われ，あるいは行われようとしていたのである．したがってバブル崩壊後には，明らかに過剰な資産形成(あるいは形成途上の資産)が残されたのである．したがって実需が増大するか，形成された(あるいは形成途上の)過剰な資産が整理されない限り，本格的な建設需要の自立的回復を見込むことは困難である．バブル期の建設需要が如何に異常なものであったかを，群馬県のゴルフ場計画で見ると次のような状況である．群馬県企画部によると1992年以降，事前協議中や事前協議終了後の計16の新設ゴルフ場計画が廃止され，事前協議終了後，造成中のゴルフ場36施設のうち半数以上が凍結状態となっている(『上毛新聞』1998年9月27日)．このことはバブル期に如何にずさんなゴルフ場計画が進められたかを示すものであるが，同時にこの不況の中でこれからまだ10以上のゴルフ場が新設されていく可能性があり，中断中のものを含めると最大36のゴルフ場が群馬県内だけで誕生する可能性があることを示している．いうまでもなく，これ以上のゴルフ場建設の必要性がでてくる可能性は，未来永却にないとはいえないまでも，極めて遠い将来のことといえるだろう．このようにバブル期に，形成途上のものを含めて過剰な資産形成が行われたことが，金融負債の累増とともに，バブル崩壊後の不況を通常の景気後退による不況とは違った深刻なものにしているのである．

そのように理解するならば，一般的な不況対策と同様の視点から，公共事業頼みの不況対策が如何に安易な，間違った考えであるかが理解できるだろう．

3) 宮崎[1992]が先駆的に指摘したように，バブル崩壊後の不況は金融負債の累積を伴う複合不況である．したがって不況対策を行うときにも，金融負債の累積対策が同時に必要となる．例えば次表に示したように，公共事業に受注した建設業者が金融機関の経営破綻や貸し渋りの影響を受けて，資金操りができないために工事半ばで倒産するケースが相次いでいる．こうした事態を受けて政府は，「〈1〉事業着手時に支払われる前払い金を，国が事業費全体の4割(現在は補助金額の4割)まで支払われるようにする〈2〉前払い金が事業費の3割以下の地方公共団体に，前払い割合の引き上げを要請する〈3〉入札期間の短縮や補助金交付の事務処理の促進を図る」等の対策を打ち出した(『読売新聞』98年10月3日)．つまり政

受注業者が倒産した建設省発注の公共工事(建設省調べ，今年6月以降)

地方建設局	工事場所／種類	契約額／完成予定
東　　北	仙台市泉区 橋りょう関連工事	2億2050万円 99年3月
	宮城県鹿島台町 堤防除草作業	8190万円 98年11月
中　　部	愛知県旭町 ダムの流木処理	399万円 99年3月
近　　畿	兵庫県出石町 堤防護岸工事	6720万円 98年7月
	和歌山市 バイパス共同溝工事	5億1450万円 99年3月
中　　国	広島県安浦町 国道舗装修繕工事	4882万円 98年9月
	岡山県奥津町 国道標識設置工事	1942万円 98年10月
	広島県甲田町等 国道標識工事	882万円 98年12月
	広島市中区等 国道区画線工事	1050万円 99年3月
	山口県岩国市 トンネル補修工事	1億500万円 99年1月
九　　州	鹿児島市 川床固工工事	2億8770万円 98年10月
	鹿児島県高山町 災害復旧工事	1億7745万円 99年2月
	鹿児島県串良町 道路維持工事	3097万円 99年3月
	鹿児島県垂水市 ケーブル管路工事	4966万円 99年1月

【出所】『読売新聞』1998年10月7日．

4) 公共事業を投資的・生産的であると見なす見解への疑問,逆に社会保障の経済的効果を強調する意見が強まってきている．永峰 [1996] は大阪府の産業連関表を使い,福祉への投資の効果が建設投資を上回ることを指摘した．その後,自治体問題研究所 [1998] は,全国レベルの産業連関表を使った分析結果として,永峰と同様の結論,生産波及効果では社会保障と公共事業はほぼ同じ,雇用波及効果では社会保障がかなり高いなどの結論を引き出した．
5) 東京都は都が管理する社会資本の維持更新に必要な財政負担が 21 世紀前半には投資的経費の 8 割程度に達するという試算をまとめた．試算は都が所管する施設・設備を対象に,平均耐用年数を 30 年と設定して行った．それによると,2001 年度から 30 年間の維持更新費の累計額は約 44 兆円にのぼる．中でもバブル崩壊後に建設した施設が更新期を迎える 2022 年度以降の 5 年間は年度平均で約 2 兆円に膨張する (『日本経済新聞』1998 年 8 月 11 日).

参 考 文 献

石 [1996] 石弘光監修『財政構造改革白書』東洋経済新報社
礒野 [1996] 礒野弥生「公共事業見直し手続きの問題点と課題(上)」『環境と公害』第 25 巻第 4 号
岩波 [1997] 岩波一寛「財政破綻と公共事業」『経済』第 18 号
勝 [1998] 勝栄二郎「平成 10 年度公共事業予算」『ファイナンス』第 34 巻第 1 号
加藤 [1998-a] 加藤一郎『公共事業と地方分権』日本経済評論社
　　　 [1998-b] 加藤一郎「地方分権委員会勧告について」『高崎経済大学論集』第 40 巻第 4 号
加藤他 [1997] 今村元義/加藤一郎/淵上勇次郎/山田博文編著『現代日本の経済論』日本経済評論社
経済企画庁 [1998] 経済企画庁総合計画局編『日本の社会資本—21 世紀のストック』東洋経済新報社
坂野 [1997] 坂野光俊「公共事業費の膨張と政府債務の累増—建設公債原則に基づく財政運営の帰結—」『立命館経済学』第 45 巻第 6 号
自治大臣官房地域政策室 [1996] 自治大臣官房地域政策室編『行政投資(平成 8 年)』財団法人地方財務協会
自治体問題研究所 [1998] 自治体問題研究所編集部『社会保障の経済効果は公共事業より大きい』自治体研究社
永峰 [1996]「福祉への投資の効果は建設投資を上回る」岡本祐三・八田達夫・一園光彌・木村陽子著『福祉は投資である』日本評論社
中山 [1998] 中山徹『公共事業依存国家—肥大化の構図と改革の方向』自治体研究社
増井 [1998] 増井喜一郎編『図説日本の財政(平成 10 年度版)』東洋経済新報社
宮崎 [1992] 宮崎義一『複合不況』中公新書
宮本 [1967] 宮本憲一『社会資本論』有斐閣
　　　 [1976] 宮本憲一『社会資本論(改訂版)』有斐閣
　　　 [1996] 宮本憲一「公共事業の公共性と環境性」『環境と公害』第 26 巻第 1 号

村瀬 [1996] 村瀬吉彦「社会資本の整備と公共事業予算」『ファイナンス』第 32 巻第 1 号

[1997] 村瀬吉彦「社会資本の整備と公共事業予算」『ファイナンス』第 33 巻第 1 号

第 4 章

東京都財政の破綻と再建について

1 はじめに

　バブル崩壊による地方税収入の低迷，景気対策としての地方公共投資の拡大によって，地方自治体の財政は軒並み厳しい状態に陥っている．とりわけ法人事業税や法人住民税などの地方税収入に依存している大都市圏の自治体ほど深刻な財政状況に陥っている．

　都道府県について地方自治体の財政運営の硬直度を示す経常収支比率（比率が高いほど硬直度は高い）をみると，1997年度で大阪府が112.0％と最悪になっている．これと比べると東京都は96.1％とまだよい方であるが，都の財政はある意味で大阪府よりも深刻といわねばならない．それを象徴的に示しているのが，1998年10月13日に青島都知事が発表した「破綻寸前の都財政」という緊急アピールである．そこでは当初予算から4,400億円規模の大幅な減収になることが述べられた．それ以上に問題なのは，都が1998年の5月に公表した「今日の都財政─構造的な問題への新たな取り組みに向けて」において，それまでに取り組んできた都の「財政健全化計画」の実施によって当面の財政破綻が回避できたこと，都債の発行額の大幅な減額により将来の公債費負担の減少に成功したと評価していること，に関連している．

つまり,「財政健全化計画」の実施によって巨額の財源を捻出し,当面の財源不足が解消したといって間もなく,「破綻寸前の都財政」といい始めたわけである.財政のアカウンタビリティ(説明責任)という観点からいえば,都の財政運営のどこにアカウンタビリティがあるのか,ということになろう.

当初予算から4,400億円規模の大幅な減収の要因は,都の税収見積もりの失敗である.自治省の昨年度の地方財政計画によれば地方財政全体の法人事業税と法人住民税は,いずれも前年比でマイナスの伸び率が見込まれていた.しかし,都は前年比で法人事業税が11.1%,法人住民税が6.5%といういずれもプラスの高い伸び率を見込んでいた.都税収入額の4割以上を法人事業税と法人住民税が占めているため,こうした法人二税の伸び率の見込みを過大に評価したことが,1998年度の当初予算と比較した場合における大幅な税収減少の主因といえる.

しかし,他の多くの地方自治体が自治省の地方財政計画に従って税収の減収予測を立てていたときに,都だけがなぜそのように過大な増収の予測を立てたのかという疑問が残る.そこには単なる読み違いには解消できない都の深刻な財政事情があるように思われる.都の過大な税収見積もりと実際の税収との大幅な乖離は,むしろそれを前提として一層の行政のリストラクチャリングを進めようという財政当局のねらいを示唆しているようにも思われる.しかし,そうだとすれば,なおさら都財政の現状を正確に把握する必要があろう.本稿は,都財政の現状とその基本的な問題点を明確にし,その上で都の「財政健全化」論の評価視点を定めることを課題とする.

2 財政収支の破綻と債務拡大

表2-1は普通会計決算収支・都債発行および都債現在高などの公債関連指標の推移を示したものである.ここで注目されるのは,「実質収支」が1990年度から97年度までずっとゼロになっているということである.そこで最初に,実質収支について説明をしておこう.

実質収支とは,歳出総額から歳入総額を差し引いた差額(「形式収支」)から翌

第4章 東京都財政の破綻と再建について

表 2-1 普通会計決算収支・都債関連指標の推移

(億円、％)

項目 \ 年度	1987	1988	1989	1990	1991	1992	1993	1994	1995	1996	1997
歳入総額	52,666	56,733	62,488	65,750	68,107	70,116	71,378	67,625	70,443	69,884	65,854
(伸び率)	21.5	7.7	10.1	5.1	3.6	2.9	1.8	▲5.3	4.2	▲0.8	▲5.8
歳出総額	51,919	55,820	61,522	65,750	67,260	69,522	70,804	67,160	70,080	69,436	64,800
(伸び率)	24.4	7.5	10.3	5.2	3.2	3.4	1.8	▲5.1	4.3	▲0.9	▲6.7
形式収支	747	913	937	585	847	594	575	464	363	448	1,055
実質収支	345	332	239	0	0	0	1	0	0	0	0
都債発行額	2,360	1,781	1,852	1,844	2,986	8,657	12,060	9,390	11,068	7,464	5,803
(伸び率)	20.2	▲24.5	4.0	▲0.4	61.9	189.9	39.3	▲22.1	17.9	▲32.6	▲22.3
都債依存度	4.4	2.8	2.6	2.5	4.2	12.3	16.9	13.9	15.7	10.7	8.8
都債現在高	25,027	24,274	23,742	23,238	23,942	30,777	41,174	48,860	58,142	63,249	66,551
都債現在高対一般財源比率	63.4	54.2	48.7	48.1	48.3	68.5	98.4	133.7	122.2	137.6	155.1

【出所】東京都『決算の状況 平成9年度』より。

年度の財源(ある事業分の経費としてすでに収入済みであるが,事業が翌年度までずれ込んだので,翌年度の収入として取り扱うべき部分)を差し引いた正味の収支を示すものである.しかし,この実質収支のうち収入部分には,通常の経常的収入概念とは異なる収入が含まれている.すなわち,実質収入には地方債という借入金と,財政調整基金の取崩し額が含められるのである.したがって,通常の経常的収入概念よりも収入額が過大に計上され,結果として実質収支差額の黒字を大きくみせる要素をもっているのである.

表2-1に戻ると,都は1990年度から97年度まで毎年「実質収支」がほぼゼロ,つまり収支均衡の状態が続いている.これは,都が財政調整基金を取崩したり,減収補塡債などの都債を発行したりすることによって実質収支がほぼゼロになるよう操作してきたためである.しかし,そうした財政操作による特殊な収入を除外すれば実質収支も大幅な赤字を計上することになるのである.

したがって,都の財政赤字の実情を知るには,表2-1の都債の発行額および都債の現在高等の推移をみなければならない.

都債発行額の伸び率は年度間でかなり激しく変動しているが,発行額の規模という観点からいえば,1992年度を画期として,それまでの2,000億円規模の発行額から一挙に8,600億円台に急拡大し,95年度までそうした急拡大の傾向が続いている.その後,発行額はやや減少するが,それでも1997年度の発行額は5,800億円であり,87年度の約2.5倍の発行額になっている.このように,都債発行額は,1990年代に入ってから急増傾向を示しており,それは都債現在高の推移の中にも反映されている.都債現在高は,1987年度の2兆5,027億円から90年度の2兆3,238億円まで減少していたが,91年度に増加に転じ,92年度以降は一貫して急増傾向を示している.そして,1997年度には6兆6,551億円と87年度の約2.7倍の都債現在高となった.

また,普通会計の歳入に占める起債依存度の推移をみると,1987年度に4.4%であったが,90年度には2.5%まで低下する.しかし,1991年度に上昇に転じ,とくに92年度からは二桁台を持続し,95年度には15.7%になっている.1996年度からは,起債抑制方針がとられたために起債依存度は低下し

ているが，それでも97年度の起債依存度は8.8%と87年度より6.9ポイントも高くなっている．

さらに，都債現在高の対一般財源比率の推移をみると，1987年度の63.4%から90年度の48.1%まで低下していたが，91年度から上昇傾向にあり，97年度には155.1%という非常に高い水準へ上昇している．

したがって，都債の発行動向や起債依存度の推移，都債現在高や都債現在高の対一般財源比率の推移は，全体として1990年代に入って以降，都の公信用の急速な膨張傾向を示している．その意味で，都の財政赤字は1990年代に入ってから急速に拡大してきているといえる．

そこで次に，こうした都の財政赤字を急拡大させてきた要因を明確にしよう．その際に，財政運営のスタンスという観点と，都の特異な歳入構造による減収の促進という観点を重視したいと考える．というのも，単純な財源不足対策にとどまらず中長期的な財政体質の強化が必要であるとすれば，およそ財政運営のあり方や財政構造上の問題点に対して，どのようにそれに対処していくのか，という論点を回避することはできないように思われるからである．時期的には，バブル期の1980年代後半からバブル崩壊後の90年代後半までを主な考察期間としたい．

3 財政収支の破綻と財政運営のスタンス

(1) 投資的経費と都債の拡大

まず表3-1をみよう．表3-1は，バブル期の1987年度(鈴木都政期)と，バブル崩壊後の97年度(青島都政期)における歳入と歳出の主要な項目を選択して整理したものである．

みられるように，1987-97年度までの歳出規模は1.5倍の増加である．これに対して，都税収入はそれを下回り1.1倍の増加にとどまっている．そこで，歳出と都税収入とのギャップをみると，1987年度には4,540億円だったのに対して97年度にはそれが2兆4,320億円にまで拡大していることがわかる．そしてこのギャップを埋めるために都債が大量に発行されている．その結果，

表 3-1 投資的経費と都債の関係 (10億円)

	1987年度 ① (当初予算)		1997年度 ② (当初予算)		②/① 倍
歳 出 規 模 ①	4,360		6,655		1.5
投 資 的 経 費	681	15.6(%)	1,171	17.7(%)	1.7
補 助 事 業	270	6.2(%)	374	5.6(%)	1.4
単 独 事 業*	410	9.4(%)	803	12.1(%)	2.0
給 与 関 係 費	1,489	34.2(%)	1,900	28.6(%)	1.3
都区財政調整繰出金	460	10.6(%)	713	10.7(%)	1.5
歳 入 規 模 ②	5,224		6,625		1.3
都 税 収 入	3,906	74.8(%)	4,223	63.7(%)	1.1
都 債	220	4.2(%)	557	8.4(%)	2.5
国 庫 支 出 金	379	7.3(%)	531	8.0(%)	1.4
使用料・手数料	131	2.5(%)	225	3.4(%)	1.7
基 金 繰 入 金	—	—	333	5.0(%)	—

注1) ①,②は一般会計.
　　* 単独事業には国庫直轄事業負担金分をふくむ.
【出所】 東京都『昭和62年度予算概要』および『平成9年度予算概要』より作成.

1987-97年度まで都債は2.5倍という歳入の中で最も高い増加となっているのである.

次に,この期間中の歳出の動向についてもう少し詳しくみると,1.5倍という歳出規模の増加倍率を上回っているのは投資的経費の1.7倍の増加である.投資的経費の中では,都の単独事業がこの間2.0倍と歳出の中で最も高い増加となっている.したがって,この間の歳出規模の拡大を牽引してきたのは,単独事業を中心とする投資的経費の拡大であったといえる.確かに,都区財政調整繰出金はこの間1.5倍の増加となっているが,この繰出金は都区財政調整制度によって必要となるものなので,この制度自体を変えない限り抑制するのが困難な経費といえる.その意味では,政策的経費としての投資的経費の拡大こそが,財政運営のスタンスからみた対象期間中における歳出規模拡大の主因だったのである.

表 3-2 都と地方財政の普通建設事業費の推移(普通会計決算)　(100万円)

項　目		1986年度 ①	1996年度 ②	②/① 倍
東京都	普通建設事業費	650,734	1,554,219	2.4
	単独事業費	407,341	1,106,103	2.7
	補助事業費	224,467	405,616	1.8
地方財政	普通建設事業費	15,593,882	29,906,660	1.9
	単独事業費	8,035,216	16,528,741	2.0
	補助事業費	6,628,240	11,815,949	1.8

【出所】 東京都『決算の状況　平成9年度』より作成.

　ちなみに，都と地方財政の普通建設事業費の推移を比較した表3-2をみると，1986年度から96年度までで，都は2.4倍の増加であり，地方財政は1.9倍の増加になっている．普通建設事業のうち都の単独事業は，この間2.7倍の増加であり，地方財政のそれの2.0倍を大きく上回っている．また，普通建設事業のうち補助事業は，都がこの間1.8倍，地方財政も同じく1.8倍の増加となっている．したがって，1986-96年度については，都が地方財政をかなり上回るペースで普通建設事業を拡大していたこと，そしてそれを都の単独事業の増加が索引していたという姿が浮き彫りとなっているのである．

　しかし，これでは1990年代における都の財政運営からみた投資的経費の拡大傾向の意味がなお明確でない．そこで，投資的経費の中から土地取得費を除いて計算すると，表3-3に示されるように，1987年度から一貫して投資的経費額が増加し続け，それが減少に転じたのは，ようやく96年度になってからだということが判明する．つまり，バブルとその崩壊の影響を最も激しく受けた土地取得費用を別とすれば，都は近年まで投資的経費を増加し続けてきたといえるのである．

　投資的経費の増加を牽引してきたのは，都の単独事業であったから単独事業の財源構成の推移を次にみよう．表3-4がこれを示す．みられるように，1992年度を画期として，単独事業の財源構成は一変している．1987-91年度までの単独事業に占める都債の割合は，1987年の26.8%からほぼ低下し続ける傾向

表 3-3 投資的経費に占める用地費の割合 (億円)

年度	投資的経費 ①	用地費 ②	用地費を除外した投資的経費	②/① (%)
1987	6,812	2,022	4,780	29.7
1988	10,311	4,170	6,141	40.4
1989	14,396	5,645	8,751	39.2
1990	17,833	7,277	10,556	40.8
1991	19,322	7,427	11,895	38.4
1992	19,993	7,986	12,007	39.9
1993	19,398	7,109	12,289	36.6
1994	17,603	3,747	13,856	21.3
1995	16,771	2,789	13,982	16.6
1996	15,252	2,613	12,639	17.1
1997	11,768	2,201	8,567	18.7

注1) 投資的経費は『予算案の概要』の当初予算額.
　　　用地費は『決算の状況』.
【出所】 東京都『予算案の概要』,『決算の状況』各年度版より作成.

表 3-4 単独事業費の財源構成の推移(東京都の市町村への補助金分を除く) (千円)

年度	単独事業費合計	都債 (%)	一般財源 (%)
1987	785,865,302	26.8	66.7
1988	1,037,417,802	12.3	81.7
1989	1,054,153,870	11.0	76.7
1990	1,385,266,278	8.0	76.2
1991	1,448,633,709	12.1	75.9
1992	1,680,661,807	42.7	22.5
1993	1,578,084,972	63.3	22.5
1994	1,251,488,049	53.8	24.8
1995	1,256,540,159	56.4	24.1
1996	1,015,819,554	49.8	43.6
1997	731,639,892	44.3	41.2

注1) 都債と一般財源以外の財源としては, 国庫支出金, 使用料・手数料, 分担金・負担金・寄付金, 財産収入等がある.
【出所】 東京都『決算の状況』各年度版より作成.

を示し，90年度には8.0%となった．他方，単独事業に占める一般財源の割合はかなり高まったのである．バブル期における都税の大幅な自然増収がその主因であった．しかし，1992年度からは，逆に，バブル崩壊によって都税収入が急減したために，単独事業に占める一般財源の割合は低下する一方，都債の割合が急上昇したのである．そのため，1993年度には，単独事業の財源構成のうち都債の割合が63.3%というピークをつけることになった．その後都債発行の抑制もあってその割合は，低下してきたが，それでも1997年度では44.3%という高い水準である．したがって，バブル崩壊後も，近年まで都は単独事業を中心に投資的経費を拡大してきたのであり，それをファイナンスしてきたのが都債の大量発行だったのである．

単独事業を賄うための都債の大量発行が都債現在高の急増をもたらしたことはすでに述べたが，では，そうした都債現在高の構成はどのようなものであろ

表 3-5　都債現在高の構成　(1997年度末)(*)

区　　分	構 成 比 (%)
一般会計	46.5
普通債	44.6
土木債	29.6
保健衛生債	5.2
教育債	3.0
警察債	2.1
特別会計	12.4
用地債	8.7
市街地再開発事業債	1.6
公営企業会計	41.1
下水道事業債	23.2
水道事業債	6.3
高速電車事業債	5.3
臨海副都心開発事業	4.1
合計金額	12,742,746(百万円)

注1)　(*) 1997年度末見込み．
【出所】　東京都『平成10年度予算概要』より作成．

うか.表3-5をみよう.これは1997年度について都債現在高の構成を示したものである.

まず,1997年度の都債現在高の構成を会計別にみると,「一般会計」(46.5%)であり,それに「公営企業会計」(41.1%),「特別会計」(12.4%)が続く.次に,個別の使途についてみよう.都税を元利償還財源とする「一般会計」の中では,土木債が29.6%という最大の割合になっており,次いで清掃工場や埋立処分場の建設に関わる保健衛生債が5.2%,それに教育債,警察債が続く.「特別会計」では,将来の道路や施設などの用地となる土地の取得のために起債される用地債が8.7%で最大の割合であり,次いで市街地再開発事業債が1.6%の割合となっている.「公営企業会計」では,下水道事業債が23.2%で最大の割合となっている.「一般会計」の土木債と「特別会計」の用地債を加えると,それだけで全体の38.3%になり,幹線道路などの土木事業や土地取得のために都債が重点的に発行されてきたことがわかる.また,「公営企業会計」には,高速電車事業債や臨海副都心の都市基盤整備を行ういわゆる第3セクターへの貸付金等のために発行される都債があり,両者で全体の9.4%の比率となっている.

つまり,都債現在高の半分近くが,幹線道路などの土木事業や土地取得事業,さらには,都営地下鉄の建設や臨海副都心の基盤整備といった事業,総じて大規模な都市開発事業向けのものから構成されているのである.

以上のような都債現在高の構成の特質は,1980年代後半の鈴木都政後半期に本格的に開始された「東京改造」事業が,90年代に入っても基本的に継続・拡大されてきたことと符合している.周知のように,1979年に美濃部亮吉氏に代わり都知事の座に就いた鈴木俊一氏は,都税収入の順調な伸びと国の第二次臨時行政調査会を先取りするような行政改革によって,1981年度にはそれまでの深刻な実質収支の赤字状況から脱却した.そして,それ以降も急速に増加する都税収入を,都債依存の引き下げと基金への積み立てに当てつつ,「世界都市」としての東京の機能強化を図るべく大規模な都市開発事業に投入していった[1].

すでに，1985年度予算でも，新宿区での新都庁舎の建設，丸の内地区における国際会議場の建設，地下鉄12号線環状部などの建設が盛り込まれていた．しかし，1986年11月に鈴木都知事によって「第二次東京都長期計画—マイタウン東京—二一世紀への新たな展開」が公表されるや，東京を「世界都市」として性格づけ，その機能を充実させるために，大規模な都市開発事業が次々と打ち出されていくことになった．その中でも，「国際化，情報化した未来型副都心」の開発事業として位置づけられたのが，総事業費8兆円規模といわれる「臨海副都心開発事業」であった[2]．

　バブルが崩壊して以降も，鈴木都知事は，基本的に「世界都市東京」論を変更せず，バブル期に計画された大規模な都市開発事業をそのまま実施してきたといえる．この点は，1994年10月25日に「最近の都財政に関する研究会」の発表した報告書(座長 肥後和夫)からもわかる[3]．すなわち，この報告書は，1995年度の予算編成における留意事項の1つとして，以前から開始されていた大規模施設の巨額な整備費を指摘している．すなわち，1995年度に東京国際フォーラムや東京国際展示場などの大規模施設の整備費がピークを迎えること，しかも，これらの経費はすでに工事に着手しているために，工事の進捗に伴って支出せざるをえず，このため「歳出増加の大きな要因」と指摘しているのである．同報告書によれば1995年度だけで，東京国際フォーラムと東京国際展示場に必要となる建設費は，合計2,333億円と見込まれていた．さらに，シティ・ホールを始め大規模施設が建設されたために，その維持管理費が増加していくという懸念も出されていた．

　1995年4月に，都知事の座に就いた青島幸男氏は，前鈴木都知事の違いを打ち出そうとして，「生活都市」というコンセプトを掲げたものの，それは国際的な都市間競争に勝ち残るために，東京の「世界都市」機能を強化しようという「世界都市」論を基本に据えたものであった．投資的経費の配分という観点からいえば，1997年11月28日に発表された「生活都市東京の創造—重点計画」が，その参考となる．この計画は，1998年から2000年までにわたる総額1兆9,299億円規模の計画であった．同計画の「都市づくり」には，総額の

約53％の優先配分が計画されており，そのうち最大の事業規模をもつのは，「幹線道路整備」(3,123億円)であったのである．また，鈴木都知事が東京を「世界都市」にするための中核的事業として位置づけていた臨海副都心開発事業に対して，青島都知事も基本的に開発容認の立場を採用したのであり，ここにも「生活都市」が「世界都市」と基本的に変わらないことが示唆されている．

さて，臨海副都心開発事業は，投資的経費に関連するばかりではなく，経常的経費にも関連する．総額8兆円を上回る事業規模をもつ都の単独事業であり，鈴木都政期を代表する最大規模の都市開発事業でもあった．こうした巨大な都市開発事業が都の財政運営に大きな影響を与えないはずはなく，ここでは都の大規模な単独事業の破綻が都の財政に与えている影響として，臨海副都心開発事業の財政破綻問題について検討を加えておきたい．

(2) 臨海副都心開発事業の財政破綻問題

臨海副都心開発事業は，1986年に鈴木都政期の「第二次長期計画」において提起された事業である．しかし，本来は1985年4月に鈴木東京都知事が，第1回東京テレポート連合創設会議において発表した「東京テレポート構想」に端を発するものであった．この構想は，都心からわずか6キロメートルの所に，13号埋立地の一部を利用して国際的な情報通信基地をつくろうというものであった．とはいえ，その事業規模はせいぜい1,000億円規模であり，事業コストの回収方法も土地の造成原価に算入して回収するという通常の方法に依存していた．

しかし，当時アメリカからの内需拡大要求が強まり，それに中曽根内閣の民間活力論が呼応する形で，東京テレポート構想は臨海副都心開発構想へと，スケールアップされていった[4]．具体的には，1986年9月30日に，金丸信氏の私的諮問機関である民間活力懇談会が発足し，鈴木都知事もこれに加わることになった．そこでは臨海副都心だけでなく，都市として熟度の違う豊洲(江東区)も一体として開発されることになった．これを受けて，先の「第二次長期計画」が発表されたのであった．この「計画」では，総事業費3兆4,200億

円，豊州・晴海地区を含む一体的開発へと，臨海副都心開発事業の規模が拡大された．さらに，1988年3月の「臨海副都心開発基本計画」では，総事業費が4兆1,400億円に拡大されたのである．

表 3-6　臨海副都心開発事業会計の長期収支(計算)　(億円)

		1990年11月試算
区　　分		収支均衡年度 (2017年)
収入	都有地運用収入	52,147
	雑収入	77
	小　計	52,224
	起債(転貸債)＊	2,571
	基盤整備費貸付金元金返済	2,577
	基盤整備費貸付金利子	1,177
	他会計借入金	25,796
	計	84,345
支出	土地移管経費支出　①	4358,207
	土地移管経費金利　②	2,342
	建設整備事業費　③	435
	基盤整備引取経費	6,742
	開発者負担金	10,417
	施設維持管理等経費　③	6,852
	公共用駐車場整備費　③	2,912
	東京臨海高速鉄道(株)出資金	168
	他会計借入金利子　②	13,475
	その他	1,314
	小　計	57,293
	基盤整備費貸付金	2,577
	起債償還金(元金)	2,571
	起債償還金(利子)　②	1,177
	他会計借入金元金返済	25,796
	合　計	84,265
	収支差(収入−支出)	80

注1)　＊は都が都の信用力で起債して調達した資金を第3セクターに転貸するものである．①は土地取得費，②は金利負担，③は公共の施設経費．
【出所】　東京都議会住宅港湾委員会提出資料より．

この臨海副都心開発事業の直接的な事業規模は4兆1,400億円だが，総事業費は8兆円以上の大規模な開発事業であった．というのも，事業に関連した諸会計間の貸借や埋立地の売買などに関連した利子総額や埋立地の取得費用を考慮すると，表3-6にみられるように8兆円を上回る事業規模になるからである．

　この8兆円規模の事業費用を賄うために，当面は都が借入れ等で基盤整備を行い，その後に造成した地域へ進出した企業の権利金・地代で基本的にコスト回収を図るという「受益者負担」方式が採用された．

　具体的には，埋立て地域の地価が25年後にバブルピーク期の最高価格をつけた都心の地価水準並になることを前提にして，公募時点での地価の50％の権利金と6％の地代を徴収するというコスト回収方式が採用された．そのために毎年地価が物価上昇率を含めて8％ずつ上昇するという前提条件が設定されたのである．しかし，バブル崩壊はこうした長期にわたる右肩上がりの地価上昇を前提とした事業のコスト回収方式を不可能にしてしまった．バブル崩壊後の長期不況に直面して，企業は埋立地への進出を放棄したり，また，進出する場合でも権利金・地代の引き下げを都に要求してきたからである．こうした中で，都は1992年と93年に権利金・地代の基準となる算定地価を大幅に引き下げた．さらに，1993年には新土地利用方式の採用そのものを断念し，通常の都有地の長期貸付方式に転換したのであった．

　その結果，「土地の運用による収支均衡の達成は，すべてが順調に進んだとしても平成46(2034)年度」と見込まれることになった[5]．仮にそうした予測通りになったとしても，当初計画の事業収支の均衡年次は2017年度であるから，当初計画から17年も経たないと事業収支は均衡しないことになる．つまり，臨海副都心開発事業は，事業開始から44年後にしか事業収支の均衡が予定できないということになる．すべてがうまくいったとしても，44年も経たなければ収支均衡さえ見込めない事業というのは，いくら東京都とはいえ，1つの地方自治体の単独事業としては，事実上破綻しているとみるべきであろう．

　ところで，土地の長期貸付による運用収入では「新土地利用方式」にもとづ

表 3-7　臨海副都心開発事業の土地及び都市基盤整備事業費における一般財源負担

		当初計画 (1990年)		港湾局試算案 (1996年2月)		当初計画と比較した場合の都民負担増
			うち一般財源負担		うち一般財源負担	
土　地		8,200	0	資本参加 (8,200)	8,200	+8,200
地域内インフラ		10,860	1,260	10,860	3,830	+2,570
	その他	2,540	0	2,540	0	0
	臨海会計	8,130	1,260	8,130	3,830	+2,570
広域交通基盤		21,150	4,890	21,150	8,230	+3,340
	その他	9,910	190	9,430	▲190	0
	臨海会計	11,240	4,890	11,240	8,230	+3,340

【出所】　東京都『臨海副都心開発懇談会最終報告』1996年5月より作成.

き想定されていた権利金・地代収入を上げることができない．したがって，そのままでは既計画の都市基盤投資を継続することは不可能である．そこで，都港湾局は，当初計画と比較して1兆4,110億円の一般財源負担増によってその差を埋めるという試案を表3-7のように提示したのである．

具体的には，① 広域交通基盤総額2兆1,150億円のうちの一般財源負担額が，当初計画と比較して3,340(8,230-4,890)億円の増加．② 地域内インフラ総額1兆860億円のうち臨海会計負担分が減り，その分一般財源負担額が2,570(3,830-1,260)億円の増加．③ 臨海副都心開発事業会計における負担額8,200億円以上を処理するための同規模の一般財源負担増加(資本参加)．

全体を合計すると，1兆4,110億円の一般財源負担となるのだが，それは都税による負担増を意味している．したがって，こうした事態は「バブル経済の崩壊という経済変動があったものの，当初の短期全面開発計画にこだわり，適切な見直しを怠った東京都の責任は重い」という，「臨海副都心開発懇談会」の最終報告(B意見)に集約される批判を誘発することになった[6]．確かに，バブルが将来25年間にもわたって続くことを前提とした，臨海副都心開発事業のコスト回収方式が，バブルが崩壊してしまえば通用しないことは自明のこと

である.しかし,「臨海副都心開発懇談会」を設立した青島都知事は,「臨海副都心懇談会」の最終報告(A 意見)を採用したのであった.すなわち,「計画の7割以上が完成した今日の時点で,臨海副都心計画を覆す積極的な理由はどこにもない」という開発継続の立場を採用したのであった[7].

結局,バブルが崩壊したにもかかわらず,都の財政運営の中で,臨海副都心開発に関連した大規模な都市開発事業が,未だにバブル期と同様,最重視されているといえる.また,都は臨海副都心開発事業を見直しているというが,1995 年度末までに臨海副都心開発事業に都が投下した資金は約 1 兆 6,100 億円であり[8],先の 96 年度の港湾局試算による新たな一般財源負担額と 2,000 億円ほどの差しかないのである.この意味で,臨海副都心開発事業が,バブル崩壊という経済条件の変化に対応して,事業の適切な見直しをされてきたとはいえないのである.

ところで,臨海副都心開発事業に関わる「臨海副都心建設(株)」などの「財政支出管理団体」(いわゆる第 3 セクター)が建設したビルへの入居者は少なく,そうした臨海副都心開発事業関連の第 3 セクターの経営は非常に厳しいものとなっている.

具体的には,1996 年度に「竹芝地域開発(株)」が,97 年度に「臨海副都心建設(株)」と「東京テレポートセンター(株)」が,資本金を累積損失が上回る債務超過状態に陥っている.事実上の倒産状態といってよいが,これらの 3 つの団体の債務超過額だけでも合計 200 億円規模となっている[9].都はこのような経営状態の 3 つの団体を支援するために,1998 年 3 月に無利子融資を含む 270 億円の財政支援を決定した.しかし,それによってこうした団体の経営状態が改善される保証はない.都内オフィスの供給過剰のもとでただでさえ借り手がいないのに,これらの団体への財政支援と引き換えに,賃貸料の 3 割アップによる賃貸料収入の 50% 増加が,これらの団体に求められているからである[10].

臨海副都心開発事業関連の第 3 セクターの再編統合などを進めても,実態として経営改善の見込みのない第 3 セクターを抱えている以上,その処理を進め

なければならない．それには都の財政資金の投入が必要となるのであって，この意味で，都がそれらの第3セクターへの財政支出をコントロールすることは極めて困難であろう．

4 特異な歳入構造と財政運営の構造的な困難さ

東京都の税収入の推移を1987年度から97年度についてみたのが表4-1である．みられるように，1987年度から88年度までは対前年度比で40％台の大幅な伸びだったが，89年度にはそれが6.8％に鈍化した．そして，1990年度からは一転して対前年度伸び率がマイナスとなり，それが91年度を除き94年度まで連続した．また，1995年度と96年度に都税収入の伸びはプラスに転換したものの，97年度には再びマイナスに転落している．

こうした都税収入の推移からもわかることだが，1990年代に入ってからの都の財政収支悪化を収入面から規定したのは，都税収入の大幅な落ち込みだった．しかし，東京都の財政は，深刻な景気後退のたびに税収入の伸びが大幅に減少したり，マイナスになったりして，それが引き金となって財政収支の破綻をしばしば繰り返してきたといえる．

これにはいくつかの要因がある．① まず，都の歳入構造は，税収への依存度が非常に高いという特徴がある．例えば，1992年度から96年度までを平均すると，地方財政全体の歳入に占める地方税収の割合は33.0％だが，都の歳入に占める都税収入の割合は59.3％にもなっている（普通会計決算）．しかも，地方財政全体の歳入に占める法人事業税と法人住民税を合計した割合は7.0％なのに対して，都の歳入に占めるそれらの割合は23.8％になっている（普通会計決算）．② さらに，この法人事業税と法人住民税の課税標準は，法人所得と法人税額であるため景気変動過程で個人所得以上に大幅に変化することから，都税収入の変動性を強める要因となっている．

表4-1に戻ると，法人二税と呼ばれる法人事業税と法人住民税の動きが都税収入全体の動きを規定していることが読み取れる．所得弾力性の高い法人二税の税収の動きが都税収入全体の動きを大きく規定している．しかも，都税収入

表 4-1 都税収入と法人二税の収入の推移 (億円)

年度	都税収入 ①	伸び率(%)	法人二税の収入額 ②	伸び率(%)	②/① (%)
1987	39,407	20.5	22,150	31.6	56.2
1988	44,707	13.5	25,273	14.1	56.5
1989	47,743	6.8	26,800	6.0	56.1
1990	47,164	▲1.2	24,225	▲9.6	51.4
1991	48,494	2.8	23,979	▲1.0	49.4
1992	43,768	▲9.7	19,312	▲19.5	44.1
1993	40,572	▲7.3	16,254	▲15.8	40.1
1994	38,601	▲4.9	14,356	▲11.7	37.2
1995	39,887	3.3	14,464	0.8	36.3
1996	43,817	9.9	18,642	28.9	42.5
1997	42,091	▲3.9	16,973	▲9.0	40.3

【出所】 東京都『東京都税務統計年報』各年度版,ただし,1997年度は,『都財政の現状と課題』(1998年10月)による.

が都の歳入の大半を占めているのである.

ところで,都の歳入構造において税収への依存度が非常に高くなる制度的要因は何であろうか.① まず,都と区との事務配分に関連したものである.事務配分については,首都行政の統一性,一体性という観点から23区内においては都が区に代わり消防,清掃,上下水道事務を担当している.こうした事務配分にひとまず対応する形で,本来は市町村税(都では特別区税)である固定資産税,都市計画税,法人住民税などが23区内においては都に帰属することになっている.このため都の歳入構造において都税収入への依存度が高くなるのである.② 都が1954年の地方交付税の制度発足以来,一貫して地方交付税の不交付団体だということである.このため地方交付税の交付団体のように,不況期における税収の減少を地方交付税で補塡することができないのである.都が地方交付税の不交付団体なのは,現行の地方交付税制度に内在する欠陥に起因している部分が大きい.その欠陥とは次のようなものである.(a) 地方交付税の基準財政需要額を算定する前提の非現実性である.基準財政需要額の算定では道府県を170万人,市町村を10万人としてそれを標準的な規模の地方公共団体とし,後は補正係数によって補正しているが,1,183万人の都と,825

万人の特別区は,そうした補正の限界を越えている.つまり,補正しきれないという問題がある.(b) 都の基準財政需要額の算定においては,大都市固有の財政需要が十分に反映されていないという問題である.都心部の業務空間化に伴う社会資本整備のための財政需要,都区部360万人にも達する昼間流入人口に起因する生活関連の社会資本整備のための財政需要,相対的な地価の高さによる用地費の高さといった要因が基準財政需要額の算定に十分反映されていないのである.こうした地方交付税制度に内在する欠陥から,都の基準財政需要額の伸びは低い.1977年度の都の基準財政需要額(道府県分,大都市分)を100とすると,1996年度のそれらの指数は,道府県分が283,大都市分が297であった.これに対して全国の地方自治体について同様な計算をすると,1996年度については,道府県分が330,市町村分が429という伸びであった[11].

以上より,都の歳入構造は,地方交付税の不交付団体であり,しかも所得弾力性の高い法人二税を中心とした税収への依存度が非常に高いという特質をもっているのである.このため都財政は深刻な景気後退に直面すると,急激な歳入減少を補塡することが難しく,財政収支破綻を引き起こしやすい構造的な特質をもっているのである.

しかし,それだけではない.東京都の経済の実態が資産価格の変動に強く影響を受けるようになってきているという点も,税収の変動を激しくしている追加的な要因といえる.

表4-2は,都の法人事業税の課税標準である法人申告所得の業種別内訳の推移を示したものである.時期的には1980年代後半のバブル期である.この時期は,株式や土地などの資産取引が急膨張し,資産価格が上昇したのであり,それが金融,証券,不動産といった産業の法人申告所得の増大に反映されたのである.1985年度から89年度にかけて,製造業の申告所得に占める割合は7.9ポイント低下しているのに対して,非製造業のそれは逆に7.9ポイント上昇している.さらに非製造業の中で,金融,証券,不動産というバブル関連業種の法人申告所得に占める割合を算出してみると,1985年度から89年度にかけて11.1ポイントも上昇しているのである.したがって,1985年度から89

表 4-2 法人事業税の申告所得金額等の東京都と全国の比較 (%)

区分			申告所得金額				
			1985年度	1986年度	1987年度	1988年度	1989年度
東京都	製造業	伸び率	13.2	▲10.9	4.3	28.1	12.7
		構成比	30.6	24.7	20.2	22.3	22.7
	非製造業	伸び率	12.3	19.8	35.2	12.6	10.2
		構成比	69.4	75.3	79.8	77.7	77.3
	金融業	伸び率	4.9	5.1	58.6	43.7	11.7
		構成比	13.1	12.5	15.5	19.3	19.4
	証券業	伸び率	64.0	79.1	38.6	▲22.1	▲20.3
		構成比	6.7	10.8	11.8	7.9	5.7
	不動産業	伸び率	22.7	51.2	74.9	▲15.5	2.5
		構成比	6.7	9.2	12.6	9.2	8.5
全国	製造業	伸び率	14.3	▲17.2	3.5	29.3	―
		構成比	42.1	34.8	31.0	34.0	―
	非製造業	伸び率	8.3	12.5	23.3	12.6	―
		構成比	57.9	65.2	69.0	66.0	―

【出所】 最近の都財政に関する研究会(座長 肥後和夫)『最近の都財政に関する研究会中間報告』1995年11月より.

年度のバブル期においては,金融,証券,不動産という3つの業種が非製造業の法人申告所得の拡大に最も貢献したのである.

バブルが崩壊した1990年代に,これらの業種の業績悪化は甚だしく,かくてこれらの業種の法人申告所得も減少に転じ,法人事業税の急激な減少を規定したと考えられる.したがって,資産価格の変動により敏感に反応するような都の経済の構造的な変化が,法人二税の変動性をより高めるように作用していると考えられる.

以上のような検討によって,他の地方自治体と比較した場合における都の歳入構造の特徴は,所得弾力性の高い法人二税を中心とした税収への依存度が非常に高く,加えて地方交付税の不交付団体であるために不況期における税収減少をカバーすることが初めから困難なところにある.このことは地方交付税の

交付を受ける大半の地方自治体と比較して，都の年度間の財政調整能力が大きな限界をもたざるをえないことを意味している．つまり，一時的な景気後退に対処するためならともかく，深刻な景気後退が持続するような時には，財政調整基金によって年度間財政調整機能を十分にはたすことはできないということである．これは，特異な歳入構造によって規定された，都の財政運営に関連した構造的な問題といえよう．持田氏も，ほぼ同様な趣旨から，都の財政調整基金の財政調整機能の限界性を指摘している[12]．

以上，都の財政収支の破綻を規定してきた要因を，鈴木都政期に始まり青島都政期に本格化した大規模な都市開発事業の持続とそれに関連した都債の大量発行という観点と，都税収入の急減少が歳入の急減少に直結する歳入構造の特異さという観点から検討してきた．いずれも都の財政運営のあり方に関連した重要な論点といわねばならない．このうち前者は，バブル崩壊以降も，それぞれの都知事がポストバブル期にふさわしい都市論を積極的に構築することなく，バブル期における「世界都市東京」論を採用し続けた結果という意味で，都市経営あるいは財政運営の失敗といえよう．他方，後者は，都の歳入構造の特異さによって規定された，不況期における歳入の急激な減少という，いわば構造的な問題であって，これはどのような財政運営を行おうとも，すべての都知事が直面する問題といえる．

したがって，都の財政収支の破綻を回避して，中長期にわたる都の財政体質を強化していくためには，少なくとも以上で挙げた2つの問題点について，どう取り組むのかが問われているのである．

しかし，1996年11月に都が発表した「財政健全化計画」(以下，計画)では，ここで挙げた2つの問題点については，正面から取り上げられていないのである．それを確認するために，最初に計画の内容を簡単に紹介しよう．

5 計画における財政健全化の論理と問題点[13]

(1) 財政健全化の論理

最初に，計画における都財政の現状認識をみよう．「都財政は現在，極めて

深刻な状況に直面している」というのが,計画の最初の認識である.

その内容は次のようなものである.すなわち,近年都税収入が大幅に落ち込んでいること,その下で歳出水準を維持するために各種基金の取崩しや都債の大量発行によって対応してきたが,そうした「財政の対応能力」にもはや依存することができなくなった.基金の残高がほぼ枯渇状況にあり,都債現在高も急増を遂げてきたからである.したがって,1997年度に5,000億円,98年度に4,300億円と見込まれる「巨額の財源不足」を,都債のいっそうの増発によって賄うとすれば,「このままでは近い将来起債制限団体への転落も予想される」.そこで,次のような「財政健全化目標」が設定される.

すなわち,①「当面する巨額の財源不足を(平成)10年度までに解消すること」,② 将来都の起債制限比率が20%を越えて都が「起債制限団体」に転落するのを「回避すること」,③「新たな都民ニーズに柔軟に対応できる弾力的な財政体質を確立すること」である.

こうした都財政の現状認識から,次のような財政健全化の基本的枠組みが設定された.

第1は,事務事業の効率化という観点から事務事業の統合再編と,これとむすびつく形での職員定数の削減(1996-98年度に4,500人を目標)である.

第2は,「施策の見直し」であり,その中心となるのは「投資的経費の削減」や,都から「区市町村への財政支援の見直し」(補助金の整理統合と削減),都から第3セクターと呼ばれる「財政支出管理団体」への財政支出の抑制などである.

第3は,「歳入確保等」であるが,「内部努力」に入れてもいい「徴税努力」と,鈴木都政期に提起された原価主義をより徹底させた「受益者負担の適正化」が提起されているだけである.つまり,「歳入確保等」では,自主財源の中心をなす都の税制についての改革論議は一切省かれているのである.

第4に,「財政運営・予算編成手法の改善」では,財政調整基金の年度間財政調整機能強化のための基金積立て基準の見直し,社会資本整備目的などの基金の統合・廃止である.さらに,都の「起債制限団体への転落」を回避するた

めに，都債の発行基準の厳格化（一般会計に計上する都債発行額を当該年度の一般財源額の10%以下に抑制，年間5,000億円台の発行額に抑制）が提起されている．

以上のような基本的枠組みから構成される計画であるが，それぞれの財源目標額はどのように考えられていたのであろうか．

表5-1より，1997年度の財源不足額は5,000億円である．これに対して「内部努力」(260億円)，「施策の見直し」(3,370億円)，「歳入確保努力」(810億円)で合計4,400億円の財源捻出が見込まれている．この4,400億円から都債発行抑制額(2,500億円)を差し引いた純財源捻出目標額は1,940億円となり，財源不足額は3,060億円まで圧縮される．また，1998年度の財源不足額は4,300億円であり，「内部努力」(390億円)，「施策の見直し」(4,510億円)，「歳入確保努力」(1,300億円)を合わせて6,200億円という財源捻出目標額が設定された．この6,200億円から都債発行抑制額(1,900億円)を差し引いた純財源捻出目標額は，4,300億円となる．

表5-1より読み取れるのは財源捻出目標額に対して，「施策の見直し」，とくに，「投資的経費の削減」による部分が最も大きな位置づけを与えられているということである．都債発行抑制額を別にした財源捻出目標額を基準にすると，1997年度の財源捻出目標額の59%，98年度のそれの45%が「投資的経費の削減」によるものである．一方，都債発行抑制額を除いた「内部努力」の財源捻出目標額に占める割合は，1997年度で5.9%，98年度で6.3%にすぎない．また，先の「投資的経費の削減」が「都債発行抑制」にリンクしていることはいうまでもない．そのため「都債発行抑制」による財源捻出目標額もかなり大きい．1997年度と98年度では，それぞれ2,500億円，1,900億円の目標額となっている．このように，財政健全化方策の財源捻出目標額の配分からみる限り，職員定数の削減等による「内部努力」の財源捻出効果は小さなものであり，「投資的経費の削減」やそれとリンクした「都債発行抑制」こそが財政健全化のために重要な位置づけを与えられていたのである．

表 5-1 財政健全化方策による財源捻出目標額 (億円)

区分			1997年度	1998年度	うち1998年度追加分	備考
財政支出試算の財源不足額 (a)			△5,000	△4,300	—	
財政健全化方策	内部努力	組織の見直し職員定数削減	130	260	130	職員定数△4,500人 (1996～98年度)
		給与日の見直し				
		事務経費の節減	130	130	—	
		小　計	260	390	130	
	施策の見直し	行革大綱64項目の具体化	300	340	40	
		投資的経費の削減	2,600	2,800	2,800	歳出削減額 1997年度試算対比 △4,000億円程度 (試算1兆5,800億円) 1998年度試算対比 △4,500億円程度 (試算1兆5,000億円)
		経常的経費の見直し	470	1,370	900	
		区市町村財政支援の見直し				
		財政支出監理団体支出の適性化				
		制度の根本にまで遡った施策見直し				
		小　計	3,370	4,510	3,740	
	歳入確保努力	徴税努力	800	1,200	400	
		受益者負担の適正化	10	100	90	
		小　計	810	1,300	490	
	合　計		4,440	6,200	4,360	
	都債発行抑制		△2,500	△1,900	△1,900	発行額 1997年度5,000億円程度 (試算7,500億円) 1998年度5,000億円程度 (試算6,900億円)
財源捻出目標額 (b)			1,940	4,300	2,460	
要措置額 (a+b)			△3,060	0	—	

注1) 投資的経費の削減額欄の数値は, 都債充当前の一般財源である.
【出所】 東京都『財政健全化計画』1996年11月より.

(2) 計画の基本的な問題点
a 投資的経費の削減に関連した財政運営責任論の欠落

計画は，先にみた財源捻出目標額の配分からも明らかなように，「投資的経費の削減」を重視している．

「投資的経費の削減」の「基本的考え方」は，「これまで，投資的経費の主要な財源である都債を大量に発行して，社会資本整備を促進してきたことにより，今後その償還費が急増し，このままでは起債制限団体へ転落することも見込まれている」というものである．さらに，「限られた財源の重点的，効率的配分を徹底し，都の財政力で対応可能な範囲に投資的経費の総額を抑制することとし，1998年度までに96年度の予算額の7割程度の水準まで削減する」という具体的な削減目標を設定した．1996年度の投資的経費額は，1.5兆円規模であるから，ほぼ1兆円規模にまで投資的経費を削減するというのが計画の目標であり，それは88年度の水準とほぼ同水準まで投資的経費を削減することを意味していた．

これを受けて1998年度の投資的経費額は，97年度に対して10.0%，96年度に対して30.6%の減少となった．それによって，投資的経費額の水準はほぼ1987年度水準に低下した．したがって，計画の投資的経費の削減目標はほぼ達成されたといえよう．「投資的経費の削減」に対応して都債の発行額の水準も，1997年度は5,450億円，98年度は5,260億円とほぼ計画の単年度の発行目標水準5,000億円台を維持している．この結果，起債依存度も1996年度の11.7%から98年度の7.9%まで3.8ポイントの減少となった．そこで，都は財政健全化に一区切りがついたと評価したのであった．

しかし，それで都の大規模開発とそれに連動した都債の発行という従来の財政運営のスタンスに大きな反省がなされたとは考えられない．こうした都の「投資的経費の削減」論においては，「投資的経費の削減」に至った都の財政運営上の責任は全く明確にされていないからである．すなわち，都がバブル崩壊以降も大規模な都市開発事業を継続してきたこと，それを賄うために都債の大量発行が行われ，それによって「財政の対応能力」を喪失してきたという，都

の財政運営上の責任が不明確なのである．こうした財政運営責任を問わないことは，計画における「投資的経費の削減」論の限界を示すものである．つまり，計画における「投資的経費の削減」が所期の目標通りに進めば，時期を見計らって再び投資的経費の拡大論が浮上する可能性があるからである．ちなみに都が1999年6月に発表した「危機に直面した東京の財政」では投資的経費の削減が予定通り進んだために投資的経費のいっそうの削減論には歯止めがかけられており，給与関係費の削減の必要性が強調されているのである．

b　臨海副都心開発事業の見直しの欠如

さて，計画が全くふれていないのが，臨海副都心開発事業の見直し問題である．すでに述べたことだが，臨海副都心開発事業は事実上財政破綻状況にある．にもかかわらず，その事業の本格的見直しは未だになされていない．このため臨海副都心開発事業の継続には少なくとも1兆4,000億円を越える規模の追加的な一般財政負担が必要とならざるをえない．それも，「すべてが順調に進んだ」場合における一般財源負担増加額にすぎず，事情によってはさらに追加的な一般財源負担が必要となる可能性もある．したがって，臨海副都心開発事業の本格的な見直しが必要と思われる．その際，臨海副都心の埋立地が意味をもつためには，壮大な森をつくり東京のヒートアイランド現象に備えたり，大地震のための防災拠点に利用するなど，思い切った発想の転換が必要であろう．

さらに，臨海副都心開発事業の本格的な見直し作業がなされていないために，計画がいうように臨海副都心開発事業関連の第3セクターへの追加的な財政支出を都がコントロールすることは非常に困難と考えられる．実は，この点に関連して，自治省サイドからも動きが出てきている．すなわち，第3セクターのうちで累積欠損額が資本金を上回るような債務超過状態に長期間陥っているような場合や，仮に累積欠損額が自己資本の5割位あっても，経営改善が見込めない場合は，ともに破綻処理の対象にすべきという自治省の方針が打ち出されたのである．これは第3セクターの経営破綻に伴う地方自治体の財政負担が大きくなっていることを背景にしている[14]．自治省サイドからも，こうした

動きが出ている以上，都は臨海副都心開発事業関連の第3セクターの経営状況を明確にし，破綻処理すべきものと，そうでないものを明確に峻別する段階にきていると考えられる．同時に，こうした処理を円滑に進めるためにも，臨海副都心開発事業の本格的な見直し作業がどうしても必要と考えられる．

c 歳入構造論の欠落

計画では，歳入論は「徴税確保努力等」論と「受益者負担の適正化」論に限定されてしまい，都の特異な歳入構造への配慮が欠落している．本文で述べたように，都が他の地方自治体と比較して特異な歳入構造（地方交付税の不交付団体であること，歳入に占める税収依存度の高さや税収変動の幅の大きさ）を有していた．このため深刻な不況の度に，大幅な税収減少から都は歳入不足に陥る傾向にあった．したがって，景気変動によって激しく変動する税収と歳入の構造をどう安定させるのか，という議論が必要になるのである．

都税そのものについては，かねてより全国知事会や自治省などによって検討されてきたように，法人事業税の外形標準課税化を図るという方向によって税収の安定性の回復を目指すことが適切であろう．

現在，政府税制調査会の地方法人課税小委員会でも，法人事業税への外形標準の選択について，事業活動の規模をできるだけ適切に表すとともに，普遍性の高い基準である事が望ましいという観点や，できるだけ簡素で，円滑な執行がしやすい基準であることが望ましいという観点から，5つの外形標準の例（付加価値，給与総額，事業所家屋床面積と給与総額の組合わせ，資本等の金額，収入金額）が提示され，検討が加えられつつある．こうした動きからも，景気の状況や中小企業への負担増という問題はあるものの，都は安定的な歳入構造の形成に向けて法人事業税の外形標準課税化を積極的に打ち出していくべきであろう．

また，都と区との事務配分と税源配分を見直すことも必要である．これには現実的な背景もある．すなわち，地方自治法が改正され，2000年4月より東京23特別区を「基礎的自治体」として位置づけるべく，清掃事業が都から区に移管されるために，これに伴う区の清掃事業費の大幅な増加が避けられない

からである．都は区に対して，都区財政調整制度によって固定資産税，特別土地保有税，市町村民税の44％を区に配分しているが，都から区への事業移管が進み区の事業費用負担が大幅に増加せざるをえないので，これらの税それ自体を都から区へ税源再配分するのが望ましい．都から区への事務再配分とそれに応じた税源の区への再配分は，都にとっては従来抱えていた事務量を減らすだけでなく，都の歳入構造における税収依存度の高さを引き下げるという意味をももつと考えられる[15]．

さらに，地方交付税については，交付税制度に内在する欠陥を是正し，地方交付税の交付をするよう国に要求するべきであろう．しかも，この地方交付税の交付要求は，都が交付税の不交付団体であることから，国によって都が「富裕団体」視され，追加的な財源調整[16]が行われているだけに重要である．つまり，都が地方交付税の交付団体になる根拠が明らかになれば，交付税の不交付団体としての都にかけられている追加的な財源調整の根拠もなくなるのである．

ところで，計画はこうした都の特異な歳入構造に配慮した財政改革論を打ち出していないのだが，そのため逆に，財政調整基金による年度間財政調整機能を過大評価しているように思われる．しかし，都の特異な歳入構造を前提とすれば，財政調整基金による年度間財政調整機能への過大評価は禁物である．ここにも計画の限界が露呈しているように思われる．

以上の検討から，計画における財政健全化論には，その基本的な考え方や議論の枠組みそのものに大きな問題や限界があることが明確になった．したがって，これ以上計画に立ち入って細かな検討を加えることはやめることにしよう．しかし，ここでの計画における財政健全化論の検討でも，その財政健全化論が破綻せざるをえないのは，ある意味で当然のように思われる．本来，検討すべき都財政の根本問題を全く検討していないからである．計画の内容をさらに進めたところで，短期的な財源不足対策としてはともかく，中長期的な都の財政体質の強化には全くつながらないように思われる．

1) 神野直彦「都市経営の破綻から再建へ」神野直彦編『都市を経営する』都市出版，1995年，96-125ページ．
2) 東京都企画審議室調査部『東京都五十年史　通史』東京都情報連絡室都政情報センター管理部事業課，1994年，389-396ページ．鈴木俊一『世界都市東京を語る』鹿島出版会，1986年．
3) 最近の都財政に関する研究会(座長　肥後和夫)『最近の都財政に関する研究会報告書―社会経済情勢の変化に対応した予算編成のあり方などについて―』1994年，14-15ページ．
4) 町村敬志『「世界都市」東京の構造転換』東京大学出版会，1994年，第3-4章．
5) 東京都企画審議室調査部『臨海副都心開発懇談会最終報告』1996年，39ページ．
6) 同上，41ページ．
7) 同上，27ページ．
8) 東京都財務局主計部財務課『転換期を迎えた都財政―東京都財政白書―』1995年，19ページ．
9) 都政新報社『東京都監理団体要覧　平成9年度版』1998年．
10) 『週刊 ダイヤモンド』1998年5月30日号．
11) 最近の都財政に関する研究会(座長　肥後和夫)『最近の都財政に関する研究会中間報告―最近の都財政の実情』1990年，99-101ページ．
12) 持田信樹「首都財政の経済学」神野直彦編『都市を経営する』都市出版，1995年，60-64ページ．持田氏は都の財政調整基金の危機対応能力は一時的なものとし，「不況が長引いた場合に，税収が景気に振られやすく，交付税の「不交付団体」であるという都財政の構造自体が変わらないかぎり，その選択肢は意外なほど限られている」と述べている．
13) 東京都『財政健全化計画』1996年11月．なお，1998年10月13日の青島氏による「破綻寸前の都財政」の発表を受けて策定されたのが，東京都総務局行政改革推進室『都民感覚から始まる都政の構造改革―東京都行政改革プラン―』1999年1月である．しかし，このプランの基本的内容も，「計画」の延長にあるもので，ほとんど新味はない．
14) 『日本経済新聞』1999年4月13日．
15) 東京都は地方分権の推進という観点から都から区への事務移管については積極的だが，それにともなうべき税源委譲については消極的である．東京都政策報道室調査部『東京都地方分権推進計画大綱』1998年．
16) ここでいう追加的な財源調整とは，都が地方交付税の不交付団体であるという理由から，国は都を「富裕団体」とみなし，他の地方自治体との財政力格差を是正するという観点から行われている財源調整措置である．具体的には，国庫負担金の減額(差等補助)，法人事業税の分割基準の見直し(製造業の多い地方圏に有利な見直し)などによるものである．これらの追加的な財源調整によって都が失っている収入は，1996年度で1,280億円と試算されている(東京都財務局主計部財務課『東京都の財政　平成8年度』1996年，54ページ)．

第 5 章

EU 統合下の為替自由化と国債保有構造の変貌
―― ドイツを中心として ――

1 はじめに

　本稿の課題は，EU 統合に伴う為替規制の廃止によって，ドイツを中心として国債保有構造が 90 年代に入りいかなる変貌を遂げたのか，を明らかにし，その財政への影響を検討することである．

　以下本稿においては，EU 統合下の為替自由化と国債発行市場の変貌をドイツを中心に分析するが，この課題に関わる従来の分析をサーベイしておこう．

　Age F. P. Bakker, *The Liveralization of capital movements in Europe*, Kluwer, 1996 は 1950 年代から 1990 年代までの EU における資本移動自由化を分析したものである[1]．本書は 50 年代から最近の 92, 93 年の欧州通貨危機までをサーベイした貴重な文献で，本書が明らかにした問題は多い．本書の結論として，資本自由化は伝統的に為替に対し自由な政策を取ってきたドイツの主張，利害と一致するものであったこと，ECU など通貨主義的な欧州金融協力に対し資本自由化は経済主義的な(加盟国の政策の規律を強める)対抗策であったこと，ドイツ，イギリスの為替自由化に続き規制が伝統的に強かったフランスが転換し自由化に踏み切ったことが他の EU 諸国に大きな影響を与えた，等を強調している．また為替自由化に伴い金融政策が伝統的な直接的金融政策

(信用の上限規制等)から市場原理型金融政策(市場金利等の活用)に転換することも指摘している[2]. しかし為替自由化の国債発行等財政への影響には触れられていない.

またドイツにおける財政学研究はかなり活発である. こうしたなか, 為替自由化と国債負担の関係について検討した論文もある[3]. しかし方法的に計量的なシミュレーション分析を用いていることに加え, 結論として, 閉鎖経済から開放経済への移行に伴いクラウディングアウトにも変化が見られること, 公債増加が将来世代の福祉を増加させること等を述べている. こうした結論は, 為替自由化を推進した実務家によって主張された論拠と共通するものである. しかし本稿の観点はこうしたものとは異なり, 為替自由化によって, 財政負担が増加しやすいことを明らかにするものである.

本稿における結論をあらかじめ示しておこう. ドイツを含め EU 統合に伴い為替自由化が進められた. その場合, 資本移動の障害が除去される等により, 最適な資本配分がなされる, あるいは自由化による市場原理の強化が加盟国の経済政策の規律を高める(財政赤字削減等), といったことが自由化の根拠とされた. しかし為替自由化の国債発行市場での実質的影響は, 国債保有構造において非居住者の比率が上昇したことであり, それに伴い国債利回りのボラティリティーが高まっており, したがってドイツにおいても財政の国債利子費は増加傾向にある.

為替自由化以降, ドイツにおいてすら国債利払い費は増加し, さらにイタリア, スペイン等では財政の国債利払い費は高い比率に達しており, 為替自由化の期待された効果はかなり疑問となっている. 総じて EU 統合において新自由主義的な政策としてとられてきた, 為替の自由化は必然的な選択であったとはいえ, 大きな限界に直面しつつある, といえる.

2 EU 統合と為替自由化

第二次大戦の直後, ドイツにおける全ての外国為替取引は, 外貨準備が不十分であり, 経常収支赤字が支配的であったために, 幅広く規制された[4]. 連合

国による為替規制のために，居住者による資本輸出は全て禁止された．しかし徐々に 50 年代において規制は緩和されていく．1952 年には対外直接投資が個々の認可に基づいて可能となり，1956 年には居住者は外国証券の購入を認められるようになった．1957 年秋には資本輸出はほとんど解禁された．

他方，資本輸入の領域では，固定為替相場制におけるドイツの地位に規定されて，規制緩和はさほど進展しなかった．ドルに比較したマルクの優位性から，海外の資金が継続的にドイツに流入し，連銀が平価維持のために介入を余儀なくされ，国内流動性の増加に結び付きやすかったからである．このため，1960 年中頃には，非居住者による国内短期証券の購入は再び認可制となった (1959 年に自由化されて 1 年後であった)．ドイツの銀行による非居住者預金への付利禁止も同時に実施され，これらの措置は 69 年 10 月の平価切上げまで継続された．

1950 年代後半から 1960 年代にかけて，為替市場では自由化が支配的であったが，1970 年代は規制強化が強まった．ドル体制としてのブレトンウッズ体制が終焉し，固定相場制から変動相場制へ主要国が移行し，ドルへの信認が一層揺らいだために，マルクへの投機資金流入が増加し，規制を強化せざるをえなかったからである．ドイツマルクは 1969 年 10 月に平価を 9% 切り上げたが，十分ではなく，1971 年 5 月 10 日変動相場制へ移行した[5]．

このため表 2-1 が示すように，70 年代前半は規制強化が相次いだ．70 年 4 月にはドイツの銀行の対外債務増加に対し，30% の最低準備率が再導入され，71 年 5 月には 69 年に廃止されたばかりの非居住者銀行預金への付利禁止，非居住者短期証券購入の認可制が復活した．また 72 年 3 月には非居住者むけ貸付に Bardepot (付加的な現金準備) が課され，非居住者むけ貸付の一部は非利子預金に強制的に転換された．72 年 7 月には非居住者に関しては短期証券のみならず，ドイツ国内債全てが事前認可の対象とされ，Bardepot は 50% へ，対外債務に対する最低準備率は 60% へ引き上げられた．表 2-1 が示すように，ドイツにおいては 70 年から 74 年までは為替規制が強化された時期であった．

こうした為替規制は一定の効果を持ちえた．70 年代前半のドイツ国内短期

表 2-1 ドイツにおける為替自由化の経緯

1970年4月	銀行の対外債務増加に対し，30%の最低準備率再導入
1971年5月	非居住者の銀行預金への利払い禁止
	ドイツ短期証券の非居住者による全購入について事前認可導入
1972年3月	非居住者による債務について40%の現金準備率(Bardepot)導入
	銀行対外債務増加に対し，準備率を40%に引上げ
1972年7月	ドイツ国内債の非居住者による購入について事前認可導入
	Bardepot 50%, 最低準備率60%へ引上げ
1973年2月	有価証券，投資信託(ミューチュアル・ファンド)，5万マルク以上の借入れのような金融商品に対する事前認可の拡張
1973年6月	Bardepotおよび最低準備率の強化
1974年1月	限界準備率の強化
1974年2月	Bardepotの20%へ引下げ
	満期4年以下の国内債を除き，金融商品に対する事前認可の廃止
1974年9月	Bardepot廃止
1975年9月	ドイツマルク建預金の非居住者に対する利払い禁止を廃止
	満期2〜4年の有価証券の非居住者に対する販売の事前認可を廃止
1977年12月	満期4年以下の証券の非居住者に対する販売について，事前認可の再導入
1978年1月	銀行の対外債務増加に対して，最低準備率の再導入
6月	最低準備率の廃止
1980年3月	短期有価証券の非居住者への販売制限を緩和
	(満期4年から2年に販売制限を緩和)
1981年3月	マルク建短期証券の非居住者への販売制限を全て廃止
1984年8月	非居住者に対する利子所得へのクーポン課税を廃止
1987年6月	居住者，ECU建債務を認可

【出所】 Age F. P. Bakker, *The Liberalization of capital movements in Europe*, Kluwer, 1996, 巻末資料から作成.

金利とユーロマルク3ヵ月物金利を見ると，最大3〜4%程度の格差(国内金利が上回る)が発生しており，規制のないユーロ市場に比べて国内市場が規制により国際資金移動から隔離されていたことを示すからである．しかし効果はあくまで限定されたものであった．ドイツの証券がスイスでプレミアム付きで売買されたり，非居住者による証券取得規制は無意味になっていた．為替規制をかいくぐった不正な国際取引は1973年40億マルク，海外での不正な信用取入れは70億マルクと推定されている[6].

1975年に非居住者の銀行預金への付利禁止が廃止されて以降，資本輸入の

規制は急速に緩和されていった．しかし満期4年未満の証券の非居住者による購入は規制され続けた．これは主として，準備通貨としてのドイツマルクが拡大することを連銀が抑止しようとしたためだった．しかしこれを抑止することはできなかった．

1980年にドイツは例外的に大幅な経常収支赤字に転落し，マルクは減価した．このため，1980年以降残存していた規制が廃止されていった．1981年3月にはマルク建て短期証券の非居住者による購入規制が全て廃止された．ドイツの為替自由化により，ドイツの貿易は貿易金融や先物カバー取引などで恩恵を受けた．

しかしドイツ連銀によれば，80年代半ばにおいても依然として，他の先進国は為替規制を続けていた．まず居住者の資本輸出が規制されていた．85年の時点で居住者が通常の為替レートで対外証券投資を自由に行いうるEEC（当時）加盟国はデンマーク，イギリス，オランダだけであった．フランスにおいて海外証券投資は，居住者同士が売買し，レートが通常のレートよりかなり高くなっている，証券むけ為替市場 (devise titre) を通じてなされねばならなかった．イタリアにおいては，海外投資を行う場合，投資額の40%が中央銀行に無利子預金として預けられねばならなかった．ベルギーにおいても，為替二重市場があり，海外投資に際しては公式市場より割高な自由市場経由で購入せねばならなかった．

EEC条約第67項の自由化要請や資本取引の自由化に関する指令にかかわらず，上記の資本取引規制（為替規制）が存続するのは，EEC条約のなかの自衛条項 (Safeguard clause, 一定期間に限り為替規制を認めている) によるものである．アメリカ，イギリスでは国内市場での外債発行を除き，スイスでは長期信用供与と国内市場での外債発行を除き，為替規制は実質的にも廃止されていた．しかしドイツを除き，欧州諸国は80年代半ばでも為替規制を続けていた[7]．

ドイツは表2-1に示された期間以降も，86年7月に国債引受シ団に外国銀行のドイツ法人参入認可（シェアー20%），88年10月中期貯蓄国債 (Bobls, 4〜5

年債)の非居住者購入解禁,90年2月資本市場促進法制定(取引所有価証券取引税廃止91年1月施行,資本取引に関わる法人税,印紙税廃止92年1月施行),92年8月外銀ドイツ法人にマルク債主幹事業務認可と相次いで自由化措置を認めた[8]。

しかしすでに1970年において,EECレベルでウェルナーレポートが発表されていたにもかかわらず,ドイツ以外の欧州諸国の為替自由化は遅々として進まなかった。そもそもECの資本移動自由化指令は第一次(1960年),第二次(1962年),第三次(1986年),第四次(1988年)と出されてきている。第一次,第二次指令によって,直接投資,個人的資本移動,短中期貿易信用,上場証券投資が自由化された。また86年5月のドロールプラン直後の第三次指令では,全ての中長期信用,非上場証券投資,外債発行が自由化された。そして88年の第四次指令によって,短期資本を含む全ての資本移動自由化を義務づけている[9]。こうしたなか,1970年にはウェルナー報告が為替規制と国内規制を域内資本移動を妨げるものとして指摘し,両者の漸次的な緩和を提言している。しかし70年代初期のドル危機に際して,フランスは非居住者のフラン預金増加に対し100%現金準備を導入し,イタリアは73年に為替二重市場を設立した。オランダは73年に非居住者のギルダー口座にマイナス金利を課し,外資流入を規制した。ベルギー,ルクセンブルクにおいても為替二重市場が形成されていた。こうしてドイツ以外のEC諸国は70年代前半かなり為替規制を強めた,といえる。

流れが変化した最初の契機はイギリスが79年サッチャー政権誕生によって為替規制を全廃したことであった。イギリスは72年変動相場制採用以降も海外投資事前許可制など為替規制を続けてきたが,79年に第二次オイルショックの影響から経常収支が好転し,為替規制も廃止された。第二の契機は83年以降におけるフランスの政策転換であった。81年に誕生した社会党ミッテラン政権は不況対策として拡張主義的政策をとると同時に,拡張政策を国際連関から遮断するため為替規制を強化した。しかしフランは18ヵ月で3回の切下げを余儀なくされ,インフレ抑制,欧州通貨統合,市場開放への政策転換が

図られた．またフランスの大企業が国内における規制を嫌って海外に拠点を移転していた．例えばルノー，プジョーの金融部門はジュネーブに移転していた．このため金融，為替においても自由化が推進されざるをえないこととなった．第三の契機は，欧州金融協力における独仏の政治力学における独の勝利である．フランスは80年代半ばに自由化路線に転換したとはいえ，為替自由化には消極的でEMSの強化やECによる信用供与を主張していた．フランスは為替自由化によりフランが投機対象となることを警戒し，フラン安において各国中央銀行が公的準備によりフランを支援する(あるいは欧州中央銀行が公的準備通貨としてECUを持ち支援する)，あるいは各国の利下げを要求していた．しかしドイツなど強通貨国は自分たちの国内金融政策が犠牲にされることを警戒し，EMS機能の強化よりも為替自由化を主張した．こうした関係においてイギリスがドイツ支持の立場をとった．イギリスは市場原理重視の政策が自国を利すると判断したからである．そしてオランダが86年10月に，デンマークが88年に為替規制を廃止し，フランスも89年に廃止することでECにおける為替自由化の方向は決定的となった．92年にスペイン，ポルトガル，アイルランドが，そして94年にギリシャが為替規制を廃止し，90年代に入り全てのEC(EU)加盟国が為替規制を廃止した．

　第三次指令(1986年)以降の主たる問題は，第一に短期資本収支の規制を認めた，金融自衛条項は必要か，第二に域内の資本自由化は第三国(日米等)にも適用されるべきか(適用されるべきという立場はErga Omnes原理と呼ばれている)，といった問題であった．金融自衛条項について欧州委員会は金融政策の運営，為替の安定のうえで障害がある場合に短期資本収支の規制を認め，賛成の立場をとっていた．これに対し独，英，デンマーク，ルクセンブルクなど欧州の自由化先進国は反対の立場であった．しかしフランスをはじめ，その他の弱い通貨国はおしなべて金融自衛条項には賛成の立場であった．また欧州委員会はErga Omnes原理の立場から第三国にも資本自由化が適用されるべきとの立場であったが，イギリスを中心として相互主義の立場からErga Omnes原理適用にも反対が強かった．最終的にこれらの問題について意見はまとまら

ず，欧州同盟条約にErga omnes原理は含まれず，また金融自衛条項が理事会の承認のもと発動される(短期資本収支規制)可能性は残っている，といわれる[10].

3 80年代以降の国債発行

以上見てきたように，80年代に入ってEU統合に伴い為替の自由化が進められ90年代には加盟国全てが規制を原則廃止したが，同時に80年代においてドイツ財政はすでに年々の起債額をかなり増加させてきていた．連邦，州，地方を合計した公共団体(Gebietskörperschaften)の債務残高は1979年の4,140億マルクから1986年には8,020億マルクにほぼ倍増していた．内訳としては，連邦が86年現在4,154億マルクで約52%，州が2,640億マルクで33%，地方が1,161億マルクで14%であった．州財政は80年代前半においてすでに債務残高の増加ペースが早く，財政状態の悪化が指摘されていた[11].

(1) ドイツにおける公的債務の構造変化

ドイツ財政の債務は80年代二つの大きな構造変化を遂げつつあった．第一は伝統的な債務証書貸付(Schuldscheindarlehen)から証券形態への移行であり，第二は債務における非居住者比率の上昇である．そしてこのふたつは密接に関連していた．

公的債務の証券化が進行したのは82年以降である．81年までは債務者と債権者の間での貸付条件を公表しなくともよいこと等から債務証書貸付が主流であった．非居住者の投資家はまずこの債務証書貸付に注目したといわれている．債務証書貸付による利子収入はクーポン税によって課税されなかったからである．81年までは公的な証券発行は限定された範囲においてなされていた．しかし81年以降，金利が低下局面に入ると，公共団体の証券発行は急増した．82年には早くも公共団体の純信用調達額の半分は証券形態となっていたが，85年には10分の9となった．86年には債務証書貸付の証券への借換えも増加し，公共団体粗債務残高の37%が証券形態となった．

80年代前半から進行していた，もうひとつの特質は公債保有構造における

非居住者比率の上昇である．すでに見たように70年代まではドイツ国内債や公的債務において非居住者は規制されてきた．しかし表2-1においても示したように，80年3月に短期証券の非居住者販売制限の対象が満期4年から2年に引き下げられ，81年3月には販売制限が廃止された．公共団体による公債発行のうち，非居住者による取得額は80年220億マルク，81年250億マルクで，それぞれ純信用調達額（起債と借入れの合計）の40％，33％に達していた．さらに84年にクーポン税が廃止され，85年にマルクの為替相場が上昇し，非居住者のドイツ公債への需要は一層高まった．対照的に非居住者による債務証書貸付への要求は減少していった．公共団体による純信用起債額のうち，1985年には40％が，そして1986年には86％が非居住者によって取得された．この結果，公共団体債務残高における非居住者の比率は，1979年の200億マルク，5％から1986年には1,580億マルク，20％に拡大した．

　こうした債務における非居住者比率の上昇という傾向が最も顕著であったのは，連邦財政であった．86年の時点で長期国債と中期ノートの半分以上が非居住者保有だった，といわれる．こうした半面，国内金融機関につぐ公債投資家であった，非銀行国内投資家，特に個人は公債保有におけるシェアーを低下させていった．彼等は伝統的に中長期的観点から投資をしてきたので，86年以降のドイツ債券市場における金利低下が彼等の投資価値を低下させたからであった．86年の純信用調達額において，国内非銀行投資家は10％以下のシェアーだったといわれる．しかし連銀も，非居住者が継続的に公債を取得する保証はないので，国内個人投資家を重視すべきだ，と主張している．また80年代前半の時点では，経常収支において対外的な利払いはさほど大きくなってはいない，としつつも，連銀は長期的に資本輸入は為替レートに悪影響を与える可能性があり，長期的には政府の起債自体に悪影響を与えることにつながる，と警鐘を鳴らしていた[12]．

(2)　90年代における公債の急増

　上記のような80年代における質的変化に続いて，90年代に入りドイツの公

表 3-1 公的債務の状態 (10億マルク, 年末ベース)

	1989	1994	1996
連　　　　邦	491	712	840
州　　（旧西独）	310	415	478
州　　（旧東独）	—	56	82
地　方　（旧西独）	121	156	166
地　方　（旧東独）	—	32	39
特 殊 資 産 （計）	7	291	531
Ｅ　Ｒ　Ｐ	7	28	34
ドイツ統一基金	—	89	84
債務償却基金	—	102	—
負担償却基金	—	—	332
連 邦 鉄 道	—	71	78
石炭保護基金	—	—	3
補 償 基 金	—	—	0
合　　　　計	929	1,662	2,135

【出所】 Deutsche Bundesbank Monatsbericht, März 1997, p. 19.

債は量的にも急速に増加した．表 3-1 が示すように，統一前の 1989 年には 9,290 億マルクであった公債残高は，1996 年には 2 兆 1,350 億マルクに達した[13]．また国内総生産比についても 89 年における 41.8% から 96 年には 60.3% に上昇した．これには，旧東独の債務を統一ドイツが引き継いだ，という事情が影響している．連銀月報によると，この問題は突然生じたというだけでなく，当初過小評価されていた．統一前後には好況状態であったため，問題は隠れていたが，95 年以降の不況のなかでスタグフレーションとなり，税収が低下し，公債問題が一層厳しくなった．

　旧東独の債務負担は 3,400 億マルクに達すると見積もられていた．またドイツ統一基金や ERP 特殊資産の主要部分による新規起債が 2,350 億マルクに達する．連邦や旧西独の金融市場からの資金調達が統一によって条件づけられていたことを考慮すれば，1989 年以来の総債務残高の増加の約 1 兆 2,000 億マルク，いずれにせよ残高の半分以上が再統一によるものとなる．

　統一以来，債務は単純に連邦，州，地方の財政赤字によって規定されるのではなく，準公共財政 (Nebenhaushalten) の動向によって左右されるようにな

っている．ここで準公共財政とは，以下でのドイツ統一基金のような，厳密には政府財政とは区別されてきたが，政府の公共財政と隣接し，公共財政に準じる領域を指す．

「ドイツ統一基金」は90年6月に連邦政府と旧西独12州によって旧東独の経済再建コストをまかなう目的で設立された．連邦政府の予算とは切り離されて，連邦政府保証によって債券を発行していた．統一基金は94年に解消し，連邦政府と州が債務を引き継いだ．表3-1においても統一基金による債務残高は1996年現在で840億マルクに達している．

旧東独財政の債務や通貨統一との関連で発生した債務は債務償却基金 (Kreditabwicklungsfonds) に引き受けられたが，その債務は1995年の初期に負担償却基金 (Erblastentilgungsfonds) に移転された．この負担償却基金は他の債務と並んで，信託公社 (Treuhandanstalt) の債務，いわゆるトロイハント債もまた引き受けた．信託公社(トロイハント)は旧東独企業の整理や国有企業民営化を目的とする政府所有のための特別法人で，連邦政府保証において債券を発行していた．トロイハントは94年に解消し，負担償却基金が引き継ぎ，その債務残高は表3-1も示すように3,320億マルクに達している．

またERP(欧州復興計画)特殊資産は1953年にマーシャルプランによる欧州再建のための基金として設立されたが，現在は旧東独経済再建に比重が移行している．その債務残高は1996年現在で340億マルクである．

1996年の年末には，統一に条件づけられた古い債務による公的債務の増加はおおかた終了した．しかし1997年の初めに旧東独における市町村の社会的整理で債務が負担償却基金に84億マルクもたらされた．

1994年の初めに旧国鉄である，ブンデスバーンとライヒスバーンの株式会社転換に際して，連邦はバーンに蓄積された債務を引き取り，職員の保険のための債務と並んで，新たに設立された連邦鉄道基金 (Bundeseisenbahnvermögen) に移した．これは1996年現在，780億マルクの債務となっている．また石炭産業の保護のための基金 (Der Ausgleichsfonds zur Sicherung des Steinkohleneinsatzes) も金融市場から資金調達し，30億マルクの債務残高に

達した.

このように，ドイツにおける公的債務合計2兆1,350億マルク(1996年末現在)のうち，特殊資産など「準公共財政」が5,310億マルクと，25%程度に達しており，連邦，州，地方といった狭い範囲の公的債務では公的債務の全体像を把握できなくなっている．しかし連邦政府債務残高は8,400億マルクと40%を占め，中心的であることに間違いはない．ここで連邦政府債務残高の動向を見ておく．

80年代後半と90年代前半とでは，まず国債(連邦政府債，以下同じ)発行額がかなり異なっている．80年代後半においては，すでに指摘してきたように，統一に伴う好況の影響から税収も好調であり，国債発行額も相対的には抑制されていた．粗発行額ベースで800〜900億マルク，純発行額ベースで200〜300億マルク程度であった．この時期には表3-2が示すように，短期債の純発行額はマイナスとなっており，主として長期債中心に発行された．

80年代後半における中心的な長期債は連邦長期国債(いわゆるBund)と中期貯蓄国債(Bundesobligation)であった．連邦長期国債は期間10年，無記名が中心で，最小額面は1,000マルクである．90年以降にはシ団引受方式と入札発行方式の双方によって連邦長期国債は発行されていた．表3-2に示されるように，連邦長期国債は87年から88年にかけて300億マルク程度の純発行額に達し，90年にはやや発行額が減少するが，90年代に入り，350億マルク前後の純発行額が続いている．

中期貯蓄国債は期間5年で最小額面は100マルク，発行時点での一次取得者は個人と非営利団体に制限されている．79年に初めて発行されたが，89年に非居住者の取得が認可されると，急速に発行額が増加した．表3-2にも示されるように，89年の粗発行額218億マルクは90年には511億マルクに増加した．

対照的に連邦貯蓄債券は非居住者の取得が現在でも制限されており，発行額は伸び悩んでいる．表3-2においても90年代に入ってからも100億マルク程度の純発行額となっている．

90年代に入ってからは，短期債の発行額がしばしば急増した．短期債の純

第5章　EU統合下の為替自由化と国債保有構造の変貌　135

表 3-2　連邦財政による債券発行・償還

(100万ドイツマルク)

	1985	1986	1987	1988	1989	1990	1991	1992	1993	1994	1995
連 邦 長 期 国 債 (Bundesanleihe)	18,500 4,151	29,000 2,300	30,000 3,750	33,000 1,900	33,000 8,800	22,775 7,700	64,225 8,650	29,000 13,650	58,000 15,000	52,000 17,750	57,000 20,250
連 邦 蓄 債 券 (Bundesshatzbriefe)	5,440 644	4,123 1,916	6,425 3,424	8,696 4,929	7,205 8,734	15,124 17,598	14,263 10,458	10,288 9,569	13,126 2,449	15,377 2,138	24,262 5,139
貯 蓄 債 (Bundesschatzanweisungen)	1,563 —	9,783 400	14,729 100	8,466 —	1,809 1,063	— 2,148	25,000 8,955	15,000 10,209	— 8,257	12,000 3,876	9,000 26,074
中 期 貯 蓄 国 債 (Bundesobligation)	18,937 7,900	20,006 12,170	20,240 16,100	17,510 11,450	21,763 16,250	51,100 17,800	33,811 24,900	46,535 17,100	45,888 16,250	14,338 25,000	33,747 46,000
長 期 債 (小計)	54,539 25,963	76,736 37,494	81,277 45,780	82,418 40,241	67,788 56,522	94,895 65,274	127,902 72,036	112,364 65,258	97,989 53,291	108,692 70,791	132,835 88,584
純 発 行 額 (計)	28,576	39,242	35,497	42,177	11,266	29,621	55,866	47,106	44,698	37,901	44,251
割引大蔵省証券 (Unverzinsliche Schatzanweisungen)	4,364 4,991	3,414 2,740	1,105 3,017	2,683 2,414	1,310 1,105	738 3,450	545 544	— 825	372 457	920 —	392 1,292
割引大蔵省証券 (Finanzierungsschätze)	2,271 1,714	1,102 1,974	942 1,848	727 999	7,294 939	16,146 5,764	14,398 13,978	17,028 11,843	13,929 14,843	12,796 21,156	5,413 12,317
短 期 債 (小計)	13,420 19,609	6,617 22,932	9,235 17,276	8,494 15,283	11,310 6,550	18,736 13,310	14,943 19,640	17,028 18,203	32,301 16,822	13,716 21,206	20,555 38,111
純 発 行 額 (計)	−6,189	−16,315	−8,041	−6,789	4,760	5,426	−4,697	−1,175	15,479	−7,490	−17,556
発 行 額 (合計)	67,958 45,572	83,353 60,426	90,511 63,056	90,912 55,524	84,139 63,073	131,514 78,583	144,111 91,676	136,856 83,461	136,383 70,113	139,164 91,998	168,492 126,695
返 済 額 (合計)	22,386	22,927	27,455	35,388	19,226	46,727	52,028	38,620	66,155	50,073	50,120
純 発 行 額 (合計)											

注1) 主要な債券のみを示したので、合計額とは一致しない。上段が発行額、下段が返済額を示す。
【出所】 *Finanzbericht*, 1997, p. 217, 同じく 1990, p. 168 から作成。

発行額は93年には155億マルクに達した．中心的な短期債は大蔵省証券のなかでも個人向けの Finanzierungs-Schätze（以下 F-Schätze）である．この個人向けの大蔵省証券は最小額面は1,000マルクであるが，一人あたり購入額は50万マルクまでに制限されている．期間は一年物と二年物であるが，金融機関の取得は認められておらず，また売却も認められていない．後にやや詳しく検討するので，ここでは簡単に触れるにとどめるが，F-Schätze の純発行額は89年に61億マルク，92年に52億マルクに増加した．

このほかの短期債としては，貯蓄債（Bundesschatzanweisungen）がある．表3-2の短期債に貯蓄債は含まれているが，貯蓄債は期間は四年債以下で最小額面は5,000マルクとなっており，制限はされていないが機関投資家向けとな

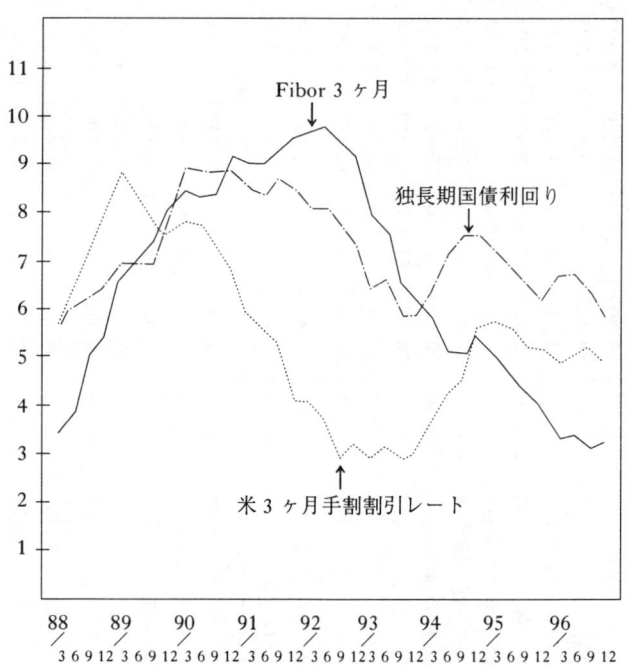

図 3-1　独長短金利，米短期金利の推移

注1) Fibor は Frankfurt inter bank offered rate, 長期国債利回りは残存期間9～10年の流通利回り．
【出所】 *Deutsche Bundesbank Monatsbericht*, 各号．

っている．しかし90年代に入ってからは，93年に180億マルク発行されただけである．

80年代後半からの長短金利の動向を見たものが図3-1である．短期金利の指標であるFibor (Frunkfurt inter bank offered rate) は80年代の後半には3%台であり，長期金利の指標である長期国債利回りは5%台後半であり，順イールドの金利形成がなされていた．しかし89年頃から長短金利逆転現象が現われ，91年から93年までは短期金利が長期金利を上回る状況が続いた．94年以降，再び長期金利が短期金利を超え，順イールドの状態に戻っている．

一般に財政サイドからすれば，長期かつ低利の資金調達が最も望ましい．返済の必要に迫られず，かつ発行コストが低く抑えられるからである．したがって80年代後半において，長短金利が順イールドにある局面で，かつ相対的に低い長期金利によって長期債中心に国債発行がなされることは経済合理性で説明される．しかし92年のように短期金利が長期金利を上回る局面で，大蔵省証券がかなり発行されることはコストからは説明できない．しかも図3-1が示すように，アメリカの短期金利とは6ポイントもの格差が広がったのである．

公債残高の満期構成については，表3-3が示すように，1994年以来短期債の比重が高まっており，1996年には一層その傾向が強まった．連邦政府は93年3月，初めて財政資金調達のために期間1年未満の割引大蔵省証券 (Bulis) を発行した．その発行額は連銀との協定により200億マルクに制限されている．しかし同じ発行量の1年未満の大蔵省証券を州政府も発行できる．

連銀は月報において，公債の短期化に強い警戒を示していた．連銀月報によると，公債管理政策の観点からは，長期債による資金調達には望ましい面もあり，それゆえ短期債と長期債に調達の均衡を保つことが望ましい．短期債中心の資金調達は利払い費への影響も不確かである．さらに市場による短期債増加傾向は堅実さ減少の兆候であり，あらゆる期間の金利にリスクプレミアムが増加するだろう，という．さらに公債の短期化は利子構造を変動的にし，市場の短期目標にむけて機能する金融政策との矛盾を高めるだけでなく，長期投資に対応した資金調達が困難になることで実体経済の成長にもマイナスに作用しよ

表 3-3 国債発行と満期構成　(%)

	総額	満期構成		
		4年以下	4年以上 10年未満	10年以上
	10億マルク	総額に対する比率		
1990	250	24	40	36
1991	255	23	47	30
1992	271	19	50	31
1993	311	9	45	46
1994	261	16	39	45
1995	403	19	54	27

注1) 連邦, 州, 地方の合計.
【出所】 *Deutsche Bundesbank Monatsbericht*, März 1997, p. 29.

う, と述べている. ドイツでは基本法(憲法)によって国債発行は公共投資の枠内に制限されており, これは原則として国債が国による長期投資の資金調達に限られている, ということにもつながる. こうした観点からいっても短期債は問題点が多いのである[14].

こうした連銀による公債の短期化への警鐘にもかかわらず, 大蔵省証券など短期債が増加し, 同時に短期金利の上昇が進んだ背景には, インフレ抑制という政策的課題のみならず, マルクの為替レートを維持し, 90年から92年にかけてマルク高によって非居住者のドイツ国債取得を促すという側面もあったとみられる.

(3) 長期公債の入札発行の増加

80年代における公的債務の変化, 90年代における公債の急増と並び, 近年におけるドイツの公債発行市場の特質として, 長期公債の入札発行の増加を指摘しなければならない.

ここでいう長期公債とは, 連邦政府, 連邦鉄道, 連邦郵便等によって発行される長期債 (Anleihe) である. 為替自由化が進むなかで海外投資家の公債取得

を促し，公債発行の仲介者としての外資系金融機関の比重が高まってくると，引受シンジケート団との交渉による，いわば相対方式での発行条件決定は後退し，市場原理を重視した入札発行方式が高まらざるをえない．逆説的にいえば，市場原理を重視した発行条件決定をしていかないと，海外投資家の資金を引き付けることはできないのである．こうした関連においては，入札発行の増加は国債保有における海外投資家シェアー増加の前提条件であった．

Age F. P. Bakker によると，為替規制には直接的金融政策が対応し，為替自由化には市場型金融政策が対応する，という．ここでいう直接的金融政策とは，中央銀行が民間銀行の資産規制等に直接働きかける政策であり，市場型金融政策とは金利変動という価格機構を通じて信用拡張に影響を与える政策である．Bakker によると，為替自由化に伴い，金融政策は直接型から市場型に転換する，という[15]．

この Bakker の議論は公債発行市場においても，全てではないにせよ，かなり妥当する，といえよう．為替が規制され，非居住者の国債取得が制限されている時期には，シンジケート団と大蔵省が交渉し，国債の発行条件やシ団でのシェアーは大蔵省と連銀が直接的に決定するという方式が対応した．しかし為替が自由化され，非居住者の国債取得が自由になり，外資系証券業者の比重も高まってくる時期には，シ団方式は減少し，入札によって市場実勢で発行条件は決定される．

ドイツにおいては中期ノート(Kassenobligation)がダッチ方式による入札発行，中期貯蓄国債(Bundesobligation)が継続発行といった発行方法によって80年代から発行されてきたものの，連邦長期国債など長期国債は80年代においては全てシ団方式によって発行されてきた．しかしこの長期債についても90年から一部が公募入札(ただしシ団メンバーのみが対象)によって発行されることとなった．

表3-4は長期公債発行方法の推移である．連邦長期国債の場合，1990年に発行総額530億マルクであったが，シ団引受発行が240億マルク(構成比45%)，入札発行が179億マルク(34%)，連銀分が111億マルク(21%)で入札

表 3-4 長期国債(Anleihe)発行方法の推移　(100万ドイツマルク)

	1990	1991	1992	1993	1994	1995
連 邦 政 府						
シ 団 引 受	24,000	9,000	9,000	12,000	15,000	6,000
価 格 入 札	17,942	13,129	14,800	24,700	20,100	20,900
連　　　　銀	11,058	11,871	17,200	19,300	16,900	20,100
小　　　　計	53,000	34,000	41,000	56,000	52,000	47,000
連 邦 鉄 道						
シ 団 引 受	1,800	1,800	5,700	2,500	—	—
価 格 入 札	1,863	1,620	1,800	3,100	—	—
連　　　　銀	2,337	580	1,500	400	—	—
小　　　　計	6,000	4,000	9,000	6,000	—	—
連 邦 郵 便						
シ 団 引 受	4,000	4,800	7,000	2,000	5,500	—
価 格 入 札	1,866	—	5,300	2,100	6,600	—
連　　　　銀	1,134	1,200	2,700	900	5,900	—
小　　　　計	7,000	6,000	15,000	5,000	18,000	—
ドイツ統一債						
シ 団 引 受	7,300	4,000	3,000	—	—	—
価 格 入 札	—	4,966	6,800	—	—	—
連　　　　銀	1,700	8,034	7,200	2,000	—	—
小　　　　計	9,000	17,000	17,000	2,000	—	—
信託公社, ERP 等						
シ 団 引 受	—	—	10,000	17,000	9,000	—
価 格 入 札	—	—	6,900	27,900	9,900	—
連　　　　銀	—	—	8,100	15,100	7,100	—
小　　　　計	—	—	25,000	60,000	26,000	—
シ団引受 (合計)	37,100	19,600	34,700	33,500	29,500	6,000
価格入札 (合計)	21,671	19,715	35,600	57,800	36,600	20,900
連　銀 (合計)	16,229	21,685	36,700	37,700	29,900	20,100
総　合　計	75,000	61,000	107,000	129,000	96,000	47,000

注1) 暦年ベース
【出所】 *Geschäftbericht der Deutsche Bundesbank*, 各年版.

発行がスタートした．連銀分とは，以前からの慣行で，債券相場安定のために，発行額の 20% 程度を連銀が留保して，市場動向に応じて売却しているものである．ともあれ 90 年には入札発行は 34% であった．そして年を追うごとにシ団発行の比重は低下し，入札発行の比重が上昇していった．シ団発行は

図 3-2 連邦長期国債（Bundes anleihe）の発行利回り比較（%）

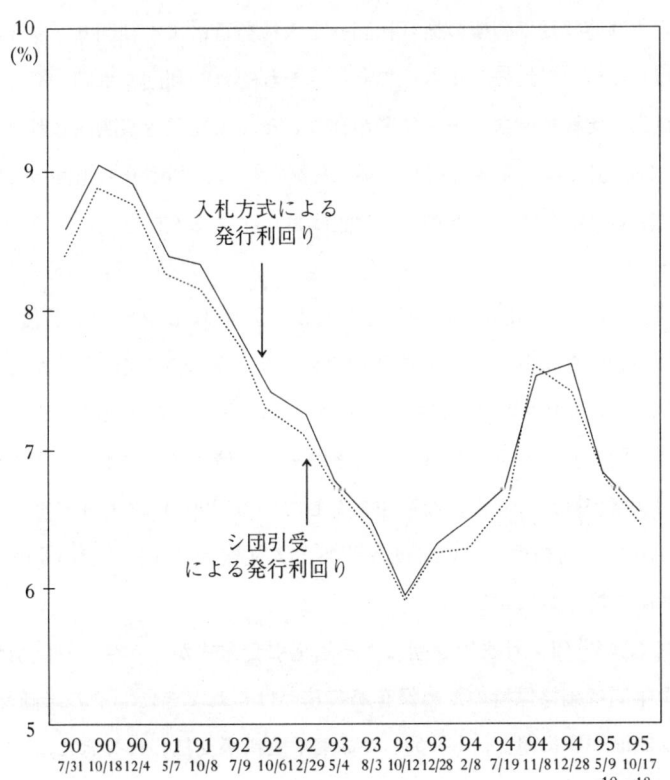

【出所】 *Geschäftbericht der Deutsche Bundesbank*, 各号.

95年においては60億マルク（13%）に低下し，入札発行は209億マルク（44%）に上昇した．

こうした傾向は連邦鉄道長期債等々についても同様に観察される．連邦鉄道長期債における入札発行額は90年における18.6億マルクから93年には31億マルクに増加した．この他，連邦郵便長期債，ドイツ統一債の場合にも同様の傾向が観察される．したがって長期公債の合計において，入札発行額は90年における217億マルク（29%）から93年には578億マルク（45%），95年には209億マルク（44%）に増加した．

問題はこうした市場原理重視の発行方法への転換が有する意義である．これ

は財政への影響という観点からは，発行利回りの上昇となってあらわれている．図3-2は連邦長期国債の発行利回りを入札発行による利回りとシ団引受による利回りについて比較したものである．それぞれの利回りは同一発行時点をとっており，比較可能なベースに置かれている．入札発行が開始されてからの5年間，シ団引受による発行利回りが入札発行による利回りを上回った時期は94年11月についてだけであり，その他はおしなべて入札方式による利回りが高くなっている．

90年8月債から入札発行は開始されたが，7月31日発行の8月債の場合，シ団発行の利回りは8.42%，入札発行の利回りは8.55%（表面利率はいずれも8.5%だが，シ団引受の発行価格は100.5，入札発行の発行価格は99.65）となっていた．約0.1ポイントの利回り格差である．債券市場において0.1ポイントの利回り格差はかなり大きな意味を有している．90年12月4日発行分の場合，利回りはシ団発行については8.77%，入札発行については8.89%と0.2ポイント近く格差が拡大した．

ドイツでは90年7月までシ団による固定引受方式がとられ，シ団引受債は発行後1年間は価格保持のため保有が義務づけられてきた．その対価として，シ団には額面100に対し，1.375%の募集手数料が支払われてきた．この手数料は90年8月からの入札発行開始に伴い，0.875%に引き下げられた．したがって0.875%以内の格差であれば，シ団引受分と入札発行分の利回り格差は募集手数料によって説明可能であるが，すでに指摘したように募集手数料以上に利回り格差は拡大していた．

図3-2も示すように，93年後半までほぼ0.1ポイント程度の利回り格差が恒常的に発生した．問題となるのは，金利低下局面という債券相場が好調な時点でも利回り格差が発生していたことである．相場が好調であれば，入札による発行利回りが大きく低下し，シ団引受発行の発行利回りを下回る可能性もありうる．しかし現実にはそうした事態は一度も発生しなかった．これはやはり，シ団方式が市場実勢よりも発行利回りを引き下げる傾向を持っている，といわざるをえない．

為替自由化と市場原理重視の入札による公債発行は，海外投資家の保有シェアー上昇の前提条件であったが，同時に財政には発行利回りの上昇をもたらす一因となった，といえよう．

4 国債保有構造における非居住者比率の上昇

ドイツでは証券はほとんど銀行に預託されるため，連銀の証券預託統計は証券保有構造に関する有力な手がかりになっている．連銀によると，証券預託数は1989年の1,030万から1,620万へと大幅に増加した[16]．90年代における年平均増加率は9.5％で，80年代の4％を大幅に上回っている．これは旧東独におけるキャッチアップ効果といわれ，旧東独における投資会社の設立などが寄与している，といわれる．

証券預託統計の把握率(預託統計が全証券に対し，どの程度把握しているか)は株式では63％だが，国債など国内債では98％に達している．預託統計における居住者が発行する証券の比率は89年の78％から94年には82％へ上昇したが，公共部門と金融機関による債券発行増に起因している．もちろん預託統計は銀行を除く保有構造を示す．

証券預託統計から見た全般的な特質としては，第一に国内投資家の比率が1989年の68.5％から94年には62.5％に低下したこと，第二に最大の国内投資家であった家計(個人)が27.5％から24％に低下したこと，第三に国内機関投資家の比率は89年の22％から94年には22.5％に上昇したこと，第四に国内事業法人は15％から13％に低下したこと，第五に非居住者投資家は31.5％から37.5％に大幅上昇となった．

国債を含む国内債に関して，個人は90年代前半の高金利期に購入を進めた．このため，家計の証券保有において国内債は89年の38％から94年に43.5％に上昇した．しかし何といっても国債を中心として国内債において保有比率を高めた投資家は非居住者投資家であった．まず非居住者は1994年において，最大の証券預託グループとなっている．ドイツ国内債の非居住者による預託は，1989年における1,880億マルクから1994年には6,820億マルクに増加し，

実に増加率は年率 30% に達している.非居住者投資家は連邦長期債の流動性が高いこと,先物によってヘッジ可能なことから国債への指向を強めてきた[17].しかし非居住者投資については「疑似保有」が指摘されている.1993年1月から非居住者に対して利子の源泉徴収課税が免除されたため,少なからぬ利子所得が海外に逃避したといわれる.すなわちドイツの資金がドイツ系銀行,銀行系投資会社のルクセンブルク子会社へ資金がシフトした可能性である.したがって実質は非居住者ではなくて,居住者による投資という可能性がある.この資金移動を特定することは難しい.しかし非居住者の投資信託証書預託が 89 年の 100 億マルクから 94 年に 970 億マルクに増加していることからみても,やはり実質的な非居住者投資はかなりの規模と推定される.

また非居住者投資は 92 年 34% 増,93 年 57% 増と急増したが,90 年 3% 減,94 年 2% 減とわずかながら減少している.これは税制のみならず,非居住者の短期指向によるものであろう.そして非居住者の投資決定においては,短期的な為替期待が重要な役割を果たしている,と推定されている.非居住者投資は 92 年後半から 93 年にかけて急増したが,この時期長期債の利回りは低下しており,マルク高という為替期待が非居住者投資を支えたといわれる[18].

以上のような変化の結果,証券預託統計における公共債の保有構造としては,1994 年には個人が 18%,事業法人が 4.6%,公共部門が 3.6%,国内機関投資家が 14%,非居住者が 60% となった.89 年には同順で,26%,5.6%,3.5%,16.3%,48.5% であった.個人が大きく低下し,非居住者が 10 ポイント以上上昇した.

次に表 4-1 は銀行をも含む,全ての証券保有主体を網羅した保有構成を示す.ただし連邦,州,地方の公的債務の合計であって,連邦債務のみの保有構成等は存在しない.表 4-1 によると,第一に金融機関(国内)は 83 年の 63.2% から 95 年には 52.7% と 10 ポイント程度低下してきたこと,特に 90 年代に入りシェアーを低下させてきたこと,第二に金融機関等を除く,その他国内投資家は 83 年の 18.9% から 95 年の 18.3% へとほぼ横ばいであるが,90 年前後に 22〜23% 程度に一時的に上昇していること,第三に非居住者投資家は 83 年の

第5章 EU統合下の為替自由化と国債保有構造の変貌 145

表 4-1 公的債務の保有構造 (100万ドイツマルク, %)

	1983	1984	1985	1986	1987	1988	1989
ブンデスバンク	15,391	14,060	11,629	15,302	12,643	13,287	12,887
	(2.3)	(2.0)	(1.5)	(1.9)	(1.5)	(1.5)	(1.4)
金融機関	424,500	447,400	467,600	467,100	494,500	536,300	534,500
	(63.2)	(62.4)	(61.5)	(58.3)	(58.3)	(59.4)	(57.5)
社会保険	10,500	9,800	9,100	8,200	7,500	7,200	6,700
	(1.6)	(1.4)	(1.2)	(1.0)	(0.9)	(0.8)	(0.7)
その他国内投資家	126,717	141,561	149,563	151,465	157,473	163,028	168,750
	(18.9)	(19.7)	(19.7)	(18.9)	(18.9)	(18.1)	(18.2)
非居住者	94,600	104,700	122,300	158,900	176,700	183,200	206,000
	(14.1)	(14.6)	(16.1)	(19.8)	(20.8)	(20.3)	(22.2)
合計	671,708	717,522	760,192	800,967	848,816	903,015	928,837
	(100)	(100)	(100)	(100)	(100)	(100)	(100)

	1990	1991	1992	1993	1994	1995
ブンデスバンク	12,726	13,005	18,958	13,081	11,614	9,505
	(1.2)	(1.1)	(1.4)	(0.9)	(0.7)	(0.5)
金融機関	582,700	613,800	720,300	803,400	918,000	1,051,700
	(55.3)	(52.3)	(53.5)	(53.2)	(55.2)	(52.7)
社会保険	6,400	7,000	7,000	6,100	5,300	5,000
	(0.6)	(0.6)	(0.5)	(0.4)	(0.3)	(0.3)
その他国内投資家	231,064	268,559	250,365	179,368	297,335	366,170
	(21.9)	(22.9)	(18.6)	(11.9)	(17.9)	(18.3)
非居住者	220,600	271,500	348,600	507,200	429,900	563,600
	(20.9)	(23.1)	(25.9)	(33.6)	(25.9)	(28.2)
合計	1,053,490	1,173,864	1,345,224	1,509,150	1,662,150	1,995,974
	(100)	(100)	(100)	(100)	(100)	(100)

注1) 連邦, 州, 地方の合計. 債券以外の銀行借入等を含む.
【出所】 *Deutsche Bundesbank Monatsbericht*, 各号.

14%から95年には28%とシェアーを倍増させているが, 89年から92年にかけて低下を含み年間2～3ポイント変動していること, 92年から93年にかけて8ポイントもの急上昇を示し, 翌94年には再び8ポイントも低下していること, がわかる. 表4-2が示すように, 非居住者の債券売買に占める比率は93年には76%と8割近くに達しているのであるが, 表4-1の保有シェアーからわかるように92年から93年にかけては大幅買越しであったが, 93年から94年にかけては大幅売越しに転じている. 非居住者投資は為替関連で, 短期

表 4-2 ドイツ証券市場と非居住者　　(100億マルク, %)

	債券市場				株式市場			
	非居住者による純取得		売買代金		非居住者による純取得		売買代金	
	金額(10億マルク)	国内債発行額での比率	金額(10億マルク)	取引所売買での比率	金額(10億マルク)	ドイツ株発行額での比率	金額(10億マルク)	取引所売買での比率
1980	0.3	1	14.7		0.6	8	12.4	
1985	30.6	40	157.1		6.9	62	108.7	
1990	19.8	9	607.4	35	−3.0	−11	253.1	16
1991	58.9	27	747.5	38	3.1	23	169.0	13
1992	120.9	43	1,347.3	45	−4.3	−25	208.4	16
1993	211.0	55	3,478.8	76	8.6	44	334.0	18
1994	21.8	8	3,573.4	69	0.9	3	332.5	18
1995	82.7	41	3,962.7	66	−1.6	−7	322.7	20

【出所】 *Deutsche Bundesbank Monatsbericht*, April 1996 p. 62.

的な性格を色濃く持っている．非居住者投資家は高い流動性や先物によってヘッジが可能なことから連邦国債の保有を増加させた．

こうした非居住者投資家の保有比率上昇は財政にとっていかなる意味を有するのであろうか？すでに指摘されているように，外人投資家は短期的な収益率を極大化するように投資するので，非居住者比率上昇に伴い国債の相場，ひいては長期金利は短期的に大きく変動する可能性が高まっている．近年，こうした傾向を計測する際に「ボラティリティー」という概念が用いられている[19]．ボラティリティーとは，債券などの価格あるいは金利の変動の程度を示す概念である．以下でのボラティリティーは長期債利回りの一ヶ月以内の変化の標準偏差を年率換算したものである．連銀月報によると，94年の長期債利回りのボラティリティーは極めて大きなものであった．長期債利回り自体，94年1月には5.5%であったが，年末には7.5%まで上昇し，一日で33ベーシスポイントという過去最高の金利上昇も記録した．また一日平均の長期債利回り変化幅は80年代が0.0016%であったのに対し，90年代には0.0165%と10倍程度拡大している．

連銀月報はこうした90年代に入ってからの長期債市場の変動性の高まりに

ついて，海外機関投資家が長期債市場で売買を拡大し，さらには借入れに依拠しつつ大規模な取引をデリバティブ市場で行うことに原因を求めている．1990年代において売却されたドイツ国内債の 30% を非居住者が購入している．さらに 1995 年には非居住者の売買の三分の二は「ロンドンの」機関投資家によるものである．ロンドンはアメリカやアジアの機関投資家の欧州における拠点となっている．そして先物市場ではわずかな現金で大きな取引が可能であり，国際機関投資家は先物と現物での裁定取引を活発化させている．借入れに依拠して先物取引がなされる結果，現物取引も含め債券取引は短期かつ投機的になりやすく，結果的にボラティリティーは上昇しやすくなる．

このようにドイツの債券市場においてすら，90 年代に入り国際機関投資家の拡大によりボラティリティーが高まってきたことが指摘されている．これは財政にとって，資金調達コストである長期国債の利回りが変動しやすく，一定の局面で利回りが低下すると同時に，その後利回りが急速に上昇することを意味している．図 3-1 においても長期国債の利回りは 90 年から 93 年にかけて低下したものの，93 年後半から 94 年前半にかけて急速に利回りは上昇した．こうした金利上昇局面において，公債が大量に発行されることになると，財政の利払い費負担は急速に増加せざるをえない．したがって 93 年における連邦政府経費に対する利払い費の比率は 10.0% であったが，94 年には 11.3% へと上昇した．表 3-2 に示されたように，93 年から 94 年にかけて，総発行額は1,300 億マルク，純発行額は 500〜660 億マルクと増加しており，こうした量的増加に金利上昇が加わって利払い費は増加した．また指摘したように，シ団発行方式から入札方式への移行も発行利回り上昇の一因となってきた．表 4-3 が示すように，95 年に利払い費の政府経費比率は 10.7% に低下したものの，97 年には予算ベースで 19%，98 年予測では 19.2% に上昇が見込まれている．また表 4-3 において注目すべきは，財政の借入れ額を意味する「純信用調達額」が，基本法に基づく上限である「投資的支出」を，すくなくとも 97 年においては大きく超過していることである．

そもそも財政にとって公的債務の要償還額は 1989 年には 1,050 億マルクで

表 4-3　連邦政府の財政計画　　　(10億ドイツマルク，%)

	1997	1998	1999	2000	2001
支　　　出	458.6	461	462.3	471.1	480
対前年比		+0.5	+0.3	+1.9	+1.9
税　　　収	336.7	347.6	372.5	386.4	401
その他収入	50.8	55.6	32.2	31.3	31.1
純信用調達額	71.2	57.8	57.6	53.4	47
投資的支出	59.1	58.2	59.7	59.6	59.1
利払い費	87.3	88.6	92.1	95.5	98
利払い費比率	19	19.2	19.9	20.3	20.4

【出所】　*Handelsblatt*, 10, Juli 1997.

あったが，1996年には2,850億マルクへ増加している．これに伴い借換え発行される公債も増加せざるえない．したがってますます財政が利子変動に対して影響されることとなる．ドイツ財政において，公的債務への利払い費を公的債務残高で除した指標(いわば平均的な公的債務の金利水準)は1970年の5.6%から1980年には7.1%へと上昇し，傾向的に上昇している，と指摘されている[20]．こうした観点から連邦財政について同様の指標をとってみると，89年の6.5%から94年には7.5%とやはり上昇傾向が読み取れる．連邦財政の国債発行利回りは傾向的に上昇している．

　準公共財政の特殊資産に関連する公的債務の増加によって，公的債務残高が増加してきたため，国債発行利回りは根本的に上昇しやすくなってきた．これに加えて，為替自由化に伴う，国債保有における非居住者投資家の比率上昇によって，国債利回りのボラティリティーも高まってきた．非居住者投資家は為替変動との関連で国債を短期売買しやすいため，為替が低下する局面では国債も売り込み，結果的に国債利回りは上昇することとなる．ドイツ財政における国債利払い費の増加は，こうした意味で為替自由化を一因としているとみられる．

5　結論に代えて

1999年1月からEUは統一通貨ユーロを導入したが，この統一通貨導入に先立ち，EUは資本移動の自由化と為替自由化を，長い年月をかけて進めてき

た.そしてドイツはEUの基軸国としての立場もあり,積極的に為替自由化を進めてきた.為替自由化は金融政策や公債発行市場における市場原理重視の展開を促してきた.

90年代に入り,ドイツでは東西ドイツ統一などに伴う,「準公共財政」とも呼ぶべき広義の公共部門の債務が急増した.また公的債務残高の量的増加だけでなく,短期化もみられた.さらには公債発行における入札方式の増加に伴い,公債の発行利回りも上昇した.

為替自由化の影響もあり,量的に増加した公的債務残高において,非居住者の保有シェアーが急速に上昇した.しかし非居住者は為替レートとの関連で短期的な投資行動をとりやすいため,保有シェアーも変動しやすく,結果的に国債利回りのボラティリティーも上昇している.このため国債利回りの上昇局面において,公債が大量発行される,もしくは借換え債が発行されると,財政の利払い費負担は増加しやすくなる.ドイツでも93年以降,こうした事態が発生しており,財政の利払い費負担増加に為替自由化が隠れた一因となっているとみられる.

1) Age F. P. Bakker, *The Liberalization of capital movements in Europe*, Kluwer, 1996.
2) 近年,わが国でも欧州通貨統合に関する文献が出版されている.田中素香,『EMS:欧州通貨制度』,有斐閣,1996年 奥田宏司,『ドル体制と国際通貨』,ミネルヴァ書房,1996年 島崎久弥,『欧州通貨統合の政治経済学』,日本経済評論社,1997年.
3) Albert Jager and Christian Keuschnigg, The Burden of Public Debt in Open Economies, *Finanz Archiv*, Neue Folge, Band 48 Heft 1, 1990.
   ドイツは伝統的に財政学研究が盛んであり,80年代後半以降に限定してもかなりの研究成果が挙がっている.公債と所得分配効果を論じた文献としては,Rudolf Zwiener, *Die Einkommensverteilungseffekte der Staatsverschuldung in einer unterbeschaftigten Wirtschaft*, Dunoker & Humblot, Berlin, 1989, Otmar N. Schmitt, *Staatsverschldung, Einkommenverteilung und private Vermögensverteilung*, 貸し手としての国家と借り手としての国家の統一的把握という注目すべき文献として,Karl-Heinrich Hansmeyer, *Der öffentliche Kredit 1, Der Staat als Schuldner*, Fritz Knapp Verlag, 1984, Karl-Heinrich Hansmeyer und Dietrich Dickertmann, *Der öffentliche Kredit 2, Der Staat als Finanzier*,

Fritz Knapp Verlag, 1987, 最新の公債分析の著書として, Helmut Schlesinger, Manfred Weber, und Gerhard Ziebarth, *Staatsverschuldung Ohne Ende?*, Wissenschaftliche Buchgesellschaft Darmstadt, 1993 がある. ドイツにおける公債研究の特質として, 憲法上の規定との関連から法学者も参加していること, 公債限度(例えば GDP 比 60% といった歯止め)の程度が一つの論点になっていることがあろう.

4) *Monatsbericht der Deutsche Bundesbank*, Juli 1985, p. 13, "Zur Freizugigkeit im Kapitalverkehr der Bundesrepublik mit dem Ausland".
5) Age F. P. Bakker, *ibid.*, p. 109.
6) Age F. P. Bakker, *ibid.*, p. 123.
7) *Monatsbericht der Deutsche Bundesbank, ibid.*, p. 22.
8) 「ブンデスバンクの金融政策」(『東京銀行月報』, 1992 年 11 月号), 「欧州におけるドイツマルクの役割」(『東銀経済四季報』, 1994 年秋号)を参照. 92 年 11 月号によると, 同時点で残存する規制は, (1) 外国金融機関が発行する債券は期間 2 年以上でなくてはならない, 2 年未満の金融機関のマルク資金調達には最低準備義務を課す, (2) マルク債主幹事は外国銀行支店を含み, ドイツ所在の銀行でなければならない, という二点である.

なお本稿において, ドイツの国債名称の翻訳は公社債引受協会編, 『公社債市場の新展開』, 東洋経済新報社, 1996 年に所収されている, ドイツ銀行による「ドイツの公社債市場」での呼称に原則として依拠している. Kassenobligation については, ウータ・ケンプ著, 日本証券経済研究所訳, 『西ドイツの公社債市場』, 1988 年における呼称による.

9) 「EC における資本移動の自由化」(『東京銀行月報』, 1989 年 3 月号) 参照.
10) Age F. P. Bakker, *ibid.*, p. 244.
11) *Monatsbericht der Deutsche Bundesbank*, April 1987, p. 13, "Structur-Veränderungen in der Verschuldung der öffentlichen Haushalte seit 1980".
12) *ibid.*, p. 20. こうした連銀の懸念は 90 年代後半において現実化しつつあり, 経常収支における資産所得収支は 95, 96 年においてマイナス(海外への支払い超)に転落した. 1992 年には海外直接投資による海外からの所得等から 343 億マルク程度の受取り超だったが, 1996 年には海外への国債利払い等から 85 億マルクの支払い超となった. Deutsche Bundesbank, *Zahlungsbilanz-statistik*, Juli 1997, Statistisches Beiheft zum Monatsbericht 3, p. 6.
13) *Monatsbericht der Deutsche Bundesbank*, Marz 1997, "Die Entwicklung der Staatsverschuldung seit der deutschen Vereinigung", p. 18.
14) *Suddeutsche Zeitung*, 12/13, Juli 1997.
15) Age F. P. Bakker, *ibid.*, p. 3.
16) *Monatsbericht der Deutsche Bundesbank*, August 1995, "Die Entwicklung des Wertpapierbesitzes in Deutschland seit Ende 1989", p. 57.
17) Helmut Kaiser und Werner Kramer, "Die Auslandsabhangigkeit des deutschen Rentenmarktes", *Die Bank*, Marz 1997, p. 172.
18) *ibid.*, p. 173.

19) *Monatsbericht der Deutsche Bundesbank*, April 1996, "Finanzmarkt-volatilitat und ihre Auswirkungen auf die Geldpolitik", p. 53.
20) Manfred Feldsieper, "Staatsverschuldung, Konsolidierung und strukturelles Defizit", *Finanz Archiv*, 1984, Band 42, Heft 1, p. 27.

(1999 年 3 月脱稿)

第 6 章

アメリカにおける連邦資金調達銀行 (FFB) の活動
—— 公的金融資金調達の合理化問題と資金運用部に
相当する機関の役割を中心に ——

1 はじめに

わが国の財政投融資改革に関する議論は，1997年11月の行政改革会議の中間答申で，2000年4月に郵便貯金や年金資金の資金運用部預託義務の廃止を打ち出したのを契機に新たな段階に入った．これまでの財投改革論議は，一般に郵便貯金・簡易保険や公的金融機関が財政赤字・民間金融の圧迫要因となるから縮小すべきであるという個別的な批判，制度改革の段階にとどまっていたといえる．しかし最近の改革案を見ると，システムを構成する入り口，中間，出口機関である郵便貯金，資金運用部，および各財政投融資機関がそれぞれ独自に市場において格付けを受けることによって資金の調達・運用を行うことを想定しており，とりわけその資金源泉を，郵貯・簡保から切り離して，資金運用部が発行する「財投債」または個々の政府機関が発行する「財投機関債」によってまかなう方向を示すようになっている[1]．このことは，財政投融資の原資(郵貯・簡保など)，配分機関(資金運用部)，および財政投融資機関を分断することによって，従来このシステムに保持されてきた統合的資金調達と政策的資金配分システムを大きく転換しようとするものである(図1-1)．

なぜこのような財政投融資制度の大転換が必要なのか．その根拠について

図 1-1 財政投融資の仕組み

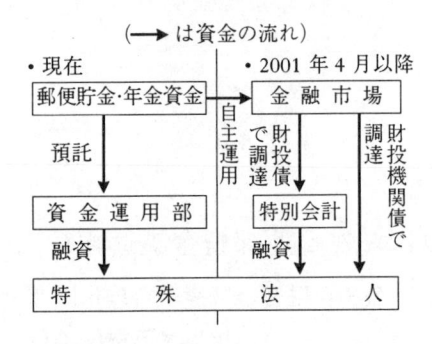

(⟶ は資金の流れ)

・現在　　　　　　　　・2001年4月以降

郵便貯金・年金資金　　　　金融市場

預託　　自主運用　で財投債調達　調達　財投機関債で

資金運用部　　　　　　特別会計

融資　　　　　　　　融資

特　殊　法　人

【出所】 日本経済新聞, 1999年7月9日付.

は, 郵貯・簡保の資金運用部への預託義務こそが, ① 入り口と出口の両面で民間業務の圧迫を続ける財政投融資の肥大化の根拠となっており, また ② 硬直的な資金配分, 金利体系をもたらし, さらには ③ 財投機関の業務の透明性維持やディスクローズを妨げているという点が指摘されてきた.

いうまでもなく財政投融資制度をどのようなデザインに改革していくのかは, すぐれて国民的な検討課題である. たとえば, 中小企業金融の領域における公的金融機関の役割は, むしろ昨今の民間金融機関の「貸し渋り」問題を契機に増大しているし, その歴史的役割が終わったとはとうていいえないであろう. また住宅金融の領域において民間金融機関が長期にわたって安定的で低利のローンを供給しうるか否か, あるいは公的金融機関が果たすべき役割については, その具体的な信用供給形態を含めて検討しなければ問題である. したがって国民的な視点から見て正すところ, 生かすところは何か, どのように改善すべきかについて, まともな議論が欠落したままの状態で, 民間との競合があるとされる入り口, 中間, 出口を解体するだけということになれば, 個々の財投機関の担う政策の検討も, また財投制度全体のデザインに関する議論をも閉ざすことになってしまうであろう.

本稿では, これらの論点に詳しく触れることはできないが, 少なくとも財投システム解体の論拠とされている先の論点のうち, まず ① については, 財政投融資計画そのものは第二の予算として国会で議決の対象となる政策決定の一

環であり，たとえ郵貯・簡保が肥大化したからといって，財投が自動的に肥大化するというのはそもそもの事実誤認であること，また②についても，繰り上げ償還を認めないなどの硬直的な資金配分システムが存在するとはいえ，そのこと自体が郵貯・簡保の資金運用部預託制度の硬直的な運営を改善する理由とはなっても，制度自体の廃止の根拠となるとはいえないこと，さらに③については，もちろん公的金融機関の発行する債券が市場で格付けを受けなければ，あるいは市場からの監視を受けなければ，公的金融機関の業務の透明性もディスクロージャーも維持できないということ自体が乱暴な議論であるという点を指摘しておかねばならない[2]．

しかも提案されているような形で現行の財政投融資の調達システムが分断されるならば，その資金調達コストを増加させて，公的金融領域における機動的な政策展開にも支障をもたらす可能性を内包しており，結果として財政投融資システムを含む公的部門の活動に関する公共性と効率性の阻害要因として立ち現れる可能性をも孕んでいるのである．したがってこの種の議論には，公的部門の政策遂行過程における効率性，とりわけ公的部門の資金調達活動におけるコストの節約に関する重大な問題点を孕んでいるといわねばならないであろう．

しかし皮肉にも，公的金融改革を主張する論者の多くが手本とするアメリカで，わが国の財政投融資制度に相当する連邦信用計画 (Federal Credit Program) の一環として，わが国の資金運用部に相当する機関として連邦資金調達銀行 (Federal Financing Bank) が1973年に設立され，従来の政府機関債の個別発行を取りやめて，現在日本で議論されている財投債の発行による資金調達，すなわち同機関に一本化する動きが現れた．しかも当初，連邦信用計画のための資金調達を一元的に担う予定であった連邦資金調達銀行債 (FFB Bond，わが国の財投債に相当する) は，1974年にわずか1度の発行を試みた結果，従来の連邦機関債よりも利回りを低くすることが不可能と明らかになり，その後は全て財務省からの借入，したがって財務省証券による資金調達に一本化される結果となっているのである．また1980年代以降は，財政赤字削

減法との関連で，連邦信用計画を統合予算制度の中に組み込む種々の試みが展開され，ついには1992年以降，このFFBも役割を終え，コストを明記する形での予算審議を前提に，財務省内の連邦信用回転基金を通じた公的金融資金の配分方式が定着するに至ったのである．

公的金融が主として保証・保険制度やリファイナンスなど間接的な形態に重点をおくとされ，多くの公的金融機関が「民営化」されているアメリカにおいて，このような公的金融システムの改革の動きをどのように評価すればよいのであろうか．

そこで本稿では，まず第1節において，アメリカの連邦信用計画の特徴を予算制度との関連で概観した上で，第2節では，この連邦信用計画の資金調達問題および国債管理政策の一環として現れた連邦資金調達銀行(FFB)の設立背景，プロセス，およびそれに関連する主要な議論を紹介する．そして第3節では，今日に至るFFBの連邦信用計画に関連する債務管理機関としての活動の展開過程とこれを含む予算統制の展開過程を検討することによって，アメリカにおける公的金融システムの変遷とその財政金融機構面での意義を検討することにしたい．

2 予算制度と連邦信用計画

アメリカの公的金融システムの資金調達問題を検討する上で，その予算制度面での特徴を検討することは重要である．そこで以下では，まずアメリカの予算制度の特質を信用計画に即して簡単に確認し，その上で戦後における財政構造の変化と連邦信用計画の位置づけの変化について検討することにしよう．

(1) アメリカの予算制度の特徴

アメリカの公的金融システムの第1の特徴は，日本の郵便貯金のような公的部門が運営する貯蓄性資金の動員機構が存在せず，その原資は，一般財政と同様に，ほぼ全て租税と公債によって調達される点にある(図2-1)[3]．

第2の特徴は，政策判断によって予算外(オフ・バジェット)におかれたもの

図 2-1 アメリカの連邦財政の原資と予算・基金制度

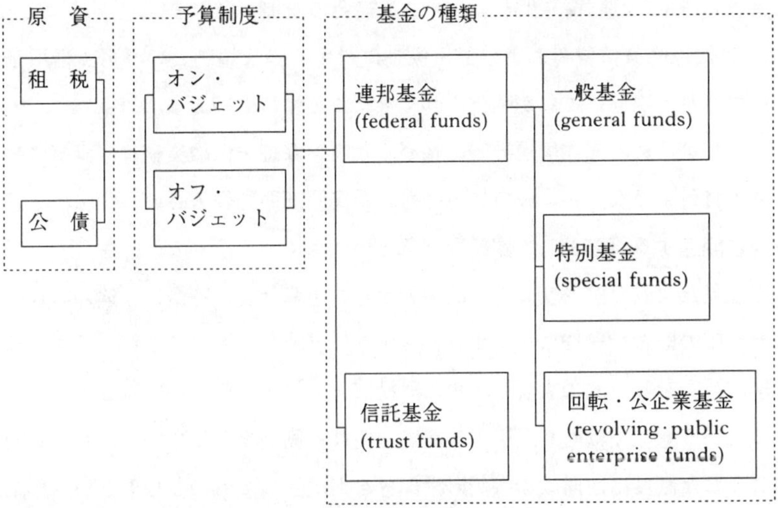

```
原　資        予算制度          基金の種類

租　税       オン・          連邦基金         一般基金
             バジェット      (federal funds)  (general funds)

             オフ・                           特別基金
公　債       バジェット                       (special funds)

                             信託基金         回転・公企業基金
                             (trust funds)   (revolving・public
                                             enterprise funds)
```

を除いて，公的金融活動が全て連邦政府予算に組み込まれており（統合予算制度），また議会の予算審議のコントロール外にあるオフ・バジェット収支も曲がりなりにも連邦財政収支として計上され，その赤字は政府債務として認識される点にある．とりわけオン・バジェットの連邦信用計画が予算上の収支に反映される点は，その限りでは，わが国のように郵便貯金などの財政投融資の原資が政府の債務とは認識されず，国会による予算統制がその分だけ及びづらい制度に比べて，財政民主主義の観点からすればより進んだ側面であるといえる．

それゆえ第3に，アメリカの財政赤字は，連邦信用計画の赤字をも反映したものである．すなわちそれは，連邦信用計画の個々のプログラムを経理する回転基金・公企業基金 (revolving funds・public enterprise funds) の収入（手数料，返済金など）から支出（貸付金など）を相殺したネットの支出 (net outlays) ベースとして示される．こうした制度は，日本のように財政投融資機関の赤字が一般会計からの利子補給金，その他の補助金によってまかなわれ，結果として財投収支の赤字が一般会計と連動する制度と比べて，より直接的に連邦財政収支に影響を及ぼしており，それだけにわが国に比べて連邦信用計画に対する

予算統制もまた制度的に保証されているといってよいであろう.

また第4に,連邦信用計画に対する議会の統制は後に詳しく見るように,1980年代以降直接貸付および信用保証に対する総量規制という形で信用予算が作成され,次第にこれが強化されてきたことに特徴がある.

そして第5に,連邦信用計画に基づく政府の保証・保険業務は,直接に政府からの貸付ではないが,政府に支援された民間部門の借入という意味で,連邦政府に関連する債務として認識されるという点である.

以上見たようなアメリカの公的金融を含む予算制度の特徴は,連邦財政収支にわが国の財政投融資に相当する部分が常に反映されているという意味で政府の経済活動を統一的に表現し,また財投部分に対する議会の統制を可能にしているという意味では財政民主主義面での優れた側面を示している.しかし同時にこうした制度は,財政赤字が財投部分をも反映したものとなるという形で財政赤字=債務管理の課題をよりシビアな問題とすることになるのである.

(2) 債務管理・資金調達の合理化問題

a 「一般会計の財政投融資化」と信用計画の肥大化

第2次大戦後のアメリカ財政は,戦後への転位過程を経て,平時において高水準の財政支出が維持されると同時に,それに即応する形でパフォーマンス予算制度など種々の財政合理化システムが導入され,発展した点に大きな特徴がある[4].

とりわけパフォーマンス予算制度は,「政府プログラムのパフォーマンス(実績)とコストの関係をよく表すコストベース予算の発展」や「いわゆる企業型予算の拡大」をもたらした.とりわけ「企業型予算の数は1960年代初頭までに約120に達した」といわれる[5].これは一般歳出を経理する一般基金(general funds)に対して,土地,水資源保全基金のように支出を免許料・手数料等の特定収入との相殺によって圧縮表示する特別基金(special funds)や,主として連邦信用計画からなる回転基金,公企業基金の比重の増加を示すものである.

こうしてアメリカにおいても戦後の早い段階から行財政機構の合理化の動きの中で，財政の収益事業化，「一般会計の財政投融資化」が進展した．

1960年代に入ると連邦財政赤字は再び拡大基調に転じた．ベトナム戦争への介入を契機とした軍事費の再膨張，「偉大な社会構想」下の福祉財政需要の膨張，さらには度重なる減税がその契機となったが，その過程で同時に連邦信用計画も，直接貸付から保証へのシフト，連邦貸付債権の売却，あるいは予算制度の大幅変更といった大きな変化を伴いながら肥大化することとなった．

まず財政赤字を見ると，1960年代に入って絶対額では明らかに増勢に転じたが，財務省証券残高のGDPに占める比重は一貫して低下し，むしろ金融市場全体に占める地位を低下させている．しかし連邦政府機関債ないしは連邦信用計画に関連する資金調達総額は急速に増加しており，これらの国内資金調達総額に占める比重は，年々高水準に推移している（表2-1）．これは1960年代においてもいわゆる「一般会計の財政投融資化」がすすむとともに，この連邦信用計画に関連する資金調達が急増して，金融市場において大きな影響をもたらすようになったことを反映している．

b 官民競合・財政赤字と公的金融の間接化

連邦信用計画の肥大化は，まずいわゆる民間金融との競合問題をもたらした．そこで民間金融業界による連邦政府の財政金融政策に対する包括的な提言となった1961年の通貨信用委員会報告（いわゆるCMC報告）は，連邦信用計画の運営原則のひとつが，「民間金融制度に対する干渉が最も少ないということ」にあるとし，「貸付保証形式の計画は，これが有効な場合には直接貸付の形式より望ましい」と提言した．そして，連邦信用計画に最大限民間資金を導入することによって財政赤字を抑制するとともに，同時に政府と民間との競合を回避する方向性を示したのである[6]．

こうした方向性に沿って，1960年代に入ると，大統領予算教書は，連邦信用計画については，以下のような方針を繰り返し掲げるようになった．すなわち ① 政府直接貸付を借り手がリーズナブルな条件で資金を借りられない領域に限定すること，② 直接貸付の代替としての保証・保険の利用の拡大，③ 政

表 2-1 アメリカの財政赤字と連邦政府債務

	財政赤字	連邦政府債務残高合計 ①	① 前期比増減率	① GDP比	民間保有連邦債務残高 ②	② GDP比
1945	−47.6	260.1	n.a.	117.5%	213.4	96.4%
1950	−3.1	256.9	−1.26%	93.9%	200.7	73.4%
1955	−3.0	274.4	6.82%	69.4%	203.0	51.4%
1960	0.3	290.5	5.89%	56.1%	210.3	40.6%
1961	−3.3	292.6	0.73%	55.1%	211.1	39.8%
1962	−7.1	302.9	3.51%	53.4%	218.3	38.5%
1963	−4.8	310.3	2.44%	51.9%	212.0	37.1%
1964	−5.9	316.1	1.85%	49.4%	222.1	34.7%
1965	−1.4	322.3	1.98%	46.9%	211.7	32.3%
1966	−3.7	328.5	1.92%	43.6%	211.5	29.4%
1967	−8.6	340.4	3.64%	41.9%	219.9	27.1%
1968	−25.2	368.7	8.30%	42.5%	237.3	27.3%
1969	3.2	365.8	−0.79%	38.6%	224.0	23.6%
1970	−2.8	380.9	4.14%	37.8%	225.5	22.3%
1971	−23.0	408.2	7.16%	37.9%	237.5	22.0%
1972	−23.4	435.9	6.80%	37.0%	251.0	21.3%
1973	−14.9	466.3	6.96%	35.7%	265.7	20.3%
1974	−6.1	483.9	3.77%	33.6%	263.1	18.3%
1975	−53.2	541.9	11.99%	34.9%	309.7	19.9%
1980	−73.8	909.1	67.74%	33.4%	589.0	21.7%
1985	−212.3	1817.5	99.94%	44.3%	1330.1	32.4%
1990	−221.2	3206.6	76.43%	42.4%	2176.3	38.3%
1995	−163.9	4921.0	53.47%	68.4%	3229.3	49.9%
1999	79.3	5614.9	14.10%	64.2%	n.a.	n.a.

注1) 財政赤字は,現行予算制度のもとでのオン・バジェット,オフ・バジェット合計の赤字.
【出所】 *Budget of the U.S. Government, various issues* より作成.

府貸付債権の民間金融機関への売却の拡大,そして ④ 民間金融機関の貸付規制の緩和である[7].

こうした方針に沿って,連邦信用計画の実施形態は,1960年代に連邦の直接貸付から保証へと大きく重点をシフトさせ,また政府貸付資産の売却が盛んに行われるようになったのである.

とりわけ政府貸付債権の民間金融機関への売却は,1960年代の初頭に連邦

抵当金庫 (FNMA) や輸出入銀行が融資参加証書の発行を通じて暫時推進し,一定の成功を収めていた[8]. これを受けて 1966 年の融資参加証書売却法 (PL 89-429) は, これらの措置を連邦政府の全てのプログラムに適用可能にした. これによって連邦信用計画の多くは, 貸付資産の売却を行うことができるならば, それだけ資金収支レベルでの赤字を小さく見せることができることになり, 加えて事実上の政府保証付きの貸付債権を民間部門に売却することによって, その収益機会を提供するという効果を持つことになったのである.

c 予算制度と連邦信用計画の改革

以上に加えて 1960 年代には連邦予算制度の大きな転換が実施された. 1967 年, 大統領の諮問機関である予算概念委員会 (Commission on Budget Concept) は報告書を提出し, 従来行政予算, 統合現金予算, および国民所得勘定予算の 3 本立てとなっていた予算制度を単一のものに統合すべきであるとの改革案を示した. これを受けてジョンソン大統領は, 69 年 6 月 30 日終了年度から統合予算制度 (unified budget system) を実施に移した. この統合予算制度は, 連邦政府および連邦政府機関の全てのプログラムを同一の予算で包括的に表示することを目指したものである. 連邦政府のプログラムの同一予算による包括的表示こそはこの制度の核心であるが, 同時にこの予算制度改革は, 連邦信用計画の予算上の取り扱いにも重要な影響を与えることとなった.

まず第 1 に, 従来, 個々の基金による貸付金の返済金は, 法律によって支出勘定との相殺を明記する回転基金を除いて全て歳入予算に計上され, 直接貸付プログラムによる支出規模はグロスのレベルで表示されていたが, 統合予算制度の下では, 返済金は, 手数料・保証料や貸し倒れ償却とともにグロスの貸付額から控除され, ネットの貸付額だけが予算上の支出として認識されることとなったのである[9].

第 2 に統合予算制度は, 全ての連邦プログラムを同一の予算で表示することに伴って, それまで行政予算の枠外にあった信託基金 (trust funds) も, この統合予算に組み込まれることになった. それに伴って, 従来信託基金勘定に組み込まれていた混合所有企業体 (mixed ownership enterprises) や準公的信用

計画 (quasi-public credit programs) も原則として一旦は統合予算に組み入れられることになり，連邦信用計画に対する予算統制を強める方向性が打ち出された．

しかし実際には，連邦政府は，主要な混合所有企業体や準公的信用計画から，政府出資を全て引き揚げることによって，「民営化」された政府関連企業体 (government sponsored enterprices, GSE) を創り出し，統合予算から除外する措置をとっている．またこの統合予算制度の導入から1970年代にかけて，ネットベースで見た貸付額がそれほど大きくならないとか，信用保証活動が中心であるといった理由で，政府機関であっても統合予算の枠外におかれるプログラム・機関が多数現れているのである(表2-2)[10]．

とりわけ「民営化」措置はその後の政府関連企業体という特殊な位置づけの機関が連邦プログラムの中で重要な機能を果たす契機となった．表2-3に示されるように，既存の農業関連3機関と住宅関連2機関は，いずれも統合予算制度が導入される1968年度末までに政府出資が全て引き揚げられて民営化され，予算外におかれた(オフ・バジェット化された)ものであった．また残りの3機関は，1970年から72年にかけて連邦政府によってこの特殊な民営機関として設立されたものである．しかしこれらの政府関連企業体は，所有形態だけを民間に移管しただけであり，主要な業務内容，役員人事の任免などは対応する連邦政府機関の監督下にある他，財政的にも連邦政府からの借入権限(クレジット・ライン)，その他有形，無形の支援を受けている．したがってこうした政府関連企業体は，実質的にはその持ち分だけが民間に放出されて「民営化」されたものであり，実質的にはアメリカの公的金融システムの重要な一環をなすものなのである．

d 間接化・肥大化と政府債務の管理問題

以上のような1960年代から70年代初頭にかけての予算制度改革と結び付いた連邦信用計画の改革は，結果的にはこれを肥大化させると同時に，それに付随する資金調達問題や政府の国債管理政策との整合性問題を発生させた．

まず連邦信用計画そのものは，それが直接貸付から保証・保険にシフトし，

表 2-2 政府機関のオフ・バジェット化

	設立年	オフ・バジェット化,年	業務内容,オフ・バジェット化の事情等
為替安定化基金 (Exchange Stabilization Fund; ESF)	1934	1968	・連邦準備との「スワップ協定」により,特定状況下での短期スワップ・オペ ・連邦準備同様の流動資産取引を行う理由でオフ・バジェット化
老人・障害者住宅基金 (Housing for the Elderly or Handicapped Fund: HEHF)	1957	1974	・老人・障害者用賃貸住宅建設資金の個人非営利法人に対する低利,長期融資 ・予算支出が少額であることを理由にオフ・バジェット化
農村電話銀行 (Rural Telephon Bank; RTB)	1971	1973	・REA の電話プログラムに対する追加融資 ・執行留保,支出制限の撤廃を目的にオフ・バジェット化
農村電化・電話回転資金 (Rural Electrification & Telephon Revolving Fund)	1973	1973	・REA の直接融資資金を非営利団体・組合に 35 年以内,2〜5%の金利で供給 ・予算上の負担を軽減させることを名目にオフ・バジェット化
合衆国郵便事業 (U.S. Postal Service)	1970	1974	・70 年郵政省の公社化による郵便業務を担当 ・「ビジネス・タイプ」の活動として予算から分離
合衆国鉄道協会 (U.S. Railway Association)	1973	1973	・北東・中西部倒産鉄道再建(貨物部門)会社＝コン・レールに対する出資 ・混合所有企業との理由でオフ・バジェット化
連邦金融銀行 (Federal Financing Bank; FFB)	1973	1973	・政府内部の「パス・スルー機構」たる理由でオフ・バジェット化
年金給付保証公社 (Pension Benefit Guaranty Corp)	1974	1974	・不十分なベネフィットしか給付しない私的年金に対する支払保証 ・保険料徴収による予算依存回避を理由にオフ・バジェット化
合衆国輸出入銀行 (Export-Import Bank of U.S.: Exim)	1932	1971	・輸出入金融を担当 ・76 年 10 月からオフ・バジェットに復帰
戦略石油備蓄勘定 (Strategic Petroleum Reserve Account)	1982	1982	・戦略的な石油備蓄のための石油買付勘定

【出所】 上院予算委員会, *Off Budget Agencies and Government Sponsored Corporation, Factsheets*, 1977, および Moran, Michael J., "The Federally Sponsored Credit Agencies: An Overview," *Federal Reserve Bulletin*, June 1985 より作成。

表 2-3 政府系金融機関の民営化・民営機関としての設立

		設立年	所有形態の変化 P＝民営化年 O＝オフ・バジェット化年	業務内容	監督省庁	役員人事等
農業関連	連邦土地銀行 (Federal Land Bank, FLB)	1916	当初大部分政府出資 P＝1947（政府出資すべてで引揚げ） O＝1958（統合予算から除外）	・5年以上の農場抵当貸付	農業信用庁 (Farm Credit Administration)	・連邦農業信用委員会（いずれも農業信用システムの一部）13名のうち12名が大統領指名により上院承認。1名は農務省官任命 ・財務省のクレジットライン FLB（1.12億ドル）BC's（1.49億ドル）FJCB（600万ドル）
	連邦中期信用銀行 (Federal Intermediate Credit Bank, FICB)	1923	当初大部分政府出資 P＝1956（混合所有企業化） 1968（政府出資全て引揚げ） O＝1968（統合予算から除外）	・生産信用組合 (PCA's) への短期ノート割引を通じた運転資金供給		
	協同組合銀行 (Bank for Cooperative, BC's)	1933	P＝1956（混合所有企業化） 1968（政府出資全て引揚げ） O＝1968（統合予算から除外）	・農業協同組合への流通資金融資（市場コスト引下げ、価格支持）		
住宅関連	連邦住宅貸付銀行 (Federal Home Loan Bank, FHLB)	1932	P＝1951（政府出資全て引揚げ、加盟機関保有） O＝1968（統合予算から除外） O＝1974（混合所有企業）	・貯蓄貸付組合等の加盟機関への貸付	オン・バジェット機関の連邦住宅貸付銀行理事会	・財務長官が債券発行・条件を決定 ・財務省のクレジットライン 40億ドル
	連邦全国抵当金庫 (Federal National Mortgage Corp、通称 "Fannie Mae")	1938	P＝1954（混合所有企業化） 1968（政府出資引揚げ） O＝1968（統合予算から除外）	・政府保証付きモーゲージの住宅金融機関からの購入（モーゲージ第2市場でのオペレーション）	住宅都市開発庁 (HUD) 長官	・同長官モーゲージの購入、債券発行条件を決定 ・財務省のクレジットライン 22.5億ドル
	連邦住宅貸付金庫 (Federal Home Loan Mortgage Corp、通称 "Freddie Mac")	1970	P＝1970（当初から連邦住宅貸付銀行が全額出資） O＝1970（当初から統合予算から除外）	・主に民間機関による保証・保険付モーゲージのオペレーション	オン・バジェット機関の連邦住宅貸付銀行理事会	・役員のうち3名は大統領指名による連邦住宅貸付銀行理事FHLBを通じたクレジットライン
その他	全米旅客輸送公社 (National Passengers Service Corp、通称 "AMTRAK")	1970	P＝1970（当初から民間鉄道会社が出資） O＝1970（当初から統合予算から除外）	・民間鉄道会社からのリースによる旅客輸送業務	運輸省	・役員のうち8名は大統領指名、1名は運輸長官兼任、他3名は民間株主
	学生奨学資金金庫 (Student Loan & Marketing Association、通称 "SallieMae")	1972	P＝1972（当初から民間学生貸付金融機関が出資） O＝1972（当初から統合予算から除外）	・対学生貸付債権の関連貸付機関からの購入	HEW長官	・21名の役員のうち設立当初は大統領が指名、75年以降は半数を株主から選任。財務省のクレジットライン10億ドル

〔出所〕上院予算委員会, op. cit. より作成。

図 2-2 信用市場における連邦政府関連貸付の推移

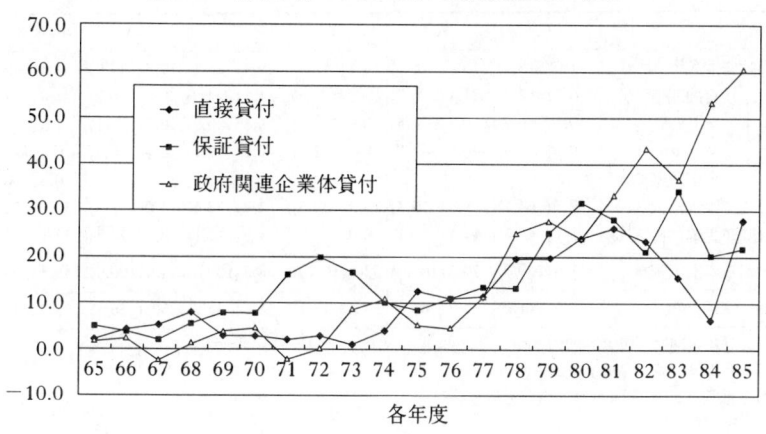

- 直接貸付
- 保証貸付
- 政府関連企業体貸付

【出所】 *Budget of the U.S. Grovernment*, 各年版より作成.

あるいは持ち分だけを民間に放出した政府関連企業体の比重が高まったとしても, 金融市場においては, 決して連邦政府に関連する貸付活動や資金調達活動の比重が低下したとは見なされないという点は重要である. そしてこのように多様化した信用計画全体の規模, 市場における比重は, 図 2-2 に見るようにむしろ規模を拡大し, 市場における残高(市場カバレッジ)を高めているのが現実なのである.

また同時に 1960 年代後半以降, 金融市場における政府関連借入の種類, 規模の増加, およびそれらの金融市場におけるシェアの急増が現れている. すでに見たように連邦政府の信用援助形態は, 財務省資金による直接貸付か民間貸付機関による政府保証付きの貸付が典型であったが, プログラムの多様化にともなって資金調達形態も著しく多様化した. これを証券市場における主要な資金調達形態で見ると, ① FNMA や農業関連金融機関など, 「民営化」された機関=政府関連企業体 (GSE) の債券発行, ② 輸出入銀行, TVA, 郵政公社といった連邦政府機関による直接の債券発行, ③ 農家住宅庁 (Farmers Home Administration, 以下 FmHA), 国防省, 住宅都市開発省, 退役軍人庁, 中小企業庁などによる証券市場での貸付債権の売却, および ④ 住宅金融の証券化の新機軸である GNMA モーゲッジ担保証券などが現れた. それに

表 2-4 連邦政府・同関連資金調達(ネット)の推移　　(10億ドル, %)

	1969	70	71	72	73	69～73計
連邦政府借入[1]	−1.0(−8.6)	5.4(26.3)	19.4(57.6)	19.4(50.3)	19.3(43.9)	62.5(42.1)
政府機関債[2] ①	0.3(2.6)	−1.4(−6.8)	*(…)	−1.1(−2.8)	0.3(0.7)	−1.9(−1.3)
うち TVA	0.1(0.9)	0.3(1.5)	0.4(1.2)	0.3(0.8)	0.5(1.1)	1.6(1.1)
うち Exim	−0.1(−0.9)	−0.6(−2.9)	0.7(2.1)	−0.8(−2.1)	0.4(0.9)	−0.4(−0.3)
郵政事業	……	……	……	0.3(0.8)	……	0.3(0.2)
連邦政府保証借入[3] ②	7.5(64.7)	4.0(19.5)	13.3(39.5)	14.9(38.6)	14.0(31.8)	53.7(36.2)
政府関連企業体借入[3] ③	5.1(44.0)	11.1(54.1)	0.9(2.7)	4.3(11.1)	10.7(24.3)	32.1(21.6)
公衆からの借入純計	11.6(100.0)	20.5(100.0)	33.7(100.0)	38.6(100.0)	44.0(100.0)	148.3(100.0)
① + ② + ③	12.9(111.2)	13.7(66.8)	14.2(42.1)	18.1(46.9)	25.0(56.8)	83.9(56.6)

注1) 財務省債務，政府機関債務のうち公衆からの借入純計(=除く政府機関保有分).
　2) CBO's (貸付債券)売却含む.
　3) 政府・政府機関からの借入を除く.
　*印=1億ドル以下.
【出所】 *Budget, S.A.* 各年版より作成.

　加えて1970年代には，公共住宅債券，都市更新ノート，新規コミュニティ開発債券など州・地方政府が発行する種々の債券が現れ，連邦機関やプログラムの新設が相次いだのである[11]．

　このうち政府関連機関債(表2-4)は，1969年度から73年度にかけての5年間では，全体として19億ドルのネットの償還となっているが，1960年代後半から独自の債券発行が認められた輸銀，TVA，および郵政公社の債券についてはネットで15.5億ドルも発行されている．

　また政府保証借入を見ると，同じ5年間でネットの資金調達額は537億ドル，政府関連企業体のそれは321億ドルにも達しているのである．これらの連邦政府ないし連邦政府関連資金調達総額は，表2-4によれば1,483億ドルに達するが，そのうち政府機関債，政府保証債，および政府関連企業体債券の発行額(839億ドル)は全体の56.6%を占めている．他方連邦政府借入から政府機関債を引いた財務省証券は644億ドルで，全体の43.4%に過ぎないのである．

　その結果，証券市場で発行される財務省証券以外の政府関連債券は，1973年までに18種類にまで増加し，発行ペースは週5日の営業日のうち，何らかの政府関連機関債が発行されるのが3営業日に達するというハイペースな水準となっている[12]．

しかもこれらの債券は，個々の政府機関による直接発行か，あるいは個々の機関の保証付きでの発行であり，財務省証券に比べて発行単位が小口である．したがって発行利回りも相対的に高く，流動性も低いため，民間金融機関はこれらを次第に忌避するようになっていったのである．

以上見たように，1960年代以降の連邦信用計画の改革，すなわち官民競合回避と財政負担の軽減を意図して推進された直接貸付から保証へのシフト，連邦の貸付資産の売却などに示される信用プログラムの間接化，民間資金の導入措置，さらには「民営化」といった措置は，連邦政府に関連する資金調達活動を多様化させ，かつ肥大化させたのである．そしてこのことは同時に，連邦政府の負債管理問題として切実な問題となった．そしてこうした連邦政府の負債管理の一環として，とりわけ連邦信用計画・公的金融機関の資金調達問題の打開策として，1970年代に連邦資金調達銀行が設立されるに至るのである．

3 連邦資金調達銀行 (FFB) の設立と活動

(1) FFB の設立と機能

連邦信用計画に関連する資金調達問題は，まず1971年1月の大統領予算教書の中で提起され，連邦信用計画と財政全体や国債管理政策との間の整合性が欠落している問題として指摘された．そしてこれは当初，(1) 連邦政府あるいは関連して支援される資金調達活動のマーケティングを集中し (centralize)，コストを削減する手段を確立すること，(2) 財務長官による連邦機関の直接借入あるいは保証借入に関する債務管理での調整を確保する必要性が強調された．そしてこれらは，さらには (3) 大統領が，財政需要面および合衆国金融市場における資金需要面双方から，貸付保証活動のレビューを促進する形での解決方向が示された．そしてそれを具体化した法案 (Federal Financing Bank Bill; 連邦資金調達銀行法案) が71年12月に財務長官提案で上程されることとなった．

当時財務省次官として法案の趣旨説明に立ったポール・ボルカー（後の連邦準備制度理事会議長）によれば，連邦資金調達銀行 (FFB) の主たる目的は2

つ，すなわち ① 連邦政府機関の直接借入，保証借入両面での活動を集中し，そのコストを削減すること，および ② 連邦政府機関が市場で直接債券や保証債券を発行する際に，これを財務長官の承認を要求することによって債務管理上の協調を確保すること，にあった[13]．

そして上記の目的に即して，FFBは，150億ドルを上限とする債券発行権限と連邦信用計画に関連する3つの信用供与権限，すなわち政府機関債の購入，政府機関の貸付債権の購入，および政府機関が保証した民間部門への直接貸付権限を付与すべく提案されたのである．

こうしてFFBは，連邦信用計画の改革にともなって多様化した公的金融資金の調達問題への対処として設立されたことがあきらかである．すなわち独自の債券発行権限は，関連する公的金融資金の資金調達ルートの統合＝一本化を志向したものであり，他方で3つの信用供与権限＝公的金融資金の配分機能は，とりわけ後の2者については，連邦信用計画における政府の関与形態の信用保証や貸付債権の売却を通じた「間接化」の限界領域をカバーしようとするものであることが容易に推察できるであろう．そこでその活動実態を検討することにしよう．

(2) FFBの活動とオフ・バジェット支出の拡大

以上のように，公的金融に関連する債務管理機関および資金配分機関として設立されたFFBは，実際にどのような活動を展開し，またどのような機能を果たしたかを見ておこう．

a FFBの原資と信用計画の原資の一元化

FFBは，当初，独自の債券，すなわちFederal Financing Bank Bond（以下，FFB債）を発行することになっていた．設立法は，前述のように150億ドルを上限とする債券の発行権限をFFBに与えたが，これは，従来連邦政府機関がそれぞれバラバラに実施してきた公的金融資金の調達ルートを統合＝一本化する形で，独自の資金調達ルートを形成しようとするものであった．この点は，わが国で近年提案，議論されている「財投債」の発行権限に相当するもの

でもある.

しかし1974年7月に実施された第1回目のFFB債,15億ドルの入札では,発行利回りは予定外に高くなり,この一回限りで取りやめとなった. そこで以降は,FFBの原資は,もっぱら財務省からの借入資金,したがって財務省証券の発行を通じた資金調達によってしめられることとなったのである[14]．

ところでこのFFB債の発行という当初構想が失敗し,このFFBの資金調達が全て財務省借入になるという事実は,公的部門の資金調達を考える上で,極めて興味深い側面を示す.すなわちたとえ実質的に連邦政府全額保証によるものであっても,財務省証券とは発行規模,タイミング,投資家に対する認知度の異なる異種の証券発行は,結局は連邦政府機関債と本質的に異なる点はないという点である. しかもこの点は,連邦信用計画の改革の起点となったいわゆるCMC報告による改革指針のひとつでもあったということは,注目すべきことであるように思われる[15]．

b　FFBの活動

以上のように原資を財務省借入に一本化した上で,FFBは,すでに見たように以下の3つの形態,すなわち ① 政府機関債の購入, ② 受益的所有権証書 (certificates of beneficial ownership, 以下CBOと略称), および ③ 政府保証を付与された民間部門への直接貸付を通じて,公的金融資金の配分活動を展開している. そこで表3-1を中心に,1980年代中盤までのFFBの活動を形態別に概観しておこう．

① 政府機関債の購入

まず政府機関債の購入は,公的金融機関の資金調達コストの節減という最大の眼目であり,当初は大きな比重を占めたが,その後はむしろ比重を低下させている．

またこのプログラムは1960年代後半から独自の債券発行が認可された輸出入銀行,TVA,および郵便事業公社に集中しているが,これらの機関は,先に見たように大量の債券発行機関として,証券市場における連邦政府関連資金の調達問題を発生させた主要機関でもあった. これらの機関債をFFBが購入

表 3-1 連邦資金調達銀行 (FFB) の活動（ネット）

(100万ドル, %)

	1974	75	76	TQ	77	78	79
政府機関債の購入	500 (83.1)	6,518 (51.3)	2,980 (32.7)	853 (24.5)	1,147 (15.2)	1,964 (15.5)	2,852 (17.7)
うち オン・バジェット機関債	……	1,435 (11.3)	1,681 (18.5)	339 (9.8)	2,300 (24.1)	1,985 (15.7)	3,290 (20.4)
うち [Exim[3]	……	4,039 (31.9)	936 (10.3)	−216 (−6.2)	1,155 (12.1)	645 (5.1)	1,385 (8.6)
うち TVA	……	1,435 (11.3)	745 (8.2)	555 (16.0)	1,145 (12.0)	1,340 (10.6)	1,905 (11.8)
うち オフ・バジェット機関債	500 (83.1)	5,083 (40.0)	1,299 (14.3)	511 (14.7)	−853 (−8.9)	−21 (−0.2)	−438 (−2.7)
うち 郵政事業	……	1,000 (7.9)	1,248 (13.7)	500 (14.4)	−1,067 (−11.2)	−67 (−0.5)	−527 (−3.3)
CBO's の購入	2 (0.3)	6,068 (47.8)	4,140 (45.4)	2,115 (60.8)	5,117 (53.7)	6,802 (53.7)	9,385 (58.2)
うち [FmHA[1]	……	5,000 (39.4)	3,800 (41.7)	850 (24.5)	4,965 (52.1)	7,660 (60.5)	8,805 (54.6)
うち REA[2]	……	……	166 (1.8)	187 (5.4)	……	284 (2.2)	586 (3.6)
保証に対する直接融資	100 (16.6)	112 (0.9)	1,991 (21.9)	508 (14.6)	2,970 (31.2)	3,894 (30.8)	3,897 (24.2)
うち 海外軍需販売基金	……	112 (0.9)	787 (8.6)	208 (6.0)	1,383 (14.5)	1,462 (11.5)	1,293 (8.0)
うち REA[2]	……	……	693 (7.6)	212 (6.1)	1,222 (12.8)	1,809 (14.3)	1,735 (10.8)
合 計	602 (100.0)	12,698 (100.0)	9,111 (100.0)	3,476 (100.0)	9,534 (100.0)	12,659 (100.0)	16,134 (100.0)

	80	81	82	83	84	85 (見込)	1974～85計
政府機関債の購入	3,983 (21.7)	3,794 (15.3)	2,858 (16.8)	1,329 (10.9)	1,468 (16.7)	1,587 (9.6)	31,833 (19.7)
うち オン・バジェット機関債	4,014 (21.9)	4,292 (17.3)	2,949 (17.3)	1,466 (12.0)	1,609 (18.3)	1,958 (11.8)	27,318 (16.9)
うち [Exim[3]	2,114 (11.5)	2,342 (9.5)	1,545 (9.1)	722 (5.9)	1,014 (11.5)	1,277 (7.7)	16,958 (10.5)
うち TVA	1,810 (9.9)	1,939 (7.8)	2,136 (12.6)	830 (6.8)	370 (4.2)	650 (3.9)	14,860 (9.2)
うち オフ・バジェット機関債	−31 (−0.2)	−499 (−2.0)	−90 (−0.5)	−137 (−1.1)	−140 (−1.6)	−371 (−2.2)	4,813 (3.0)
うち 郵政事業	−67 (−0.4)	−232 (−0.9)	433 (2.5)	−67 (−0.6)	−67 (−0.8)	−367 (−2.2)	720 (0.4)
CBO's の購入	7,572 (41.3)	11,534 (46.6)	5,439 (32.0)	3,720 (30.6)	2,861 (32.5)	4,527 (27.3)	65,282 (40.3)
うち [FmHA[1]	5,681 (36.4)	10,860 (43.9)	4,915 (28.9)	2,955 (24.3)	2,815 (32.0)	4,099 (24.8)	63,405 (39.2)
うち REA[2]	689 (3.8)	683 (2.8)	528 (3.1)	344 (3.1)	69 (0.8)	477 (2.7)	4,013 (2.5)
保証に対する直接融資	6,792 (37.0)	9,422 (38.0)	8,716 (51.2)	7,126 (58.5)	4,475 (50.8)	10,442 (63.1)	60,445 (37.3)
うち 海外軍需販売基金	1,932 (10.5)	1,945 (7.9)	2,288 (13.4)	2,858 (23.5)	2,818 (32.0)	2,340 (14.2)	19,426 (12.0)
うち REA[2]	2,498 (13.6)	3,918 (15.8)	3,939 (23.2)	2,657 (21.8)	1,648 (18.7)	2,685 (16.2)	23,016 (14.2)
合 計	18,348 (100.0)	24,750 (100.0)	17,013 (100.0)	12,175 (100.0)	8,804 (100.0)	16,556 (100.0)	161,860 (100.0)

注 1) オン・バジェット機関の農家住宅庁 (Farmers Home Administration).
2) オフ・バジェット機関の農村電化庁 (Rural Electrification Administration).
3) Exim (Export-import Bank, 米国輸出入銀行) は1976年度までオフ・バジェット

[出所] *Budget, S.A.* 各年版より作成.

するということは，市場の逼迫を回避するとともに，これら政府機関の資金調達コストを引き下げる効果をもっている．

実際，これらの政府機関にとって，このFFBによる債券引受は重要な資金源泉として機能している．たとえば輸銀債の公衆保有分は，1974年度末で29億ドルであったが，その後一般公募の新規発行をほとんど止めて，FFBがほぼ唯一の債券発行先としてなっているのである[16]．こうしてFFBは，このプログラムを通じて，事実上政府機関債の引受機関としての機能を果たしている．

② CBOの購入

この活動は，FFBの最大の構成部分をなしているが，これらのほとんどは農家住宅庁（FmHA）と農村電化庁（Rural Electrification Administration，以下REA）に集中している．

このCBO購入がこの2機関に集中しているのは，1975年の農業予算法による貸付債権売却などの予算上の取扱いの変更によるところが大きい．68年に導入された統合予算制度のもとでは，貸付債権（CBO）の売却は，当該機関の債務として扱われたために，グロスの貸付を相殺することができず，その分新規貸付に対する予算上の制約は厳しく課されてきた．しかし75年農業予算法は，これらの新規貸付とCBO売却とを相殺勘定とし，ネットの貸付額だけが予算上の支出となったのである．その結果，FmHAとREAの2機関，とくにオン・バジェット機関であるFmHAは，CBOをFFBに売却することによってネットの貸付額を圧縮し，新規貸付額を急増させることが可能となったのである．実際図3-1-(a)(b) に見るようにFmHAとREAの新規貸付額は，FFBの設立以降急増している．これは，FFBへのCBO売却，すなわち統合予算枠の対象となるネットの貸付額の圧縮によって可能となったものである．またこれは，FFBを通じてオン・バジェット機関＝FmHAの支出がオフ・バジェット支出に振り替えられたことを意味するのであり，ここにオフ・バジェットルートでの連邦信用計画，公的金融活動の肥大化問題が現れるのである．

172

図 3-1-(a)　FmHA の新規融資額

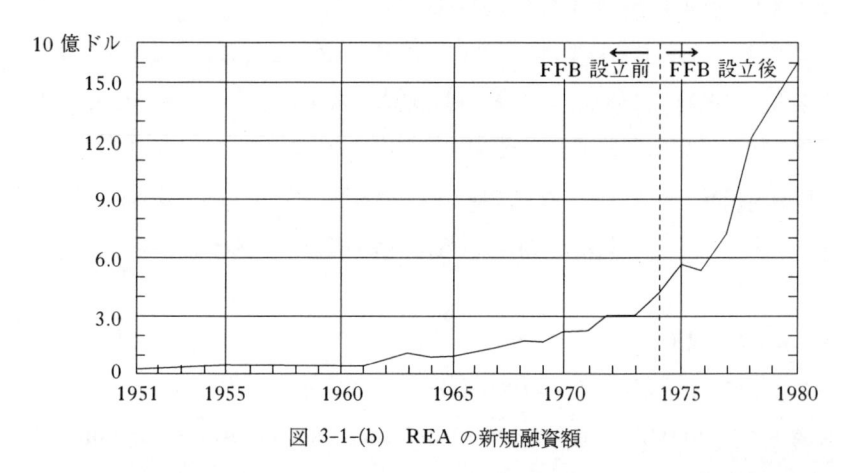

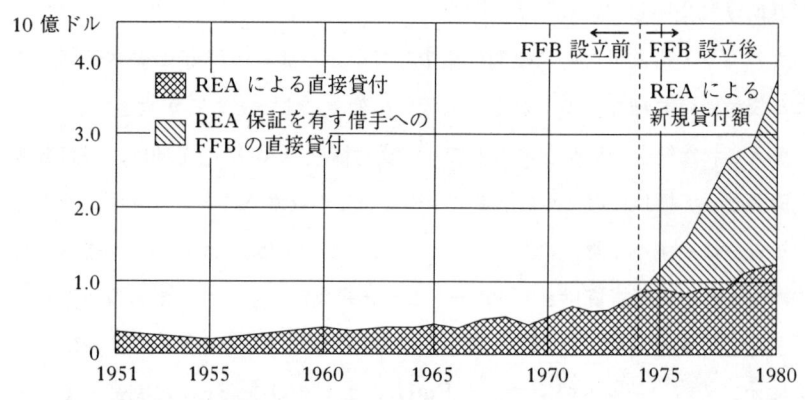

図 3-1-(b)　REA の新規融資額

【出所】　内堀節夫『公的金融論』白桃書房，1999年3月，179ページ．

③　政府機関の保証対象への直接貸付

　政府機関が保証した民間経済主体への直接貸付規模は，設立当初は，相対的に小さな比重にとどまっていたが，1982年度以降，ネットの資金供給規模で見て，FFB 全体の5割をこえるものに成長した．その主要な対象は，大統領基金の中の海外軍需販売基金 (Foreign military sales fund, 以下 FMSF) と農村電化庁 (REA) となっている．

　まず FMSF は，アメリカ政府が1960年代後半から国際収支対策や財政赤

字対策として「従来の軍事援助の無償供与から，有償販売に切り換え」る中で，その軍需品販売を直接貸付，信用保証によって支えてきた機関であるが，FFB はこの信用保証を受けた民間金融機関の貸付債権を買い取ることによって，このプログラムへ支援するというものである．

このような FFB の活動は，たとえ政府の保証が付いていても民間金融機関がオリジネートしたり，貸付資産を保持するのを嫌うような分野のひとつである．その意味では直接貸付を保証に切り換える，したがって公的金融活動を間接的なものに切り換える潮流への逆流現象の典型をなすものということができる．

同時にまたこの直接貸付は，事実上連邦信用計画の保証業務が，たとえオン・バジェット機関によるものであっても，デフォルトなどを通じて直接の支出とならない限り予算統制の対象とならないことを反映して，やはりオフ・バジェットを通じた連邦信用計画の肥大化ルートを形成するのである．

以上見たように，FFB の3つの活動は，公的金融機関の資金調達を政府機関債の引受や CBO 購入を通じて一本化し，連邦政府関連資金の調達における効率化を推進した．しかし同時に FFB は，オフ・バジェットルートを通じた連邦信用計画，公的金融活動の肥大化ルートをも形成することとなり，1980年代における財政赤字の拡大と相まって重大問題となるのである．そこでこのような FFB の成果と問題点を検討しておこう．

(3) FFB の成果と問題点：調達コストの節約とオフ・バジェット問題

まず FFB の成果については，公的金融資金の調達ルートの統合によるコストの節約については，一致した評価が与えられている．また財務省による連邦関連起債の調整についても成果をあげたことが議会公聴会などでも取り上げられる度に指摘されている．

しかし FFB を通じて，議会のコントロール下にないオフ・バジェットの支出の増加，それにともなう公的金融プログラムの肥大化は，バック・ドア・スペンディング(「裏口支出」)の典型として批判の対象となり，とりわけ貿易赤字

表 3-2 連邦信用計画の

	総額	直接貸付			保証分 FFB	保証
		オン・バジェット	オフ・バジェット	FFB		
1965	331	331	n.a.	—	—	914
1970	511	511	n.a.	—	—	1,251
1975	741	498	244	63	63	2,003
1980	1,640	917	723	620	215	3,623
1985	2,574	2,574	—	1,216	534	4,121
1990	2,100	2,100	—	1,733	n.a.	6,295
1995	1,633	1,633	—	843	n.a.	7,268
1997	1,814	1,814	—	499	n.a.	8,219

注1) ＊重複分を差し引いた合計額で，個々の数値は同一カテゴリー内の重複分を差し引いたグロ
【出所】 Budget of the U.S. Government, various issues.

と並ぶ双子の赤字のひとつとして連邦財政赤字の拡大が顕在化した1970年代後半以降，重要な関心事となったのである．実際，1983年の公聴会では，1982年までの10年間に，FFBは1,250億ドルの貸付ないしは資産購入を実施したが，このうちオン・バジェットの直接貸付は，10年前の年間9億ドル水準から91億ドル水準にまでほぼ10倍となり，オフ・バジェットの直接貸付は，1億ドル水準から143億ドルへと142倍に増加したと指摘されている[17]．

連邦信用計画全体の肥大化とそこにおけるFFBの位置を1985年時点の残高ベースで見ると，FFBは，連邦の直接貸付のうち47％をオフ・バジェットベースで肩代わりし，また保証のうち13％をオフ・バジェットの直接貸付に転換してきたことが分かるのである (表3-2)．

そして重要なことは，これらの実質的な直接貸付の増加傾向や連邦保証に対する直接貸付の増大傾向は，その予算制度上の位置づけや評価を別とすれば，1960年代から追求されてきた公的金融を通じた政府の関与形態を間接化しようとする動きが必ずしも順調に進展するものではなく，むしろこうした間接化の動きに対してオフ・バジェットルートでの直接的な公的金融活動の拡大という形での逆流現象が現れうることを示しているのである．

第6章 アメリカにおける連邦資金調達銀行 (FFB) の活動　175

形態別残高の推移
(億ドル)

保証 ―直貸 ―GSE 保証	GSE 貸付	GSE 保証	GSE 保証 のうち 政府保証	GSE 保証 除政府分	公的 金融 総額*	GDP 比 (%)
0	166	―	0	0	1,411	19.62%
0	376	―	0	0	1,950	18.83%
1,587	834	12	0	12	3,591	22.02%
3,008	1,753	168	0	168	7,184	25.80%
4,104	2,764	1,408	0	1,408	10,866	25.99%
n.a.	3,305	5,836	234	5,602	17,536	30.53%
n.a.	5,399	10,166	230	9,936	24,466	33.66%
n.a.	7,540	10,370	266	10,103	27,942	34.45%

スの数値.

4　予算統制の再強化と統合予算制度の発展

前節で検討したように，FFB がオフ・バジェットルートを通じた連邦信用計画＝公的金融活動の肥大化の主要なルートとなり，また連邦政府赤字全体の中でも無視し得ない存在となると，これに対する批判が現れ始め，これを議会に審議のコントロール下におこうとする動きが現れた[18]. そして 1980 年代に入ると連邦信用計画＝公的金融活動全体を予算統制下におく「信用予算」が導入され，FFB もオン・バジェットに組み込まれることとなる．そこで以下では，これに関連する議論と予算統制の強化過程を検討することにしよう.

(1)　カーター政権の信用予算

まず FFB 設立後わずか 4 年後の 1977 年には，同機関をオン・バジェットに移管する法案が提出され，関連する問題点を検討した公聴会が下院歳入委員会で開催された．そこでは一方で FFB が連邦信用計画の資金調達を統合する手段として有効であることを強調した上で，FFB が予算統制上著しい問題を抱えているとして，これを統合予算に組み込むべきことが提案されている.

こうした議論を受けて 1978 年には公的金融活動に対する予算統制のアウト

ラインが描かれるようになった．そしてカーター政権最後の1981年度予算には，これを具体化する予算案が提出され，可決されるにいたっている[19]．

実際同年度の『予算教書』では，カーター大統領は連邦信用活動を統制するシステムとして，はじめて「信用予算 (credit budget)」の導入を打ち出した[20]．この信用予算は，次の2段階で連邦信用計画の統制に着手した．その一つは，予算審議過程において，オフ・バジェットを含む政府機関の直接融資と保証の新規契約 (new obligations) 総額に，「勧告上の上限 (recommended ceiling)」を盛り込むことであり，いまひとつは，この上限を守らせるために，まずはオン・バジェットの直接貸付について，個々の歳出予算法案 (appropriation bill) の規定の形で，それぞれのプログラムにグロスのレベルで年度毎の上限を設けるというものであった．アメリカの議会における予算審議過程は，まず予算委員会 (Committee on Budget) が予算決議という形で予算の大枠を決定し(シーリング)，それに基づいて個々の(通常13本の)歳出予算法案 (appropriation bills) を作成，審議するというプロセスをたどる．したがって信用予算の「勧告上の上限」とは，予算委員会での大枠決定であり，実効性を持つのは，歳出予算法でのオン・バジェットの直接貸付プログラムだけということになる[21]．

実際この信用予算の実効性は，かなり限定されたものであった．直接貸付プログラムに限ってみても，1981年度のカーター政権提出の当初予算案に比べて，実績値は，新規契約ベースでも2割近いオーバーとなっており(このうちオン・バジェットは25.3%オーバー，オフ・バジェットは25%オーバー)，またネットの支出ベースでも62.5%も予算を超過していることが指摘されている[22]．

しかしながらこの信用予算は，まず第1に，シーリングレベルでの「勧告上の上限」にとどまっているとはいえ，連邦政府の直接貸付ばかりではなく，保証についても予算統制の対象としたこと，また第2には，返済額を相殺したネットの支出 (outlay) ではなく，グロスのレベルでの統制を加えようとしている点で画期的であり，連邦レベルでの公的金融活動に対する予算統制強化の第

一歩を踏み出したものとして評価しうるであろう．

(2) レーガン政権の信用計画統制の強化

カーター政権による「信用予算」制度導入直後に成立したレーガン政権は，手続き面と運営面の両面から信用予算に対する統制を強化するとともに，FFB をオン・バジェットに移管することによって，連邦信用計画に対する議会のコントロールを飛躍的に強化した．

まず予算手続き面では，信用予算の実効性を確保すべく，歳出予算レベルで各種の制約を課すとともに，信用予算を議会における予算審議過程の一環に正式に組み入れた．中でも 1984 年度予算教書は，政府の貸付資産の売却手段である CBO (Certificates of Beneficial Ownership) の発行を資産売却と見なす従来の規定にかえて，これを連邦政府機関債の発行とおなじ負債として扱うこととなった．このことにより，その貸付残高および債務残高のネットの増加額のレベルでの予算統制が強化されることになったのである．

またレーガン大統領は，1981 年度予算の修正段階で，多数の信用計画の廃止を断行したが，存続をゆるした信用計画についても向こう 5 カ年にわたる大幅な削減計画を提起した．つづいて 1984 年度予算教書は，信用予算に関してはオン・バジェット，オフ・バジェットの区別を行わず，直接貸付と信用保証のグロスのレベルで設定することとし，その上で同年度の直接貸付と信用保証の合計額を，前年度比で 142 億ドル，率にして 9% 削減することを提案している[23]．

しかしこうしたレーガン政権特有の歳出削減政策も，民主党が多数を占める議会の抵抗を受けて，必ずしも実績ベースでは実現しておらず，むしろレーガン政権期の FFB のオン・バジェット化を含む連邦信用制度改革は，次項に見るように 1985 年の予算均衡・緊急財政赤字統制法（いわゆるグラム゠ラドマン゠ホリングス法，以下 GRH 法）を契機に大きく進展することになるのである．

(3) GRH法とFFBのオン・バジェット化

　GRH法が，1980年代の中盤に成立した契機は，いうまでもなくアメリカの双子の赤字のひとつとして経済不均衡要因となった財政赤字への対処であるが，これを連邦信用計画に即してみると，FFBを通じたオフ・バジェットの財政赤字が急拡大してきたばかりではなく，1984年のコンチネンタル・イリノイ銀行の経営破綻を契機に明るみに出たエネルギー，農業関連地域での経済不振とそれに伴う農業関連，住宅関連プログラムでの支出増，そして預金保険公社などの活動の活発化が連邦信用計画の機能が連邦政府の政策の前面に出ざるを得ない事態をも背景としている．事実1980年代の前半における予算教書での信用計画に関する議論は，歳出法の段階における信用予算の上限規制のカバレッジが依然として不十分であるというものであるが[24]，こうした予算統制の強化がGRH法によって大きく進展したのである．

　実際1985年12月に成立したGRH法は，85年度から6年間の赤字の上限を設定し，91年度には均衡財政を達成するという目的の一環として，連邦信用計画を議会の予算審議過程に一層完全に組み込むことになり，また直接貸付と信用保証契約を「信用権限」と規定した上で，他の歳出と同様に削減対象に加えることになったのである[25]．

　加えてレーガン政権は，すでに1978-83年度の間にFFBの支出が全てのオフ・バジェット支出の96%を占めるという点を重視し，1985年度予算からFFBをオン・バジェット扱いで信用予算編成を実施していたのに加えて，GRH法によって，連邦政府機関とFFBとの取引を全て，当該機関の資金調達手段として記録することによって，FFBをオン・バジェットに組み込む措置をとったのである[26]．

　その結果，従来オフ・バジェットとして扱われていたFFBの支出(disbursement)は，GRH法によって，この取引をオリジネートした機関の予算上の支出(outlay)として記録されることとなり，この予算記録方法の変更によって，連邦機関保証の対象となった民間部門に対するFFB貸付活動に対するコントロールを具体化したのである．このことは，連邦政府機関が保証する

図 4-1 連邦資金調達銀行の主要信用供与残高の推移

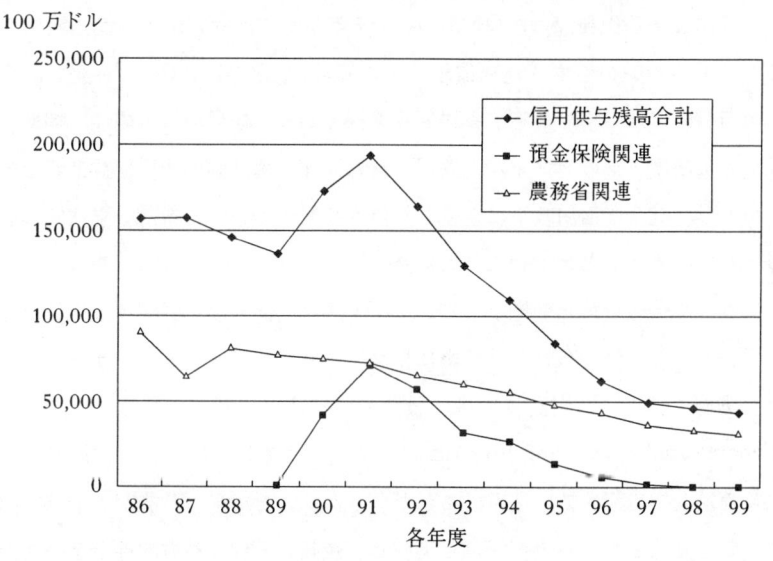

100万ドル

【出所】 Badget of the U.S. Government, various issues.

債務について，全額を FFB を通じて調達する方向ではなく，可能な限り民間ベースで保証借入をすべきであるとの方向を示している．

こうして従来 FFB を通じて調達していた新規貸付資金を市場で求めるという方向付けの結果，FFB の信用供与残高は，図 4-1 に見るように，1986 年末の 1,400 億ドルをピークにして減少し始め，預金保険関連融資（具体的には整理信託公社への融資）を反映して 2,000 億ドル近くに達して以降，急速に縮小しているのである[27]．

(4) 1992 年連邦信用改革法と FFB の役割の終焉

以上のような信用予算の導入から FFB のオン・バジェット化にいたる連邦信用計画に対する予算統制の強化につづいて，1990 年代に入ると，予算計上方式や連邦信用計画の貸付・残高管理方式の変化を通じて，FFB の位置づけは大きく変化した．

こうした変化の第 1 の側面は，連邦信用計画の統合予算に組み込む際の経理

方式，管理方式などの手続き上の発展である．

これに関する出発点は，OMB が 1984 年 8 月に，連邦信用計画の政策およびガイドラインを示す「連邦信用計画の管理(通達 No. A-70)」を発し，全連邦政府機関に対して，対応する民間金融機関からの信用利用可能性，補助金効果，およびネットのデフォルト費用を含む連邦信用計画の費用便益情報を提出すること，健全な信用政策に合致した信用政策についての新たな立法案および提言を提出することを求めたことにある[28]．

こうした情報獲得を前提として，GRH 法は，連邦政府機関は直接貸付と信用保証のうち見積もられた補助金に相当する歳出予算を獲得し，新規の直接貸付を実施する度に，財務省の中に設置される 2 つの新しい連邦信用回転基金 (Federal credit revolving fund) に対して，それぞれ直接貸付と信用保証に関する補助金相当額を払い込み，これがプログラムを担当する機関の予算支出勘定として記録され，基金が貸付を実施し，残高を管理する方向性を示したのである[29]．

これは，単に予算統制の強化手続きという問題をこえた予算概念そのものの変更を意味する第 2 段階の変化を示す．すなわち連邦信用計画のプログラムを実施する主体である連邦政府機関は，統合予算を補助金相当額で受取り，実際の直接貸付や資金管理は 2 つの回転基金が管理するという形に変化することを意味するのである．

そしてさらに 1990 年連邦信用改革法 (Federal Credit Reform Act of 1990) は，直接貸付と信用保証について，財務省からの資金の出し入れを基準とした従来の予算額設定から，直接貸付および信用保証による補助金見積額基準への変更を明記した．この改革は，予算当局に信用計画の補助金金額と貸付および保証取引の記録についての新たな仕組みを要求することとなった．

以上に加えて 1992 年信用改革法は，政府機関が実施する信用計画の資金調達を，直接貸付および保証双方について，必要に応じて財務省から直接借り入れることによって調達することとし，FFB は，破綻した貯蓄金融機関や銀行の処理といった RTC や BIF によるその他の活動への資金供給を除いて，原

則としてはもはや政府機関の貸付資金調達のために，新規の貸付をオリジネートしないことになった[30]．

実際，1980年代の後半から90年代の前半にかけてFFBの信用供与残高が増加しているのは，TVAやNASAを除けば，ほとんどFDIC, RTC, および全国信用組合監督庁など預金保険機関だけとなっており，図4-1に見られるように，RTCの活動が一段落すると，FFB自身の資産額が急激に縮小しているのである．

その意味でFFBは，1992年以降，連邦機関が連邦信用計画の貸付行為の実施を連邦信用回転基金を通じて実施し，原資を直接財務省からの借入によって賄うことになったことに応じて，事実上，連邦信用計画における原資および資金配分機関としての性格を急速に失い，また恒常的な連邦機関としての機能をも終えつつある．そして現在の連邦信用計画は，実施主体である各連邦機関によって公的金融活動のコストが見積もられ，その金額が連邦信用回転基金に各機関から支出され，必要な原資を財務省からの同回転基金への融資資金によって賄っているのである[31]．

5 むすびにかえて

以上本稿では，まず第1に，わが国の大蔵省資金運用部に相当する連邦資金調達銀行(FFB)の設立の背景を戦後アメリカ財政との関連で位置付けた．すなわちFFBは，直接貸付から保証へのシフト，連邦貸付資産の民間機関への売却といった連邦信用計画の間接化や連邦機関の「民営化」にともなって，むしろ公的金融プログラムの肥大化，その資金調達活動の多様化，競合問題が発生し，それへの対処として公的金融資金の調達活動を統合＝一本化する機関として設立されたことを見た．これは，公的金融の間接化が同時にその肥大化，多様化をもたらし，その資金調達面における統合＝一本化という合理化をもたらさざるを得ないというパラドックスを示すものでもある．

第2に，公的金融機関の債務管理機関＝資金調達機関として設立されたFFBは，資金調達コストの節約の効果を発揮したが，それはFFB債によっ

てではなく，その資金調達源泉を財務省借入に一本化したことによってであり，他方では，FFB による資金供給は，議会の統制の及ばないオフ・バジェット支出の拡大という問題を引き起こした．しかしこれは，一方では公的金融活動をめぐる予算統制問題であるが，他方では種々の連邦機関債の発行条件の悪化，貸付債権の民間への売却の限界，あるいは保証といった公的金融活動の間接化の限界をも示すものである．

そして第 3 に，1980 年代に入ると連邦信用計画に対する予算統制は強化され，信用予算制度の導入，FFB のオン・バジェット化，さらには直接貸付・信用保証プログラムに対応する財務省内の 2 つの連邦信用回転基金を通じて公的金融資金の配分方式を採用するに至ったことが示された．ここに至って統合予算制度は，個々のプログラムを担当する連邦政府機関によるコストの見積に基づく予算管理と議会における予算審議を通じて，公的金融活動を組み込み，予算統制スタイルを確立したのである．そして FFB は，公的金融資金の配分機関としては，その機能を財務省の連邦信用回転基金に移管したといってよいであろう．

以上のようなアメリカにおける改革の動きで注目すべきことは，連邦信用計画という公的金融面での政策遂行手段を評価する際に，一貫して公的部門が納税者にとってもっとも安価で合理的な方法で資金調達，運用活動を展開し，またそれを予算審議過程の中にいかに整合的に組み込んでいくかという点が強調されてきた点にある．わが国が教訓とすべき点も，はじめに民間との競合があるとされる入り口，中間，出口の分断ありきではなく，政策手段の担い手としての公的金融活動の必要性とその際の効率性，合理性を吟味する必要があるということにあろう．

1) 地方銀行協会基本問題調査会『「新しい時代に求められる公的金融」の概要―小さな政府の実現に向けて―』(1996 年 5 月)，経済同友会『「公的金融・財政投融資」の改革に向けて』(1996 年 7 月) などは，従来の公的金融機関の一般的な縮小に加えて，一歩踏み込んで郵貯・簡保による資金運用部への預託義務の廃止を主張し，資金運用部による財投債や個々の財投機関による財投機関債の発行

を提唱するに至っている．1997年8月の行革会議での集中審議や11月の中間答申での郵貯の公社化，預託義務の2001年度廃止の方針は，こうした民間金融機関や，経済団体の議論を受けたものである．

　また最近，郵貯・簡保などによる預託義務の廃止にともなう財投資金の主たる調達手段について，大蔵省は，国債の一部として「財投債」を発行し，「財投機関債」の利用は，信用力の高い機関に限るとの方向性を示している．（日本経済新聞1999年7月9日付）しかし財投債が国債の一種と称されたとしても，それが政府機関債である以上，国債とは異なる利回りが形成されることは容易に予想しうることである．問題は，財投債にせよ財投機関債にせよ，公的部門が政策遂行手段として一定の赤字を抱えながら遂行する機関の資金調達手段として，現れた場合，政府保証があればそのリスクに関わりなく利回りが形成され，財投一般あるいは個々の財投機関のリスクを反映したものにはあり得ないということにある．

2) これに対する批判としては，岩波一寛・龍昇吉対談「財政投融資の何が問題か」(『経済』No.27, 1977年12月号)があるが，その最も重要な点は，現在の財投改革論議が，「財政投融資のプラスとマイナスをきちんと検討して，正すところは止す，生かすところは生かす，という改革のための議論ではなく，財投の解体・縮小論が前面にでている」として「理念なき改革論議」であることを痛烈に批判していることにある．富田俊基氏は，『財投解体論批判』(東洋経済新報社，1998年)の中で，「財投が金融の手法を用いる政策手段」として，一方で「金融の手法を用いるので市場メカニズムで律されねばならないし，出口の財投機関を通じて政策目標を達成するという観点からは，民主主義の原理で律せられねばならない」とされ，これらの主として3点に対する批判を展開されている．本稿もこうした議論に沿って，アメリカにおける連邦信用計画の歴史的変遷を取り上げようとしている．

3) アメリカの郵便貯金制度は，1911年に設立されたが，法定預金金利が2%とされるなどの硬直的な運営が行われた結果，1966年に廃止されている．この点については，拙稿「アメリカの貯蓄金融機関」相沢幸悦・平川本雄編著『世界の貯蓄金融機関』日本評論社，1996年，第5章所収を参照されたい．

4) この点については渋谷博史『現代アメリカ財政論』御茶の水書房，1986年，横田茂『アメリカの行財政改革』有斐閣，1984年を参照されたい．

5) 横田茂『前掲書』，特に「第9章　戦後行財政制度の基本構成」を参照されたい．

6) CMC報告は，連邦信用計画について，全体で10章のうちの1章を割き，第7章で7つの一般的な指針を提起している．その主要なものは，指針第1で示される「独立採算性原則」につづいて指針第2において上記原則が示される他，議会によるプログラムの吟味の重要性(指針第3)や一般的金融政策との整合性(指針第4)が示されているが，いうまでもなくその後の政策展開に影響を与えたのは，指針第2の内容である．なお本稿の行論との関連では，指針第5として，直接貸付の所要資金の調達については，全額政府保証付きの連邦政府機関債よりも国債発行による方法をとるべきであるとしている点は，注目に値する．ア

メリカ通貨信用委員会,経済同友会監修,日本銀行調査局訳『通貨と信用 その雇用,物価および成長に及ぼす影響』至誠堂,1961年,281-282,293ページ.
7) *Budget of the U.S. Government, Special Analysis* (以下,S.A.と略称), *1960s, various issues.*
8) 下院銀行通貨委員会公聴会, *Participation Sales Acts of 1966, April 21, 1966,* 上院銀行通貨委員会公聴会, *Participation Sales Acts of 1966, April 26, 28, 1966.*
9) Bickley, James M., "Bush Administration's Proposal for Credit Reform Background, Analysis, and Policy Issues," *Public Budgeting & Finance, Vol. 11, No. 1, Spring 1991.*
10) 政府機関のオフ・バジェット化については,必ずしも判断理由が一様ではなく(表2),批判者からは,特定の公的金融プログラムを議会のコントロールを回避しながら肥大化させる政治的利害が背景にあると指摘されている.(Vedder, Richard K., *The Underground Federal Economy: Off-Budget Activities of the Federal Government, 1982,* 〈*Joint Economic Committee*〉)
11) 下院,歳入委員会公聴会, *Federal Financing Bank Act, Sept. 27, 1972, pp. 17-22. Federal Financing Bank Act, March 1, 1973, p. 8.*
12) Congressional Budget Office, *The Federal Financing Bank and the Budgetary Treatment of Federal Credit Activities, 1982, p. 5.*
13) 上院,銀行・住宅・都市問題委員会公聴会, *Federal Financing Authority, May 15, 17, and 18, 1972, pp. 4-8,* 下院,歳入委員会公聴会, *Federal Financing Bank Act, Sept. 27, 1972, pp. 17-18,* 下院,歳入委員会公聴会, *Federal Financing Bank Act, March 1, 1973, pp. 7-23.*
14) 最初のFFB債は,1974年7月23日に15億ドルの割引債(満期75年3月31日,1万ドルから100万ドルのクーポン)の形式で発行されたが,折からの金利上昇と連邦政府関連債の発行ラッシュのさ中にあって,既存の連邦政府機関債と比べて決して,低利回りの発行とはならなかった. *Wall Street Journal,* Jul. 12, 24, 1974.
15) CMC報告は,連邦信用計画の改革「指針第五」として,「直接貸付計画の所要資金を調達するための国内資本市場で証券を発行する必要がある場合,全額政府保証付きで政府機関の債券を発行する場合よりも国債発行の方法をとるべきである」として,その理由を,「この種の証券の発行は,直接国債の発行よりもコスト高につき,手続きが煩雑で,しかも適切な国際管理政策と矛盾する場合が多い」と述べている.『通貨と信用』,293-295ページ.
16) たとえば輸出入銀行は,1971年8月から76年10月にかけて法律によってオフ・バジェット扱いとされた.しかしオン・バジェット化されてもネットの支出だけが対象となる限り,グロスの業務拡大は可能となる.この時期輸銀の業務は,直接貸付,信用保証両面で連邦信用計画残高の1割を超える有力なプログラムのひとつであり,信用予算統制の主要な対象として注目を集めている.(*Budget of the U.S. Government, various issues.*)
17) 上院,銀行住宅都市問題委員会,公聴会, *The Federal Financing Bank, April*

5, 1983, p. 2.
18) 下院，歳入委員会公聴会, *Off-budget Status of the Federal Financing Bank, September 20, 1977.* たとえば1981年だけでFFBを通じた資金調達は，報告された連邦支出から210億ドル分を予算外の支出に除外することになったが，そのため連邦支出と予算上の赤字は1982, 83年度に140億ドルずつ過少評価されたと指摘されている．（上院，銀行住宅都市問題委員会，公聴会, *The Federal Financing Bank, April 5, 1983, p. 2.*)
19) Ippolito, D. S., *Hidden Spending., p. 93, Rivlin, A. M., and Hartman, R. W., "Control of Federal Credit", Sommers, A. T., ed., Reconstructing the Federal Budget, 1984, p. 213.*
20) Ippolito, D. S., *op. cit., p. 93, Budget of the U.S. Government, FY. 1981, p. 17.*
21) 米国の予算制度について詳しくは，高橋陽一「米国の予算制度」大蔵省『調査月報』第72巻，第3号，1983年3月を参照のこと．
22) Ippolito, D. S., *op. cit., pp. 102-104.*
23) つづく1985年度予算もさらに49億ドル，4％の削減を提案している. *Budget of the U.S. Government, S.A., FY. 1984, pp. F-7~F-9, F-60~F-63, S.A., FY. 1985, pp. F-12.*
24) 1987年度版予算教書は，1985年度時点でみて，信用予算が歳出法段階で55％しか上限が課されていないと指摘している．(*Ibid., FY. 1987, pp. F-6.*) また行論との関係上，本文で省略したが，FFBは農村転化庁と海外軍需販売基金の保証貸付に関する期限前償還を認可したことから，1980年代の後半以降巨額の欠損を出しており，この点からもFFBを通じた公的金融資金の供給に対する予算統制の厳格化の必要性が高まったと思われる．すなわち，1986年包括的予算調整法は，農村電化庁保証付きでのFFB借入を割り増し金利やペナルティなしで88年度に20億ドルまで，89年度に5億ドルまでの期限前償還を可能にしたが，その結果，87年度だけで5億8,900万ドルにのぼる期限前償還が生じ，FFBは関連する損失を1億6,500万ドル発生させた．他方FFBは，全ての借り手に貸付手数料を課しており，この収入は財務省の一般基金に納付される剰余を生み出しており，先の損失のために1987年度の一般基金への納付金はその分減少している．

また1987年包括的予算調整法と1988年度継続予算決議は，農村電化庁と海外軍需販売基金の保証プログラムで巨額の額面期限前償還を認可し，1988年度分でそれぞれFFBの損失を6億ドル，35億ドル発生させている．(*Appendix to Budget for FY 1989, pp. IS-11~IS-12*) またさらに88年予算決議は，海外軍需販売基金の保証プログラムについてさらに巨額の期限前返済を認可し，88年度にはイスラエルだけで25億ドル（FFBの損失＝8億ドル），89年度にはイスラエル，チュニジア，トルコを含めて33億ドルの期限前返済が実施されており，さらなる損失をもたらしている．(*Ibid., FY. 1990, p. I-S12.*)
25) *Ibid., FY. 1987, pp. F-6~F-7, F-10, F-14.*
26) *Ibid., FY. 1986, pp. F-41~F-42, Appendix to the Budget, FY. 1986, p. I-R17.*
27) また1985年以来，立法措置によって，FFBは4つの保証プログラムに基づく

新規貸付を禁止され，かわりに連邦政府機関による全額保証での民間市場調達を認めたのである．加えて GRH 法による予算記録手続きの変更は，貸付資産をリコース条項付きで売却する場合に FFB のポートフォリオに組み込むという，将来の赤字額の上昇という対価を払っての当面の予算赤字の削減を導入している．下院，歳入委員会公聴会，*Federal Credit Reform and Borrowing by Off-Budget Agencies, April 18, 1989, pp. 10-11.*

28) *Budget of the U.S. Government, S.A., FY. 1986, pp. F-6〜F-7.*, なお No. A-70 の原則を一層拡張した OMB 通達 No. A-129 については，*Ibid., FY. 1987, p. F-7.* なお 1989 年度予算案では，連邦信用計画を統制するもう一つの手段として信用バウチャー制度の導入が検討されている．信用バウチャーは，連邦信用計画の補助金相当額の助成金を意味する．

29) *Ibid., FY. 1988, pp. F-6〜F-7.*

30) *Budget of the U.S. Government, FY. 1994, Appendix, p. 899.*

31) なお最近の連邦信用計画に関する予算統制技法の進展は，補助金額の算定に関連する割引率の適用方法などの技術的な問題に限定されている．すなわち，1997 年均衡予算法 (Balanced Budget Act of 1997) は，1990 年連邦信用改革法を改正して，OMB のガイドラインに関するいくつかの技術的な変更をもたらした．

　なかでも各連邦機関に予算書作成準備の際に直接貸付，信用保証の補助金額の計算のために同一のディスカウントレート，同一の予測上の仮定を採用することを要求し，また清算勘定の未執行残高(90 年法実施日以前の直接貸付・信用保証プログラム関連回転基金)を一般基金への移管要求を強めることにした．さらには財務省に対する資金調達勘定での負債の利払い，および資金調達勘定残高の利子収益を，補助金額コストの計算で利用する割引利子率とは別に計算することを要求している．(*Budget of the U.S. Government, Analytical Perspective, FY. 2000, p. 170.*)

第 7 章

不良債権問題と「住専処理」

　本稿でその破綻処理過程を考察する住宅金融専門会社(以下住専と略記する)は、80年代におけるバブル経済を象徴する存在であった．野放図な貸出行動の結果として目を疑うほどの不良債権を抱え込んだ住専各社，これらの住専を自らの投機活動の補完物として利用し最終的に「ゴミ箱」として放り出した大手銀行等の関与，そして金融業界あげての投機活動を黙認し，その不良債権化が明確になると一貫して問題の先送りを企図し，最終的にその損失を国民に転嫁しようとした大蔵省．バブル経済の申し子というべき存在であったがゆえに，90年代前半における最悪の中小企業金融機関の破綻処理を受けて行なわれた住専問題の処理は，90年代の不良債権処理の中心部分をなしたことは疑いのない事実であろう．当時の西村吉正大蔵省銀行局長は，住専処理法案が可決された直後に，「バブルの後始末という日本経済の中期的な問題の処理」がなされたという見解を示した．(『金融財政事情』1996年7月8日号) だが，このような評価が，バブル経済の破綻が日本経済の根幹を脅かしつつある現実をいかに直視しない立場であったかは，それ以降の現実の進展が示したとおりである．むしろ，本稿で示す住専処理のあり方そのものが，現在の金融再生法等にいたるわが国の金融危機管理に対するセーフティネットの基本性格を規定し

てきたのであり,そしてまさそれによって,97年11月以降における金融危機の急性的な進行が条件づけられたと言っても過言ではないであろう.

以下このような位置づけにもとづいて,住専問題の内容とその処理過程を具体的に解明する.

1 住専各社の経営破綻の実態

(1) 住専各社の不良債権の状況

まず最初に,大蔵省が住専の最終処理を決断した時点での住専各社の経営実態を示すことにしよう.大蔵省は最終処理案策定に先立って,1991-1992年の第一次住専調査につぐ第二次調査を1995年8月に行なったが,この時点で破綻処理が回避されたいわゆる農林系の住専である協同住宅ローンは対象外となっている[1].以下の諸表は,この第二次調査によって明らかにされた数値に基づくものである.

表1-1 住専7社の不良資産等の概要　　　　　　　　　　　　(億円,%)

	事業向け貸出					不良資産額	損失見込み額
	資本金	借入額	貸出残高	大口比率	総資産残高	不良資産額	損失見込み額
日本住宅金融	312	23,458	19,312	54.6(23.7)	24,249	17,799(73.4)	11,289(46.5)
住宅ローンサービス	54	16,892	14,196	45.8(16.7)	15,949	12,361(77.5)	7,064(44.3)
住総	30	20,200	16,094	55.3(25.8)	19,784	15,887(80.3)	11,725(59.2)
総合住金	24	13,683	11,183	40.5(15.0)	13,410	11,198(83.5)	6,529(48.7)
第一住宅金融	221	18,156	15,058	56.3(28.3)	18,425	11,516(62.5)	7,180(39.0)
地銀生保住宅ローン	26	12,187	8,779	55.5(26.7)	12,308	8,333(67.7)	5,363(43.0)
日本ハウジングローン	127	25,183	22,574	45.5(24.4)	25,145	18,532(73.7)	13,588(54.0)
計	794	129,759	107,196	50.4(23.0)	129,224	95,626(74.0)	62,738(48.5)

注1) 1995年6月末の数値,ただし資本金ならびに借入額は1995年3月末.
　2) 大口比率は,グループ企業も含む上位50社の数値,カッコ内は上位10社.
　3) 不良資産,損失見込み額には有価証券,不動産などを含む.カッコ内は総資産残高に対する比率.
【出所】『日本経済新聞』1996年1月20日付けより作成.

第7章 不良債権問題と「住専処理」 189

表1-1は，1995年6月末時点での住専7社の不良資産等を示したものである．これによれば，住専7社の総資産残高12兆9,224億円のうち9兆5,626億円，じつに74.0％が不良資産化しており，さらにそのなかの約7割，6兆2,738億円（総資産比で48.5％）が回収不能，すなわち損失となることが予想されている．これを各社別に見れば，不良資産比率では最高の総合住金の83.5％から最低の第一住宅金融の62.5％，また損失見込み比率では住総の59.2％から第一住宅金融の39.0％と一定の開きが見られるが，各社とも7割前後，あるいはそれ以上の資産が不良化していることに変わりはない．

ところで，住専はノンバンクの一形態として銀行等から借り入れた資金をも

1991-92年調査　表1-2　住専7社に対する大蔵省調査と不良債権の推移　（億円，％）

	貸出残高	不良債権額	比率	上位50社 貸出残高	不良債権額	比率
日本住宅金融	22,739	6,617	29.1%	9,469	5,038	53.2
住宅ローンサービス	16,386	4,326	26.4%	6,223	2,807	45.1
住総	18,692	7,465	39.9%	8,384	6,263	74.7
総合住金	13,677	3,690	27.0%	4,221	1,866	44.2
第一住宅金融	17,417	5,435	31.2%	7,349	4,748	64.6
地銀生保住宅ローン	10,461	6,252	59.8%	5,135	4,478	87.2
日本ハウジングローン	23,638	12,694	53.7%	12,215	10,383	85.0
計	123,010	46,479	37.8%	53,029	35,583	67.1

1995年8月調査

	貸出残高	不良債権額	比率	上位50社 貸出残高	不良債権額	比率
日本住宅金融	19,312	14,367	74.4%	8,994	8,500	94.5
住宅ローンサービス	14,196	10,833	76.3%	5,918	5,350	90.4
住総	16,094	12,907	80.2%	7,541	7,383	97.9
総合住金	11,183	9,606	85.9%	4,040	3,980	98.5
第一住宅金融	15,058	9,914	65.8%	6,010	5,524	91.9
地銀生保住宅ローン	8,779	6,951	79.2%	4,243	4,002	94.3
日本ハウジングローン	22,574	16,743	74.2%	7,301	6,973	95.5
計	107,196	81,321	75.9%	44,046	41,712	94.7

注1）貸出残高，上位50社に対する貸出残高は逆算による．
【出所】『日本経済新聞』1996年2月6日付けにより作成．

とに貸付業務を行なう金融機関であるのだから，資産の主要部分が貸出債権からなっているのは当然である．この時点での住専7社の貸出残高は10兆7,196億円で，総資産の83%を占めている．この貸出債権の不良債権化の推移を示したのが表1-2である．上段は大蔵省が1991-1992年に行なった第一次調査の結果であり，下段は第二次調査の数値である．これによれば，1990年代初頭の段階ですでに住専の貸出債権は約4割(12兆3,010億円中4兆6,479億円)が不良債権化していたのであるが，地価下落のさらなる進展とともに，不良債権化率は1995年6月末時点の75.9%，貸出残高10兆7,196億円のうち不良債権額は8兆1,321億円へと急速に跳ね上がった．とりわけ貸出債権のこのような焦げつき状況は大口融資に顕著であり，貸出額の上位50位をとれば，不良債権化率は90年初頭段階の67.1%から95年段階には94.7%(4兆4,046億円のうち4兆1,712億円)へ，すなわち大口融資については健全な債権はないという信じがたい事態にまで立ちいたった．

(2) 80年代における住専の変質と不良債権

住専の貸出債権のこの異常なまでの不良債権化の進展は，表1-3下段の住専の種類別融資残高の構成の変化と軌を一にしている．表1-3上段では個人向け住宅ローン残高の推移が示されているが，それによれば住宅ローン残高は全体として1971年度末の3兆7,605億円から1980年度末の45兆1,512億円へと，70年代にほぼ12倍化という急増ぶりを示した．この趨勢的な増大傾向は80年代ならびに90年代初頭にも継続し，1994年度末の141兆8,245億円へとさらに3倍化した．

ところでこの個人向け住宅ローンの増大ぶりを貸手の立場から見てみると，70年代にそれを主要に担ったのは，一方では全国銀行であり，他方ではこの時期に各金融業界によって競って設立された住専であった．全国銀行はこの80年代に個人向け住宅ローンを1兆784億円から17兆4,895億円へと16倍化し，個人向け住宅ローン供与残高に占める割合を28.7%から38.7%へと大幅に引き上げた．また設立当初はわずかに270億円でしかなかった住専の住宅

第7章 不良債権問題と「住専処理」 191

表1-3 個人向け住宅信用供与残高ならびに住専の種類別融資残高構成比の推移

(億円, %)

	1971年度末	1975年度末	1980年度末	1985年度末	1986年度末	1987年度末	1988年度末
個人向け住宅信用供与残高(注1)	37,605	162,273	451,512	676,053	722,059	791,574	880,139
うち全国銀行	10,784(28.7)	61,856(38.1)	174,895(38.7)	214,076(31.7)	238,446(33.0)	282,576(35.7)	328,488(37.3)
うち住宅金融公庫	8,629(22.9)	30,172(18.6)	111,077(24.6)	216,658(32.0)	236,632(32.8)	264,698(33.4)	298,133(33.9)
うち住専(注2)	270(0.7)	6,105(3.8)	32,644(7.2)	35,073(5.2)	30,577(4.2)	27,026(3.4)	25,042(2.8)
住専種類別融資構成比							
個人住宅向け	100.0	99.5	95.6	67.0	51.7	39.1	31.5
事業向け	0.0	0.5	4.4	33.0	48.3	60.9	68.5

	1989年度末	1990年度末	1991年度末	1992年度末	1993年度末	1994年度末
個人向け住宅信用供与残高(注1)	991,590	1,085,159	1,174,344	1,236,073	1,316,553	1,418,245
うち全国銀行	381,578(38.5)	413,878(38.1)	436,752(37.2)	440,807(35.7)	446,941(33.9)	457,415(32.3)
うち住宅金融公庫	335,087(33.8)	372,680(34.3)	400,438(34.1)	435,942(35.3)	491,695(37.3)	570,034(40.2)
うち住専(注2)	26,433(2.7)	28,429(2.6)	28,440(2.4)	26,990(2.2)	25,551(1.9)	24,025(1.7)
住専種類別融資構成比						
個人住宅向け	24.1	21.4	21.6	21.6	21.3	20.6
事業向け	75.9	78.6	78.4	78.4	78.7	79.4

注1) 民間金融機関(全国銀行, 信用金庫, 信用組合, 労働金庫, 農協, 生保, 損保, 住専, 割賦業者)および公的機関(住宅金融公庫, 住宅公団, 地方公共団体, 年金事業団, 雇用事業団, 沖縄公庫)の合計.
2) 住専8社計, ただし種類別融資残高の構成比は共同住宅ローンを除く7社について のもの.
【出所】『日本経済新聞』1996年1月20日付けより作成.

ローン残高は80年度末には3兆2,644億円へと一挙に120倍化し,構成比も7.2%に達した.これに対して80年代さらには90年代前半に住宅ローン残高を膨張させた主要な担い手は住宅金融公庫である.その貸出残高は80年度末の11兆1,077億円から90年度末の37兆2,680億円を経て1994年度末には57兆円に達した.構成比は同期間に24.6%から34.3%,さらには40.2%にまで急上昇した.この期間全国銀行も本格的に住宅ローン部面へ進出し,自ら設立した住専に対して「借り換え攻勢」[2]をかけつつ,1980年度末の17兆4,895億円から1990年度末の41兆3,878億円へと貸出残高を大きく増大させた.だが,個人向け住宅ローン残高全体に占める構成比は,90年度末で80年度末と同じ38%台にとどまり,94年度末には絶対額では4兆円の増加を示したにもかかわらず32.3%へと低下した.

それでは住宅ローン需要がなお持続的に拡大したこの80年代において,住専の個人向け住宅信用供給はどのように推移したのであろうか.それは貸出残高の絶対額において85年度末に3兆5,073億円を記録したあと明確な減少傾向をたどり,90年度末には2兆8,429億円,94年度末には2兆4,025億円の水準に低下した.当然その結果として構成比は80年度末の7.2%をピークに急激に低下し,90年度末で2.6%,94年度末には1.7%にまで大幅に下落した.個人向けの住宅ローンを供給する専門的な金融機関として設立され,70年代には住宅金融専門機関として一定の地歩を築いたかに見えた住専であったが,80年代を通じて政策金融としての住宅金融公庫の拡大と大企業向け貸出の後退・低迷から住宅ローン市場に本格的に参入した全国銀行の圧力によって,当の住宅金融部面からしだいに駆逐されていったことが窺われる.このような事態のもとで住専が選んだ生き残り戦略が,個人向け住宅信用から事業向け貸出への重点移動,しかも地価高騰という当時の「追い風」に乗っての不動産関連企業への積極的な貸出攻勢であった.表1-3における住専の個人向け信用供与額は85年末以降絶対額において減少傾向を示したが,住専の貸出額そのものは80年代後半にはほぼ倍化した.このような貸出額増大の基礎上で,表1-3下段における住専の種類別融資残高の構成比の劇的な逆転が生じたので

ある．80年度末の時点で貸出構成において95.6%と圧倒的な比重を占めていた住専の個人向け住宅信用は，85年度末には67.0%へと急速にその割合を低下させ，翌86年度末には51.7%とほぼ事業向け貸出と拮抗するにいたった．その後は事業向け貸出は完全に主客を逆転させ，90年末には2兆8,000億円余の個人向け貸出のほぼ4倍，10兆円を超える事業向け貸出を行なうようになっており，この関係は住専が破綻する最終局面まで継続した．

ところで個人向けの住宅信用は，金融機能の側面からみれば個人所得に返済可能性を条件づけられた消費者金融の一形態であり，かつきわめて長期の貸付であるという特徴を有している．それゆえ借手である個人の住宅ローン借入額が可処分所得に対して一定の範囲内に制限されている限り，返済や金利条件が景況の変化や個々の企業の営業実績に左右される企業向け貸出に比べて，総じて安全で安定的な貸出部面である[3]．この点を念頭において先の表1-2と表1-3とを対照させてみると，1995年8月の調査(数値は6月末時点)での不良債権化していない正常な貸出債権額2兆5,875億円と，1994年度末(1995年3月末)の個人向け住宅ローン残高2兆4,025億円とがほぼ拮抗している．先に表1-3で貸出額上位50位までの貸出債権のほぼすべてが不良債権化したことを指摘したが，それは大口融資だけに限られたことでなく，むしろ住専が80年代に個人向け住宅貸付からシフトせざるをえなかった事業向け貸出全体を特徴づけるものであったと言うべきであろう．

(3) 住専各社が発表した財務諸表係数の推移

そこで本節の最後に，以上のような不良債権化の急速な進展が，住専の財務状態をいかに悪化させていったかを見ておくことにしよう．表1-4は，住専7社の損益計算書ならびに貸借対照表の主要項目の推移を示したものである．これによれば，全国的に地価の下落が顕著になってきた1990年代初頭以降，まず1992年3月期決算において最大手の日本住宅金融を先頭に地銀生保住宅ローンならびに第一住宅金融の3社が当期純損益で赤字を計上し，その結果住専全体としては営業収益を増加させたにもかかわらず当期損益で96億円の赤字

表 1-4　住専7社の財務諸表の主要係数　　　　　　　　　(百万円)

	1991.3月	1992.3月	1993.3月	1994.3月	1995.3月
日本住宅金融					
営業収益	209,762	218,299	131,349	90,165	85,072
当期純損益	3,037	−6,491	−55,607	−6,246	−9,600
純資産額	84,012	76,307	20,700	14,454	4,853
総資産額	2,945,116	2,924,195	2,660,771	2,535,011	2,404,550
住宅ローンサービス					
営業収益	132,936	144,395	103,496	61,572	61,867
当期純損益	1,710	65	−14,467	−12,955	−4,877
純資産額	28,671	28,487	14,019	1,063	−3,813
総資産額	1,782,588	1,796,999	1,667,694	1,693,424	1,688,281
住総					
営業収益	162,635	177,283	112,547	83,003	63,578
当期純損益	1,492	17	−14,910	−5,871	−7,887
純資産額	16,013	16,557	1,646	−4,225	−12,112
総資産額	2,132,079	2,128,051	2,075,620	2,027,190	2,015,533
総合住金					
営業収益	112,073	122,661	90,325	63,803	52,078
当期純損益	1,205	286	−13,771	−353	−7,890
純資産額	13,819	14,144	372	18	−7,872
総資産額	1,596,219	1,575,533	1,502,404	1,428,729	1,362,186
第一住宅金融					
営業収益	151,766	165,599	113,462	78,443	72,672
当期純損益	2,154	−497	−28,712	−22,919	−6,538
純資産額	43,129	42,275	13,563	12,643	6,105
総資産額	2,076,820	2,088,639	1,937,800	1,872,999	1,826,342
地銀生保住宅ローン					
営業収益	114,229	98,885	63,474	43,655	39,532
当期純損益	963	−3,035	−12,344	−14,940	−10,485
純資産額	12,901	9,701	−2,643	−17,583	−28,069
総資産額	1,515,041	1,424,173	1,315,317	1,263,594	1,232,506
日本ハウジングローン					
営業収益	187,967	209,400	144,833	100,388	94,004
当期純損益	2,088	52	−15,042	−7,151	−8,240
純資産額	21,345	21,130	6,087	13,936	5,695
総資産額	2,592,255	2,699,483	2,567,108	2,553,233	2,530,952
合計					
営業収益	1,071,368	1,136,522	759,486	521,029	468,803
当期純損益	12,649	−9,603	−154,853	−70,435	−55,517
純資産額	219,890	208,601	53,744	20,306	−35,213
総資産額	14,640,118	14,637,073	13,726,714	13,374,180	13,060,350

【出所】『日本経済新聞』1996年1月20日付けより作成。

に陥った．翌93年3月期決算では営業収益の大幅な落ち込みを受けて，この赤字傾向は7社全体に広がり，日住金の556億円を含めて住専業界総体としての当期純損益の赤字額は1,548億円に達した．資産・負債の状態もこれと平行する形で悪化の一途をたどった．総資産額の減少が続く過程で，93年3月期にまず地銀生保住宅ローンの純資産がマイナスになる，すなわち債務超過の事態に陥り，翌94年には住総が，さらに翌95年には総合住金と住宅ローンサービスがこれに加わり，その結果業界全体としても352億円の債務超過に陥った．

以上の点から，90年代前半に住専各社が，全国的な地価下落の進行にともなって貸出債権の不良債権化の波に巻き込まれていったことが見てとれる．だが，表1-4そのものは，住専各社が直面していた財務状態の深刻さを正確に表現するものではけっしてない．そのことは，1995年3月期の住専全体としての負債超過額が，わずかに352億円として計上されていることに端的に現れている．表1-1で示したように，1995年6月末時点で，住専業界は全体として6兆円をこえる損失が発生することが確実視される事態にあった．この数値と95年3月期の会計報告の数値とはあまりにも乖離している．住専各社が不良債権累積の実態を最後の最後まで隠蔽してきたことが窺われるが，その問題は次節で改めて具体的に検討する．

2 住専の経営破綻の内的諸要因

(1) 不動産関連企業への融資集中

前節では，業界全体としての破綻処理を余儀なくされた住専各社が，いかに巨額の不良債権を累積させていたのかを明らかにした．そのさい住専の全面的な経営破綻の構造的要因として，住専が本来の個人向け住宅貸付市場から排除され，次第に事業向け貸出に重点を移していったことを指摘した．本節では，1996年初頭のいわゆる住専国会に提出された資料等にもとづいて，住専の事業向け貸出の中身がどのようなものであったのかを具体的に検討し，住専の経営破綻の内的諸要因を明らかにする．

表 2-1 住専7社の貸出先上位10社の不良債権額等　　　　　　　　　(億円)

		95年				91〜92年
		貸出残高	不良債権額	回収不能額	紹 介 元	貸出残高
	[日本住宅金融]					
1	松野興産	890	890	710	大阪厚生信金	946
2	フジビル	574	574	0	国民銀行	574
3	昭和興産G	380	334	257	自社開拓	393
4	大平産業	328	328	268	東急建設	320
5	池商	309	302	237	自社開拓	316
6	木村産業	308	308	0	三和建物	—
7	カネイチG	300	299	264	自社開拓	—
8	桃源社	286	279	227	自社開拓	286
9	麻布建物	275	267	219	自社開拓	279
10	淀川観光G	254	254	155	近畿建物保証協会	—
	[住宅ローンサービス]					
1	やさかG	271	271	195	大高興産	271
2	コリンズ	249	249	194	三菱銀行	231
3	アドックG	246	173	128	自社開拓	246
4	江木商会G	227	227	171	個人	230
5	都市再開発総合センターG	210	210	176	自社開拓	210
6	メイセーG	205	205	159	自社開拓	—
7	桃源社	199	199	163	住友銀行	200
8	高山物産G	—	—	—	—	—
9	ペキシム	178	178	92	第一勧業銀行	—
10	佐々木通商	176	176	0	富士銀行	—
	[住　総]					
1	富士住建G	846	846	626	住友信託銀行	853
2	末野興産G	558	558	436	自社開拓	562
3	太陽エステートG	481	481	418	住総エステートサービス	483
4	朝日住建G	298	298	225	日本信託銀行	401
5	朋友	289	289	227	東洋信託銀行	—
6	タウン開発G	231	231	224	日本信託銀行	242
7	麻布建物G	—	—	—	—	307
8	コリンズG	200	200	166	三菱銀行・自社開拓	201
9	公栄G	199	199	122	三井信託銀行	238
10	国際販売G	196	196	157	庄司建物	208
	[総合住金]					
1	末野興産G	—	—	—	—	404
2	福山建設	—	—	—	—	—
3	シャチ	138	138	83	自社開拓	—
4	京都通信建設工業	131	131	96	自社開拓	—
5	窪田G	129	129	84	自社開拓	—
6	雅興産	—	—	—	—	123

表 2-1 （続）

(億円)

		95年 貸出残高	95年 不良債権額	95年 回収不能額	紹介元	91～92年 貸出残高
7	千代田トレーデフィング	—	—	—	—	115
8	少林寺G	—	—	—	—	96
9	カワシマ本社	—	—	—	—	97
10	大和住宅建設G	95	95	67	阪神銀行	—
	[第一住宅金融]					
1	東海興業・塩川G	638	638	471	自社開拓	—
2	麻布建物G	465	465	436	自社開拓	465
3	朝日住建G	287	282	212	自社開拓	335
4	富士住建G	274	274	162	自社開拓	318
5	エドケンG	253	253	182	自社開拓	295
6	パシフィックモーゲージ	235	235	195	自社開拓	235
7	トーショーG	228	228	203	自社開拓	230
8	樽浜開発	—	—	—		
9	飛栄産業G	217	216	179	自社開拓	221
10	カネイチG	198	198	154	自社開拓	206
	[地銀生保住宅ローン]					
1	富士住建G	697	697	523	自社開拓	1,009
2	地産G	254	254	0	自社開拓	257
3	末野興産	159	159	109	自社開拓	174
4	麻布G	157	157	109	三井信託銀行よりニッセイ抵当証券経由	157
5	ナナトミ	148	97	79	北陸銀行	161
6	ジージーエスG	—	—	—		162
7	飛栄G	135	135	108	横浜銀行	167
8	TAT No.1 LTS 日本支店	—	—	—		—
9	佐川急便	—	—	—		—
10	メイセー	111	111	95	安田信託銀行	111
	[日本ハウジングローン]					
1	富士住建G	1,767	1,747	1,314	自社開拓	1,840
2	コリンズG	854	853	776	自社開拓	755
3	飯田建設工業	—	—	—		359
4	末野興産	842	842	707	大和工商リース	914
5	丸東工務店G	—	—	—		456
6	朝日住建G	294	289	238	自社開拓	523
7	エムデファイ	—	—	—		283
8	但馬信用保証	270	270	100	自社開拓	355
9	興英コーポレーション	231	231	170	自社開拓	257
10	ビルディング不動産G	—	—	—		181

注1) Gはグループ単位を表す1995年6月末時点の数値.
【出所】『日本経済新聞』1996年2月6日付け.

表 2-2　住専7社の大口貸出先　　　　　　　　　　　　（億円）

1	富士住建 G	不動産業	大阪府	2,988
2	末野興産 G	不動産業	大阪府	2,367
3	コリンズ G	不動産業	東京都	1,200
4	麻布建物 G	不動産業	東京都	1,113
5	朝日住建 G	不動産業	大阪府	1,052
6	桃源社	不動産業	東京都	728
7	メイセー G	不動産業	大阪府	697
8	フジビル	不動産業	東京都	651
9	東海興業・塩川 G	建設産業	東京都	638
10	昭和興産 G	不動産業	大阪府	521
11	トーショー G	金融業	東京都	503
12	カネイチ G	不動産業	大阪府	498
13	太陽エステート G	不動産業	東京都	482
14	タウン開発 G	不動産業	東京都	440
15	都市開発総合センター G	不動産業	兵庫県	436
16	エドケン G	不動産業	東京都	424
17	増澤 G	不動産業	大阪府	408
18	木村産業	不動産業	大阪府	384
19	飯田建設工業	不動産業	東京都	362
20	飛栄産業 G	不動産業	東京都	353

注1)　G＝企業グループ．1995年6月末．
【出所】『日本経済新聞』1996年1月23日付．

　表2-1は，上の国会提出資料から住専7社の貸出先上位10社について，貸出額ならびに不良債権額と，その紹介元等を抜き出したものであり，表2-2は，それらをもとに住専7社が全体としてどのような企業(企業グループ)に融資を集中していたのかを明らかにしたものである．これらのなかには，地上げを自ら手がけ暴力団との関係が取りざたされた企業も含め，「バブルの尖兵」として悪名をはせた企業が多数含まれている．80年代に住専が，従来の安全で安定的な個人向け住宅ローンからその営業基盤を移していった先は，東京や大阪などの大都市圏と一部のリゾート地域の地価高騰を千載一遇の収益機会として，金融機関からの巨額の借入によって土地投機に狂奔した不動産関連企業であった．表2-3は，1990年11月～1996年1月末までに倒産した企業のうち，住専7社のいずれかが債権者であったものを集約したものである．それらの合計は64社(延べ数110社)，焦げ付き額3,436億円にのぼるが，上位20社

表 2-3 住専7社の倒産企業向け債権額　　　　　　(百万円)

	倒産企業	所在地	業種	住専債権額	倒産年月
1	丸東工務店	千葉	不動産業	32,000	1996年1月
2	ナナトミ	東京	不動産売買	19,200	1991年1月
3	東京工営	東京	不動産売買	17,202	1991年10月
4	ライベックス	東京	リースマンション	14,486	1992年4月
5	ジージーエス	東京	金融業	14,466	1991年7月
6	アクト	東京	不動産業	14,248	1991年12月
7	オギサカ	兵庫	建て売り	13,368	1991年3月
8	雅殖産	大阪	不動産売買	12,300	1992年3月
9	大平産業	大阪	不動産売買	11,750	1991年3月
10	オクト	東京	マンション分譲	11,688	1993年12月
11	中央土地建物	東京	不動産売買	10,800	1992年7月
12	太陽住建	東京	リゾート開発	10,267	1993年3月
13	東京ハウジング産業	東京	不動産売買	10,000	1992年12月
14	マルコー	東京	リースマンション	9,920	1991年8月
15	カワシマ本社	東京	不動産売買	9,750	1992年12月
16	北映	東京	不動産売買	9,000	1991年12月
17	三和建物	東京	建築工事	8,506	1994年2月
18	共和	東京	鉄骨工事	7,309	1990年11月
19	平和建物	東京	不動産売買	7,094	1991年4月
20	ミツワ商行	大阪	不動産売買	6,200	1993年8月
	総計			343,637	

注1) 帝国データバンク調べ
【出所】『日本経済新聞』1996年2月3日付け.

の業種から明らかなように,これらはバブル期に住専と一体となって土地投機に明け暮れた不動産業者,マンション分譲業者,リゾート開発業者等の墓碑銘といえよう.

(2) 融資審査を欠如させた貸出行動

そこで次に,住専各社がこれら「バブルの尖兵」に対してどのような姿勢で貸し付けてきたのかを,大蔵省が行なった住専各社の個別債務者ごとの査定報告に即して総括してみよう[4]. まず第一の問題点は,住専各社が,これら不動産関連の諸企業への貸出にあたって融資審査の基本ルールをまったく無視あるいは欠如させていたことである. いわゆる事業向け貸出においては,貸手が銀

行であれ住専あるいはノンバンクであれ,借手である事業者がどのような事業を計画しているのか(事業計画の妥当性),この意図された事業計画を借手が実際に遂行しうるのかどうか(事業の遂行能力),そして最終的に借入額がこの事業計画に対して適切な規模であるのかどうか(事業収益による返済可能性)等を慎重に考慮するのは当然のことである.これらは,営利事業として融資活動を行なうための最低条件であろう.だが,査定内容から明らかなのは,住専各社が例外なく,これらの融資審査を軽視してきたことである.

「事業内容が確認できない海外投資案件」(住宅ローンサービス)や「管理困難な遠隔地プロジェクト」(総合住金)に対する融資,さらには開発の許認可が得られる見通しのないままゴルフ場や市街地再開発などの事業計画に融資し,頓挫した事例(住宅ローンサービス,住総),「解決に長期間を要する訴訟中の物件取得資金」の借入に安易に応需した事例(住総)が指摘されている.さらに,資金が固定化している借手に対して「資金使途や融資額の妥当性把握のための資料などを要求することなく」応需した事例(総合住金)や,支店のオープンに際して顧客開拓を焦るあまり「決算書類を要求しないまま取り組」んだ事例(第一住宅金融)等にいたっては,審査活動そのものが欠如していたことを窺わせる.このような貸手の側での審査活動の軽視あるいは欠如は,当然借手の側での資金の流用やいわゆる転貸しを生んだ.「グループ企業の土地取得資金としての転貸し」(日本住宅金融),「土地取得資金の一部の運転資金への流用」「返済財源の流用」(住総)などが広範に発生し,貸手自ら「与信の都度適当な資金使途を設定する」(総合住金)などという信じがたい事態まで報告されている.

(3) 有担保主義の形骸化

では,このように事業内容,資金使途についてほとんど無審査に近い状態であった住専は,何を拠り所に融資を実行していったのであろうか.いうまでもなくそれは,戦後の第三次土地ブームを前提にした不動産担保主義であった.一般に欧米の銀行に比べて,日本の銀行は,借手の事業内容よりも担保の確か

さを重視する(有担保主義)ということが言われてきた[5]．表面的に見れば，住専もこの日本的な融資慣行に従っていたかのように見える．だが，その不動産担保貸付の実態は有担保主義の名に値しないものであり，これが住専による融資のあり方の第二の問題点をなしている．

有担保主義とは，借手の事業がうまく行かなかった最悪の場合でも担保処分によって元本を確保できるようにしておくという考え方にもとづくものであり，本来は当然第一位順位で担保権が設定されるべきものである．住専各社の内部基準でもそのことが確認されているが，実態はそうではなかった．「都銀の肩代わり案件で，事業計画等の検討がないまま，保全も後順位で応需」(地銀生保住宅ローン)，「債務者から要請されるまま担保の集約及び後順位根抵当権付き貸付金の肩代わりを行い，運転資金にも応需」(日本住宅金融)等の事例が報告され，後に参議院予算委員会に提出された資料では，第5位で30億円の担保権を設定した事例(第一住宅金融)や，第17位で228億円の共同担保権を設定した事例(地銀生保住宅ローン)が記されている[6]．しかも，担保不動産の評価の仕方もいい加減で，「地元不動産業者の意見あるいは債権者提出の鑑定評価をうのみにして時価を算出」したり(住宅ローンサービス)，「赤字が見込まれるプロジェクト資金にも貸付額に合わせるように担保評価を見直す」(住総)ことが行なわれ，通常「七掛け」といわれる担保掛目も時価目一杯，場合によってはそれを超えてなされた(「124%」総合住金，「103%」住総)．さらに同一担保物権に連続して担保権を設定することによって貸し増してゆくことが，広範に行なわれた．先の参議院予算委員会への提出資料では，同一物件に第1-3位，ならびに5位に設定した事例(日本ハウジングローン)や，第1-15位(!)まで連続して担保権を設定し，小刻みに融資を拡大していった事例が示されている．そして，最終的には，「きわめて短期間のうちに融資を急激に拡大．安易に担保解除に応じたことから多額のロスが発生」(日本住宅金融)，「融資物件に担保を徴していない」(住宅ローンサービス)等に見られるように，有担保原則の放棄が一部に発生した．

(4) 「飛ばし」,追い貸しの常態化と会計上の隠蔽工作

住専の貸出姿勢に関する第三の問題点は,以上のような野放図な融資が地価下落に伴って不良債権化してきた際に,住専がどのような姿勢でこれに臨んだのかという問題である.それを一言にすれば,関連会社に不良債権をひとまず移し換えるいわゆる「飛ばし」と,延滞先に対する利払い資金の追加的な融資すなわち追い貸しなどによって,不良債権問題の先送り,その会計上の隠蔽を図ろうとしたことに尽きる.

「飛ばし」については,貸付先からの不良債権回収のために,買取り資金の融資付きで別の不動産業者に土地売買を斡旋したり(住総,総合住金),自ら所有している不動産を決算対策のために関連会社に買い取らせる(住総)等のパターンがあるが,そのなかでも特に際立っているのは日本ハウジングローンである.大蔵省の立ち入り調査によれば,1992年当時日本ハウジングローンは,子会社5社,関係会社9社のほかに,ペーパーカンパニーの受け皿会社19社を設立し,これら合計33社を使って,大量の不良債権の移し換えを行なっており,これら関連会社に対する貸付金は6,466億円に達していたが,有価証券報告書に記載されている関係会社貸付金は,1,827億円にすぎなかった[7].利息金の追い貸しについては,ほぼすべての住専において共通にみられる.「返済財源のあてもないまま利息の追い貸しを行なっているほか,返済が滞りがちであった他の金融機関からの借入の肩代わりを実行」(総合住金)や,「返済財源の検討についても他行肩代わりによる一括返済として利息資金も含めて安易に取り組んだ」(住総)等の事例からは,債権が焦げ付き出した局面でも他の金融機関の融資を肩代わりしたり,あるいは逆に他の金融機関の肩代わりを期待して利息資金を貸し込んでいくなどという野放図な貸出姿勢を継続していたことが浮き彫りになっている.また「主力金融機関ということで赤字補塡資金,利息支払資金を不動産の担保評価換えにより融資」(日本ハウジングローン)などの記述からして,先の同一物件に第1-15位までの担保権を設定していた事例は,延滞債権化(6ヶ月金利支払が滞る)[8]しそうになると,会計上それを回避するために金利部分のみを小刻みに貸し込んでいくことが常態化していたこと

の反映とみてとれる.

　前節の末尾で，大蔵省が1995年8月の第二次立ち入り調査で把握していた不良債権額あるいは損失見込み額に比べて，1994年度末(1995年3月末)の住専の決算報告における債務超過額があまりにも過小である問題を指摘しておいた．明らかにこの問題は，住専各社が，不良債権の最終処理に追い込まれる直前まで，会計上不良債権問題の適切な処理を行なってこなかったことを物語っている．上に示した「飛ばし」や追い貸しの一般化，恒常化の延長戦上に，不良債権の不当な会計上の取扱いがあったのである．

　表2-4は，日本住宅金融の第24期末(1994年4月1日～1995年3月31日)と第25期末(1995年4月1日～1996年3月31日)の貸借対照表と損益計算書の主要項目を対比したものである．表1-4における日本住宅金融の純資産額4,853百万円は，表2-4における24期末貸借対照表の資本金以下の項目の合計額(いわゆる株主資本)である．表2-4から明らかなように，この純資産額は翌1995年度の第25期末には，一挙に1,151,636百万円の赤字，すなわち1兆円を上まわる債務超過に転落した．この突然の財務状態の悪化は，損益計算書における1,144,499百万円の事業整理損の計上によって生じたものであるが，中心部分は921,357百万円の貸倒引当金の繰り入れ(第24期の貸倒引当金繰入額は17,922百万円であった)であった．これが，貸借対照表における貸倒引当金の大幅な不足を招き，最終的に1兆1,500億円に達する債務超過をもたらしたのである．いうまでもなく，日本住宅金融の貸付債権が1995年度に突然一挙に不良債権化したわけではない[9]．それ以前の段階で，日本住宅金融の貸付債権は十分に不良債権化していたのであり，それだからこそ「飛ばし」や利息資金の追い貸しが常態化していたのである．不良債権問題をできるだけ表面化させず，ひょっとすればまた地価が上がってくるかもしれない「その時」まで問題の処理を先送りするために「飛ばし」や追い貸しを繰り返したことが，必要な貸倒引当金の繰り入れ，積み増しという会計上の適切な処理を怠らせ，かえってそのことが不良債権を温存・累積させ，さらなる「飛ばし」や追い貸しを必然化させた．そしてそれらが相乗的に作用しあう過程で，不良債権問題処

表 2-4　日本住宅金融の貸借対照表（第 24 期末と第 25 期末）　　（百万円）

	第 24 期末	第 25 期末		第 24 期末	第 25 期末
流動資産			流動負債		
現金・預金	16,586	17,718	借入金	2,345,825	2,295,452
金銭信託	92,817	2,378	その他	7,924	18,567
有価証券	74,981	12,784	固定負債	3,238	2,406
融資金	1,963,639	1,873,286	支払承諾	42,614	8,042
販売用不動産	125,268	49,995	資本金	31,252	31,252
未収収益	108,282	110,672	資本準備金	28,714	28,714
その他	2,390	93,544	利益準備金	1,227	1,227
貸倒引当金	△78,912	△997,565	欠損金		
固定資産	56,881	1,981	任意積立金	15,112	15,112
支払承諾見返	42,614	8,042	当期未処理損失金	△71,453	△1,227,941
合　計	2,404,550	1,172,838	合　計	2,404,550	1,172,838

日本住宅金融の損益計算書（第 24 期と第 25 期）　　（百万円）

	第 24 期	第 25 期		第 24 期	第 25 期
営業費用			営業収益		
借入金利息	62,382	59,989	融資金等利息	73,216	43,666
不動産費用	6,520	4,770	不動産収益	9,911	6,785
貸倒引当金繰入	17,922	—	その他	1,940	1,744
その他	6,383	4,051	営業外収益	34	20
営業外費用	17	17	固定資産売却益	244	—
有価証券評価損	681	—	為替差益	—	4,654
租税公課引当	37	25			
事業整理損	—	1,144,499	（当期純損失）	9,600	1,156,487
合　計	94,950	1,213,360	合　計	94,950	1,213,360

【出所】　原田富士雄「住専問題と会計職能」（『経済学論纂』中央大学経済学研究会, 第 37 巻第 5・6 合併号）

理のためのタイミングを失い, 最終局面を迎えることになったというのが, 実状ではなかろうか.

(5) 住専を「土地投機の尖兵」に貸し込ませた競争条件

以上から, 住専各社が, いわゆるバブル期に一方では極端な場合には事実上無審査と言うべきずさんな審査体制をとりつつ, 他方で日本的な有担保主義についても担保設定を形骸化させながら, 不動産関連融資に特化していったこと

が明らかとなった．そこで次の問題は，なぜこのようなずさんな管理体制が，特定の住専ではなく住専各社において一般的に生じることになったのかである．問題の発生状況からして，これを個々の住専における個別的な経営問題（個々の経営者の経営力量の問題）に解消することはできない．

住専の管理体制の問題をこのように一般的な視角から捉えようとする場合，まず最初に着目すべきは，住専が80年代にいかなる金融環境，競争条件の下にあったのかということである．これについては前節ですでに，住専がその本来的業務である個人向け住宅ローンの部面で，全国銀行や住宅金融公庫などによって排除されつつあったことを指摘しておいた．まさに住専業界として，生き残りをかけて新たな融資分野を開拓することを迫られていたのである．だが，住専が直面していたこの「新たな融資部面開拓の必要性」は，何も住専に固有の問題ではなかった．日米貿易摩擦の深刻化，アジアNIEsの台頭さらには金融の国際化，自由化を背景に急速に進展したいわゆるセキュリタリゼーション化などによって，大企業の銀行離れが顕著になり，これまで大企業取引，大企業向け貸出を主要な営業基盤としてきた都市銀行や長期信用銀行などの大銀行自体が，融資戦略，さらには融資活動の位置づけも含めた経営戦略の見直しを迫られていた[10]．そして母体行を含む預金取扱い金融機関との競争では，住専にとって彼我の力関係は，個人向け住宅ローンをめぐる「借り換え攻勢」ですでに証明済みであった．（コスト面，社会的信用面での劣位）このような全体状況のなかで，住専が，第三次土地ブームにのって雨後の竹の子のように急速に台頭してきた中小不動産業者，建設業者に，新たな融資戦略の焦点をあわせていったのは，一面で自然の成り行きと言えるであろう．

しかもその際重要なのは，新規貸出先，とりわけ不動産部面におけるその開拓競争は，まさに早いもの勝ちという側面をもつことである．同業他社に一歩でも立ち遅れれば，それだけよりリスクの大きい貸出先に貸し出さざるをえない．表2-5，表2-6は，住専の大口融資先の第1位，第2位を占める富士住建，末野興産の大口借入先上位10社を示したものである．富士住建の場合にも，末野興産の場合にも，住専各社が上位3位まで名を連ねており，その他の大口

表 2-5 富士住建の大口借入先上位 10 社
(億円)

★	①	住総	545
★	②	地銀生保住宅ローン	434
★	③	日本ハウジングローン	375
	④	野村ファイナンス	310
	⑤	三井ファイナンスサービス	210
	⑥	日本抵当証券	184
	⑦	ジェイ・エイ・シー	163
	⑧	ワールドファイナンス	133
	⑨	スミセイ抵当証券	128
★	⑩	第一住宅金融	121
		小　　計	2,603
		その他	2,649
		合　　計	5,252

注1) 関係金融機関と民間調査機関調べ．単位，95 年 11 月末残高．グループ企業は除く．★印は住宅金融専門会社(住専)．各金融機関が共同債権買取機関に持ち込んだ貸出債権額を含む．
【出所】『日本経済新聞』1996 年 2 月 21 日付け．

表 2-6 末野興産の大口借入先上位 10 社
(億円)

	1	日本住宅金融	701
	2	住総	287
	3	日本ハウジングローン	227
★	4	アポロリース	220
	5	総合住金	192
★	6	クラウンリーシング	176
★	7	浜銀抵当証券	148
★	8	九州リースサービス	144
★	9	大阪抵当証券	131
★	10	たいぎんファイナンス	110
		小　　計	2,316
		その他	1,181
		合　　計	3,197

注1) 1995 年 9 月末．★印はノンバンク．各金融機関が共同債権買取り機構に持ち込んだ債権額も含む．
【出所】『日本経済新聞』1996 年 2 月 23 日付け．

借入先もすべてノンバンクによって占められている．住専を含むノンバンクが，金融業界全体としての新規融資先開拓競争でわれ先にと「優良」不動産関連業者に貸し込んでいった様がみてとれる[11]．実際土地投機の性格からして，より大きな資金をより短期間に調達できる業者が，大規模かつ機敏な投機を行なうことによってより大きな投機的利得をより確実に手にしうる．まさに土地投機を派手に仕掛けた一部の不動産業者に対して，住専を含むノンバンクなど二流，三流の多数の金融機関が貸し込み競争を展開し，そうすることによってこれらの「土地投機の尖兵」を少なくともバブルのある局面までは「優良な」不動産業者に仕立てあげていったのである．大蔵省の立ち入り調査で，業容拡大を焦るあまり審査が不十分なまま融資を実行した，あるいは他社の動きを見て貸し込んでいったとの報告が数多く見られるのは，このような住専(ならびにノンバンク)がおかれた競争条件を反映したものである．

(6) 住専各社の母体行依存と経営上の無責任体制

　住専の経営管理体制における第二の問題は，母体行への過度の依存，より正確に表現するならば母体行に事実上従属していた問題である．母体行による設立時点からの出資関係，恒常的な役員，幹部職員の派遣，資金面での依存関係などからして，各住専が程度の差はあれ母体行全体との関係では事実上の金融子会社であったことは否定できない．このような関係のもとで，母体行から新たな融資先について紹介がなされるならば，新規融資先開拓競争のまっただ中にある住専各社が，渡りに船とばかりこれに飛びつくのも当然であろう．もともと事業会社に対する審査体制に関して，これら住専各社と母体行との間には決定的な力量の差があるのだから，これら母体行による紹介案件，さらには都銀等による紹介案件については独自の審査は不要という雰囲気が住専の側で生じたことは十分に考えられる（地銀生保住宅ローンサービスの場合には，後者の事例が複数紹介されている）．なお紹介融資についての詳細は，次節で母体行の立場から改めて検討する．

　ところで，住専各社におけるこの母体行依存の問題は，設立母体行が多数であることとも関連して独自の問題を惹起したと考えられる．長銀各行がほぼ単独母体行（他に証券会社が母体行を構成）をなしている日本ハウジングローンや第一住宅金融を除けば，最少のケースである住宅ローンサービスや住総の場合でさえ設立母体行の数は7行であり，第二地銀によって設立された総合住金の場合には72行，地方銀行と生命保険会社の二つの業界によって共同設立された地銀生保住宅ローンの場合には，地銀63行，生保20社の計83社が設立母体に名を連ねている．これらの母体行（母体企業）が，それぞれに役員や幹部職員を送り込むことによって各住専の経営体制が構築されてきたのであり，その意味で住専各社の経営管理体制は，本質的に「寄合い所帯」としての性格をもつといってよいであろう．このような状況下で，住専各社が，母体行からの紹介案件に依存して融資先の開拓・拡大に取り組むということは，母体行を異にする役員・幹部職員が，それぞれの出身母体行とのつながり，個人的結びつきを生かして紹介案件を獲得してくることを意味し，そこに出身母体を基盤にし

た多数の派閥間の内的競争が成立することになる．このような経営内部における派閥間競争は，一面では派閥相互の力を引き出し合うことによって経営体としての業績拡大につながったと考えられる．だが他面では，経営体としての統一的な意志の形成を困難にし，結果的に「寄合い所帯」に固有の無責任体制をもたらしたのではないか．すなわち，それぞれの幹部職員が出身母体との関係に依存する限り，出身母体行からの紹介案件について一抹の不安を抱いたとしても，それをあえて他行出身者も含まれる取締役会の場で公に問題にするはずはない．なぜなら，出身母体行とのパイプを弱めることは，自らの社内における権力基盤を損なうことになりかねないのだから．だとすれば，他の母体行出身の幹部を通じる紹介案件について問題点を知りえた場合でも，自分の懐を探られたくはないとの判断から，それを黙認する方向に流れる結果になったのではないか．個々の企業幹部が出身母体行との絆にひきずられるという日本的企業文化とあまりに多数の母体行に支えられたという住専の特殊事情が結合することによって，住専各社に共通の脇の甘さ，経営管理における集団的な無責任体制が生まれ，それが上述の不良債権の山を築くことになったのではなかろうか．

3　日本金融界の投機的性格を象徴する住専問題

(1)　あらゆる金融業界をまきこんだ住専問題

　前節では土地投機の尖兵というべきバブル企業に対して，融資審査や抵当権設定などの貸し手としての基本業務を軽視・無視して貸し込んでいった住専各社の内部的な管理体制の問題点を明らかにした．ところでノンバンクである住専各社は，その金融活動のための資金を銀行等からの借入金，外部資金に全面的に依存してきた．住専の土地投機への参入はこれらの金融機関による住専への積極的な資金供給によってはじめて可能となったのである．そこで本節では，貸し手である金融機関が，なにゆえに融資額の76％（事業向け貸出についていえばほとんどすべて）を焦げつかせるような住専に巨額の資金を貸し続けたのかを検討する．

まず各金融業態が，住専各社に対してどれだけの貸出を行なっていたのかを確認しておこう．表3-1によれば，1995年3月末時点での住専7社による借入総額は12兆9,760億円であり，最大の貸し手は農林系統金融機関で貸出額は5兆4,753億円，融資シェアはじつに42.2%に達している．これに，信託銀行2兆59億円，融資シェア15.5%，さらに長信銀1兆5,104億円，同11.6%，都銀1兆4,490億円，同11.2%などの大手銀行が続き，さらに地銀，生保，第二地銀がそれぞれ8,521億円，8,052億円，2,571億円の融資を行なっている．第二地銀以下の業態や証券会社などを一括したその他の融資額は6,210億円である．過当競争の排除という大蔵省の意向にそって複数の金融機関あるいは業態ぐるみでの共同設立という形で住専各社が出発した経緯を反映して，住専業界には日本中のほぼすべての金融業界が貸し手として関与している[12]．住専の借入シェアからみれば農林系統金融機関の貸し込み状況は異常といわざるをえないが，各業態の住専に対する融資集中度(住専向け融資額／貸出総額)の側面からみるならば，信託銀が21.1%と突出して高く，農林系の5.1%，長信銀の2.7%がそれに続き，それ以外は都銀の0.7%を含め1%以下の水準である．いずれにしろ，住専問題が，それがもたらした不良債権の大きさからしても，あるいはまた日本の金融システム全体がそれに深くかかわっているという点からしても，バブル破綻後の不良債権問題の根幹をなしたことは明らかである．

(2) 住専向け融資は銀行業界の投機的金融活動の一環

貸し手の立場からこの住専問題を考察する場合，第一に確認すべきは，住専に対する融資が，80年代におけるわが国の銀行等の金融機関にとっては異常な貸出行動であったわけではなく，むしろ業容拡大の基本戦略にそった行動であったことである．表3-2は，1980年代ならびに1990年代前半における国内銀行のいわゆる不動産関連融資の推移を示したものである．これによれば，都銀から第二地銀(相互銀行)にいたるわが国の銀行は，1980年代に狭義の不動産業に対しては37兆円，建設業に対しては11兆円あまり貸し増しし，さらに

表 3-1 住専各社の借入額の

	都市銀行		長期信用銀行		信託銀行	
日本住宅金融	6,920	29.5%	2,811	12.0%	1,631	7.0%
住宅ローンサービス	3,898	23.1%	897	5.3%	1,517	9.0%
住総	692	3.4%	1,219	6.0%	8,065	39.9%
総合住金	325	2.4%	1,760	12.9%	1,248	9.1%
第一住宅金融	788	4.3%	2,274	12.5%	3,697	20.4%
地銀生保住宅ローン	734	6.0%	323	2.7%	542	4.4%
日本ハウジングローン	1,133	4.5%	5,820	23.1%	3,359	13.3%
合　計	14,490	11.2%	15,104	11.6%	20,059	15.5%

注1) 1. 1995年3月末の数値.
【出所】『日本経済新聞』1996年1月20日付け.

　固有の事業向け貸出や住宅ローンをのぞく個人向け貸出(その多くが不動産投機にまわったと考えられる)を20兆円強増大させた. だが銀行は, このように自ら不動産業者等に直接投機資金を貸し込んだばかりではなく, 住専を含む貸金業, 投資業, 物品賃貸業などのいわゆるノンバンクを経由して間接的に54.6兆円を土地市場に追加的に供給した. 銀行のいわゆる不動産関連融資は, じつに80年代に合計123兆円あまり増大したわけである. 貸出増加額に占めるこれら不動産関連融資の割合は, 80年代前半には42.3%, 後半には59.8%と6割に達した. この時期日本の銀行業は, 生産拡大あるいは消費拡大のためではなくまさに土地投機のために資金を貸し出すことを, 貸出行動の基本に据えていたのである[13]. この結果国内銀行の貸出残高に占める不動産関連融資の割合は, 1980年の18.9%から85年の27.6%を経て, 1990年には38.1%に達した.

　これを業態別に示したものが表3-3である. バブルが本格化する1985年時点ですでに長銀や信託銀は, それぞれ36.7%, 44.3%という高水準の不動産関連融資比率を示していたが, バブルのピーク時である1990年にはそれぞれ52.2%, 55.5%と過半を超えるにいたった.「設備投資が設備投資を呼ぶ」と形容された高度成長期に, 長期金融の専門機関として「重厚長大」産業に設備

内訳と貸出額 (億円)

地方銀行		第二地方銀行	生命保険	農林系統金融機関		その他	合　計	貸出債権
1,185	5.1%	66	1,275	8,923	38.0%	647	23,458	19,636
636	3.8%	32	867	8,617	51.0%	430	16,894	14,285
130	0.6%	50	1,007	7,772	38.5%	1,265	20,200	16,254
93	0.7%	2,165	710	6,833	49.9%	549	13,683	11,283
513	2.8%	160	1,232	8,070	44.5%	1,421	18,155	14,678
4,256	34.9%	16	1,133	4,605	37.8%	578	12,187	8,838
1,708	6.8%	82	1,828	9,933	39.4%	1,320	25,183	22,543
8,521	6.6%	2,571	8,052	54,753	42.2%	6,210	129,760	107,517

表 3-2　不動産関連融資の推移 (億円)

年　末	不動産業	建設業	ノンバンク	個人	合計①	貸出総額②	①/②
1980	114,449	97,768	75,081	40,960	328,258	1,732,600	18.9%
5年間増減	121,030	63,863	212,751	33,651	431,295	1,018,813	42.3%
倍率	2.06	1.65	3.83	1.82	2.31	1.59	
1985	235,479	161,631	287,832	74,611	759,553	2,751,413	27.6%
5年間増減	249,354	46,990	333,718	169,764	799,826	1,336,495	59.8%
倍率	2.06	1.29	2.16	3.28	2.05	1.49	
1990	484,833	208,621	621,550	244,375	1,559,379	4,087,908	38.1%
5年間増減	42,519	61,788	−76,344	44,291	72,254	186,055	38.8%
倍率	1.09	1.30	0.88	1.18	1.05	1.05	
1995	527,352	270,409	545,206	288,666	1,631,633	4,273,963	38.2%
80-90増減	370,384	110,853	546,469	203,415	1,231,121	2,355,308	52.3%
倍率	4.24	2.13	8.28	5.97	4.75	2.36	

注1)　対象金融機関は，国内銀行銀行勘定(1993年9月までは，全国銀行銀行勘定ならびに第二地方銀行(1992年3月までは，相互銀行を含む)の合計)ならびに国内銀行銀行勘定.
　2)　ノンバンクは，貸金業，投資業等の非預金信用機関と物品賃貸業.
　3)　個人には住宅ローンを含まない.
【出所】　日本銀行『経済統計年報』より作成.

投資資金を供給し続けた長期信用銀行は，バブルの荒波のなかで不動産関連融資＝投機金融の専門銀行とでもいうべき状態に陥った．他の業態についても不動産関連融資比率は，第二地銀で 39.3%，信金で 36.4% であり，最も低い都銀，地銀の場合にも 30% 強の水準に達している．このように日本の金融業界

表 3-3 業態別不動産関連融資比率の推移　　　　　（億円）

	1985			1990		
	不動産関連向け	貸出総額	比率	不動産関連向け	貸出総額	比率
都市銀行	267,948	1,142,453	23.5%	549,690	1,732,489	31.7%
地方銀行	153,892	671,794	22.9%	315,987	974,559	32.4%
長期信用銀行	102,638	279,435	36.7%	226,377	433,922	52.2%
信託銀行	59,319	133,840	44.3%	106,363	191,674	55.5%
第二地方銀行	89,471	296,367	30.2%	168,042	427,404	39.3%
信用金庫	102,987	358,107	28.8%	203,078	558,063	36.4%
全国銀行信託勘定	86,310	227,522	37.9%	192,913	327,858	58.8%

注1) 不動産関連向けは，不動産業，建設業，金融保険を除くノンバンク，住宅ローンを除く個人の合計．
【出所】『経済統計年報』(日本銀行)より作成．

が全体としてバブルにどっぷりと浸かってしまった状況下では，土地投機に絡む乱脈融資は金融機関の大小を問わず日常茶飯事化しており，例えば住友銀行のイトマンに対する融資や，日長銀のイー・アイ・イー・インターナショナルに対する融資の乱脈ぶりと，前節で紹介した住専のずさんな融資ぶりとの間にはなんら本質的な違いはないのである[14]．

(3) 投機的金融活動における階層性

だが第二に，日本の金融システムが全体として不動産関連融資にのめりこんでいく過程で，金融機関のあいだの「格の違い」，力関係にもとづいて一定の階層構造が形成されたことが確認できる．大手行を含む銀行業界は，一方で大手・中堅の不動産業者や建設業者に対して直接投機資金を貸し出すと同時に，自行の融資基準を満たさない借り手あるいは担保不足の借り手については，住専を含むノンバンクに貸出を委ねる戦略を採用した．先の末野興産や富士住建の大口借入先リストに住専やノンバンクがずらりと顔を並べているのは，大手金融機関が不動産投機の尖兵であるこれらの最悪のバブル企業に対して自らは直接手を汚すことなく，住専やその他のノンバンクに資金を供給させようとしたことを物語る．土地投機には投機の仕掛け人が必要ではあるが，それらの企

第7章　不良債権問題と「住専処理」　213

表 3-4　住専7社の紹介融資残高とそのうちの不良債権額　(百万円)

[債権者ベース]	紹介融資残高	不良債権額	比率	損失見込額	比率
日本住宅金融	79,060	61,469	77.7%	25,485	32.2%
住宅ローンサービス	468,936	393,302	83.9%	198,368	42.3%
住総	434,820	401,671	92.4%	280,879	64.6%
総合住金	179,980	156,183	86.8%	60,148	33.4%
第一住宅金融	22,843	20,649	90.4%	11,269	49.3%
地銀生保住宅ローン	270,673	227,270	84.0%	131,215	48.5%
日本ハウジングローン	430	0	0.0%	0	0.0%
合計	1,456,742	1,260,544	86.5%	707,364	48.6%
[債務者ベース]					
日本住宅金融	329,704	298,034	90.4%	153,970	46.7%
住宅ローンサービス	737,283	617,610	83.8%	323,426	43.9%
住総	777,816	728,648	93.7%	513,786	66.1%
総合住金	462,266	431,611	93.4%	203,314	44.0%
第一住宅金融	68,061	62,729	92.2%	30,462	44.8%
地銀生保住宅ローン	385,374	339,923	88.2%	195,735	50.8%
日本ハウジングローン	32,273	31,052	96.2%	22,373	69.3%
合計	2,792,777	2,509,607	89.9%	1,443,066	51.7%

【出所】『日本経済新聞』1996年3月2日付けより作成.

業に直接貸し出すのは危険過ぎる．そこで，住専やノンバンクを通じて迂回的に融資をすることによって，いざという時には彼らに損失を押しつけることができるようにしておくというのが，銀行業界の基本的スタンスであったと言えよう．

　この関係をもっとも端的に示したものが，銀行等によるいわゆる紹介融資である．表3-4は，1995年6月末時点での住専7社に対する紹介融資残高ならびにその不良債権化の状況を示したものである．これによれば，債権者ベースでの銀行等による紹介融資の総額は7社合計で1兆4,567億円にのぼり，それは7社の融資総額の14%，事業向け融資総額の17%にあたる．この紹介融資額のうち不良債権化したものは1兆2,605億円，86.5%で，損失見込額は7,073億円，48.6%に達している[15]．ところで，ここで債権者ベースというのは，住専の側が銀行等によって実際に紹介を受け実行した債権だけを対象としたものであり，この最初の紹介の後住専が独自の判断で貸し進んでいった額も

含めた債務者ベースでの紹介融資額は2兆7,927億円と,債権者ベースのそれを1兆3,360億円も上まわっている．この点からすれば,紹介融資を銀行等によって押しつけられたもの,住専はそれをいやいや応諾したというのは明らかに誤りである．だが,受け手の主観的な意図がどうであったかは別として,貸し手の銀行等が融資基準に合わないとして敬遠したバブル諸企業に対して,住専やノンバンクが先を争って貸し込む客観的な状況におかれていたことは間違いない．かって生産金融を主要な舞台に都銀等の大手銀行と相銀・信金・信組などの中小企業向け金融機関との格差構造が指摘されたが[16],バブル期には土地投機のための投機金融をめぐって新たな格差構造が出現したのである．

(4) 住専向け融資に対する「協調融資」幻想

貸し手の側からみた住専問題の第三の論点は,母体行融資と他の金融機関による非母体融資の関係の問題である．表3-5は,住専7社の借入額を,母体行分,一般金融機関分そして農林系統金融機関分の三つに分けて分類したものである．住専各社ごとにこれら3者の構成比にはかなりのばらつきが見られる．信託銀行を母体とする住総ならびに地銀生保住宅ローンで母体行融資比率が44.7%,44.2%と4割を超えているのに対し,長銀・野村証券を母体とする第一住宅金融,第二地銀業界を母体とする総合住金では母体比率は,12.5%,

表 3-5 住専各社の母体行融資比率等 (億円)

	母体行	比率	一般金融機関	比率	農林系統金融機関	比率	合計
日本住宅金融	7,794	33.2%	6,740	28.7%	8,924	38.0%	23,458
住宅ローンサービス	3,507	20.8%	4,769	28.2%	8,616	51.0%	16,892
住総	9,028	44.7%	3,400	16.8%	7,772	38.5%	20,200
総合住金	2,165	15.9%	4,623	33.9%	6,833	50.2%	13,621
第一住宅金融	2,269	12.5%	7,817	43.1%	8,070	44.4%	18,156
地銀生保住宅ローン	5,389	44.2%	2,194	18.0%	4,604	37.8%	12,187
日本ハウジングローン	5,820	23.1%	9,431	37.4%	9,932	39.4%	25,183
合計	35,972	27.7%	38,974	30.1%	54,751	42.2%	129,697

注1) 1995年3月末の数値．
【出所】『金融財政事情』(1995年7月31日号)より作成．

表 3-6　業態別母体行融資比率の推計　　　　　　　　　　（億円）

	住専7社向け融資	母体行分	比率	非母体行分	比率
都市銀行	14,490	9,046	62.4%	5,444	37.6%
長期信用銀行	15,104	8,089	53.6%	7,015	46.4%
信託銀行	20,059	9,371	46.7%	10,688	53.3%
地方銀行	8,521	5,205	61.1%	3,316	38.9%
第二地方銀行	2,571	2,165	84.2%	406	15.8%
生命保険	8,052	1,133	14.1%	6,919	85.9%
農林系統金融機関	54,753	0	0.0%	54,753	100.0%
合　計	123,550	35,009	28.3%	88,541	71.7%

注1)　1. 一部推計値を含む.
【出所】『日本経済新聞』1996年1月20日付け, ならびに『金融財政事情』1995年7月31日号より作成.

15.9% の水準にとどまっている. このような違いを含みつつ住専7社全体としては母体行依存度は, 27.7% である. これ以外の部分については, 一般金融機関が 30.1%, 農林系統金融機関が 42.2% を占めている. 母体としての融資額と非母体としての融資額を各業態ごとに示したものが, 表3-6である[17]. これによれば, 母体行としての融資額が6割を超えるのは第二地銀(84.2%)と都銀(62.4%), 地銀(61.1%) の三つの業態であり, その他の業態では農林系統, 損保の100% は別格として, 生保で85.9%, と非母体としての貸出が高い構成比を示し, 長信銀, 信託銀行では母体行としての貸出と非母体行としてのそれとがほぼ拮抗している. 以上の点から, 農林系統の突出ぶりは別として, 多くの金融機関が設立母体として自系列の住専に貸し込むだけではなく, 非母体としての立場から住専各社に対して積極的に貸し進んでいったことが読みとれる.

では, なにゆえ各金融機関, 各業態は, 自系列以外の住専各社に対して積極的に貸し込んでいったのか. ここでも, 前節で住専各社のあいだでの競争について指摘した「他社(行)が貸すからうちも貸す」という論理が銀行間, 業態間で働いたであろうことは言うまでもない. だが, ここで強調したいのは, 住専の貸付先がバブルの尖兵であったのに対し, 各金融機関が相手にしたのは銀行

等によって設立された金融機関であったという事情である．どの住専も，設立母体は複数の大手銀行，あるいは特定の金融業界であり，これらの金融機関が，設立以降も社長をはじめとする多数の役員を派遣するなど住専各社を実質的に支配下に置いてきた．貸し手としてはこれ以上身元のはっきりした借り手はない．しかも，これらの母体行，母体金融機関が，個別的には融資シェアでかなりの差があるとはいえ継続的に資金供給を行なっており，その点で母体行による「系列融資」という太い資金ルートが厳然と存在しているかのように見えた．これらの事情から，各銀行，金融機関は，非母体としての住専各社に対する融資を，母体による「系列融資」の補完物，すなわち「協調融資」の一種と錯覚することになったのではないか，あるいはそこまでいかなくとも，メインバンクによる保証つきの融資であるかのように過大な期待を抱いたのではないか．このような錯覚，あるいは過大な期待が，他系列の住専に対してお互いに安易に貸し込んでいく背景をなしたように思われる．

　ここで系列融資ならびにその補完としての協調融資という場合，典型的にはわが国のいわゆる6大企業集団における融資関係を念頭においている．これらの企業集団関係の本質，構造，機能について詳論する余裕はないが，そこにおける系列融資・協調融資関係が，現代日本における独占的な銀行資本（金融機関グループ）と同じく独占的な産業資本（大企業グループ）との融合の一形態，支払・決済業務にもとづく預金・貸出関係を媒介とする融合関係であったことは明らかである．両グループはともに独占的諸資本として対等な関係にあり，まさにそうであるがゆえに金融，産業のそれぞれ部面での独占的地位を強化するために相互に利用しあう関係にあった．企業集団に属する大企業が経営困難に陥った場合に，メインバンクが事実上「最後の貸し手」として必要な資金手当てをし，さらにその再建にまで責任をもつというのは，一方ではメインバンクがこれらの事業会社と恒常的に支えあう関係にあったからであり，他方では他の協調融資行によって一任された当該企業の監視・監督機能を果たすことが，互いに独占的銀行資本としての地位を保証しあうことにつながるからである[18]．この一事に照らしてみても，母体行（金融機関）グループとそれによって

一方的に支配・利用される地位にあった住専各社とのあいだで，上の意味での系列融資・協調融資関係が成立しえないことは当然である．各金融機関が，「母体行がついているのだから安心」とばかりに，自系列以外の住専各社に対してろくな審査もなしに貸し進んでいったとすれば，それは「協調融資」幻想であったと言わざるをえないであろう．

(5) 金融機関としての力不足を政策的に利用された農林系統金融機関

以上のような「協調融資」幻想にとりつかれることによって最悪の事態に陥ったのは，農林系統金融機関であった．本稿で取り上げている住専7社には農林系が設立母体となった協同住宅ローンは含まれていないのであるから，農林系統金融機関はここでの文脈ではまさに非母体＝一般金融機関でしかない．にもかかわらず，前述のように1995年3月末時点で，農林系統金融機関は住専7社に対して借入額全体の42.2%を貸し出していた．なぜ，これほどまでに住専に貸し込むことになったのであろうか．

まず，その第一の要因として，農林系統金融機関に対する員外融資規制の問題が指摘されるべきであろう．農林系統金融機関は，農業従事者が相互扶助を目的として設立した農業協同組合を基礎としていることから，組合員から集めた資金については原則的には組合員へ貸し出すことになっている．だが，戦後日本においては一貫した農業つぶし政策のもと構造的に農業部面への再投資の道を断たれており，その結果として，これら農林系統金融機関は，つねに資金余剰状態にあり，一定の規制のもとに員外融資が認められてきた．ここで問題にしている農林系統金融機関の住専向け融資は，1980年10月の大蔵省・農水省の通達で従来信用農業協同組合連合会(以下信連と略記)の員外融資規制(組合員貸出総額の20%以内)の対象外であった「銀行その他の金融機関」に住専が加えられることによって始まった．この措置は，その前年に，農林系統自体が協同住宅ローンを設立したことを受けて，個人向けの住宅ローン市場という確実に成長がみこまれる分野で農林系統の資金を効率的に運用しようという意図にもとづくものであった．

だが，第1節で見たように，80年代に住専各社は，個人向けの住宅金融から不動産業者やリゾート開発業者などへの融資に重点を移すことによって，住宅金融専門会社から不動産専門金融機関へと変質を遂げた．大蔵省・農水省通達では，住専を「銀行その他の金融機関」に含める措置と併行して，住専向け融資の内容を「住宅の取得に必要なものに限る」という限定が与えられたにもかかわらず，農林系統金融機関は，独自の審査体制もないまま，住宅取得とはおよそ無縁の投機的資金を住専に貸し増していった[19]．しかも，都銀等の大手銀行の場合には，住専を含むノンバンクがその性格上担保に値するような不動産を保有していないがゆえに，通常ノンバンク向け融資に際して，債権譲渡担保契約の締結によって担保を確保していたのに対して，これら農林系統金融機関は，大蔵省直轄の，しかも母体行がバックについている金融機関であるからということで，ほとんど担保をとらないまま住専向け融資を実行した[20]．このような事態を，農水省は信連から住専融資の状況を報告させることができたにもかかわらず，長期間にわたって放置しつづけた．

　農林系統金融機関の住専向け融資を拡大させた第二の要因は，1990年3月27日の大蔵省銀行局長，農林水産省経済局長通達「土地関連融資の抑制について」にもとづく，いわゆる不動産関連融資の「総量規制」の実施であった．この「総量規制」は，一方では不動産業向け貸出の増勢を総貸出の増勢以下に抑制するという規制の対象金融機関から住専を除外し，他方で銀行等の一般金融機関には，不動産業だけでなく建設業や住専を含むノンバンクに対する融資の実行状況の報告を求めながら，信連にはそれを求めなかった．すなわち銀行等の一般金融機関からの土地投機に向かう資金ルートを閉める一方で，農林系統金融機関から住専を通じて流れるルートはそのままにしておいたわけである．商業用地の地上げやリゾート開発などに手を染めていた不動産業者たちが，この「総量規制」を契機として住専を通じて農林系統の資金に群がったのは当然であろう．信連の住専向け融資は，1988年度末の6,287億円から91年度末の3兆3,435億円へと約5.5倍化し，農林系統金融機関全体としての融資額は5兆4,753億円に達した．

以上の点からして，農林系統金融機関の場合には，先の「協調融資」幻想を，大蔵省・農水省一体となった政策的誘導がいっそう助長させ，農林系統金融機関を抜きさしならない事態に追い込んだといえよう．

4 住専問題と大蔵省・農水省の行政責任

以上では，住専問題を，住専自体の経営に即して，あるいは住専に融資した金融機関の立場からという違いはあるにせよ，いわば利潤拡大を目的とする私企業の立場から考察してきた．本節では，この問題を，視点を変えて，金融機関の私的な利潤追求にとって外的な条件をなす大蔵省の金融行政・金融政策の側面から検討する．

(1) いわゆる不動産関連融資の「総量規制」等をめぐる大蔵省の政策意図について

住専問題における政策当局の行政責任は，これまでたびたび指摘してきた80年代における住専の変質を放置しつづけた監督責任を別とすれば，バブルのいきすぎを是正しようとした90年前後の時期における行政責任と，バブルがはじけ，地価の急激な下落に直面した90年代前半における行政責任とに，大別できる．まず第一の局面から検討を始めよう．そこでの問題は，前節で留保しておいた不動産関連融資のいわゆる「総量規制」等をめぐる大蔵省・農水省の政策意図の問題である．80年代後半に急激に展開したバブルを抑えるために，日本銀行は1989年より金融引締めに転換し，以来五回にわたって連続的に公定歩合を引き上げた (2.5% → 6.0%)．しかし，バブルの勢いはそれによっては収まらず，業を煮やした金融政策当局は，土地投機を直接のターゲットにした融資規制に踏み切った．それが，前節で紹介した不動産関連融資のいわゆる「総量規制」である．土地関連融資の伸び率を総貸出額の増加率以内に抑えるという選別的でかつ直接的な規制によって，土地市場に向かって開きっぱなしであった資金のパイプが突然閉じられ，さしものバブルもここに歴史的な転換点を迎えることになった．これに端を発する地価の下落が，地価崩壊とな

り，株価暴落とあいまって現在にいたる金融危機，さらには90年代長期不況を引き起こしたのは周知のところである．

ところで，バブル崩壊の引き金という側面のみが一般に評価されるこの「総量規制」等は，住専問題との関連でもう一つの顔をもつ．すなわち，この「総量規制」等が，銀行等に対しては土地関連の融資を直接的に規制する一方で，けっして太くはないが土地投機のための資金を供給する独自のパイプを巧妙に残しておいたことである．土地関連融資の直接的な総量規制の対象から，住専を含むノンバンクだけがはずされ，同時に実施した不動産業，建設業，ノンバンク向け融資についての報告義務を，農林系，具体的には全国信連協会は免れた．この結果，土地投機のための資金供給ルートは，銀行等についてはシャット・アウトされたが，農林系統金融機関（とくに各都道府県の信連）→住専を含むノンバンクというルートが温存され，むしろ銀行等が引き上げた資金を農林系統金融機関が肩代わりする形で，このルートが90年代初頭に急膨張することになった．

大蔵省は，住専を含むノンバンクを「総量規制」の対象外としたことについては，公式には，このような厳しい措置は，大蔵省が許認可権をもつ銀行等には課すことはできても，たんに届け出義務しかないノンバンクには実施できないとの立場を表明している[21]．だが，住専を含むノンバンクは，かってのように都道府県の監督下にあるのではなく，大蔵省の直轄会社として直接の監督下におかれており，「総量規制」の翌年に大蔵省による住専への立入調査が行なわれたことからしても，大蔵省がその気になれば，なんらかの行政指導，政策的介入を行ないえたことは明らかである．また，大蔵省が，同時に「三業種向け貸出」についても行政指導を行なっている点からみて，土地投機を押え込むためにはノンバンクを通じる迂回的な融資ルートについても歯止めをかける必要があることを，大蔵省が認識していたのは明らかである．では，大蔵省・農水省は，なぜこの「三業種向け貸出」の報告義務を，信連に課さなかったのであろうか．これについては，大蔵省・農水省は，農林系統金融機関の住専向け融資が「銀行その他の金融機関向け」として認知された時から，すでに報告義

務が課せられているからとしている[22]．だが，当時，直接的な規制という異例の強硬手段に訴えてまで，土地投機を鎮圧しようとしていた大蔵省の立場からすれば，通達が出されてわずか一年間で信連の住専向け融資額が2兆6,000億円へ倍増しているのだから，初めからこのルートも抑制する意思があったとすれば，農水省に対して事前になんらかの要請があっても不思議はない．にもかかわらず，大蔵省が，何の要請・伝達もしていないのであるから，独自の政策的意図のもとに，意識的にループ・ホールを残しておいたとみるのが妥当であろう．

前節の(3)では，大銀行などによるいわゆる「紹介融資」が，土地投機のなかでももっともリスクの大きな分野への貸出を，住専やノンバンクに押しつける役割を果たしていることを明らかにした．「総量規制」等に際してループ・ホールがつくられた事実は，私的金融機関相互のあいだで力関係に応じて作りだされるこのような階層性を，金融監督当局が「バブル退治」のまっただなかで政策的に利用し，かつ促進しようとしたものと評価できるのではないか．「総量規制」の実施によって，バブルが頓挫し，地価高騰が地価下落に反転するのは不可避であり，それに伴って不動産関連の融資が大量に焦げつくことが予想された．このような金融破綻による影響・被害を，金融システムの中心に位置する大銀行等ができるだけ被らないように，バブルの最終局面，あるいはバブル崩壊の最初の局面で金融システムの周辺領域に位置する住専を含むノンバンクに最大限リスクを転嫁しておく，そのために農林系統金融機関の資金を利用するというのが，大蔵省の隠されたもう一つの政策的狙いだったのではないだろうか．

おそらく農水省の方は，「総量規制」等の実施に際して，大蔵省が，このような政策的意図を背後にもっていたことは，まったく気づいていなかったのではないか．農水省としては，住専を，農林系統金融機関に対する員外融資規制の対象外である「銀行その他の金融機関」として認めて以降は，監督当局として，まったく安全な貸付先として位置づけてきた．農林系統金融機関が，母体行と大蔵省を全面的に信頼して独自の審査を行なうことなく，住専向け貸出を

増やしたのと同様に，農水省も，この「総量規制」実施の時点までは，大蔵省の金融行政に全幅の信頼をおき，大蔵省直轄の金融機関の経営状態についてとりたてて情報をえる努力はしてこなかった．住専が，もはや「住宅の取得に必要な」資金をもっぱら提供しているわけではなく，さらに「住宅開発業者等に対する宅地開発ならびに住宅建設資金」の範囲を越えて投機資金を貸し出していることも，ある程度は感知していたとはいえ，大蔵省が，具体的な行政指導に乗り出さないうちはまだ大丈夫と，たかをくくっていたのではないか．金融行政について絶対的な権限をもち，銀行等に対しては「箸の上げ下ろし」にまで干渉すると言われてきた大蔵省であったがゆえに，住専についても的確に経営状態をつかんでおり，もし経営破綻の可能性が生じた場合には，農林系統金融機関を監督している自分たちにも，大蔵省から何らかの情報提供がなされると期待していたのではないか．だが，それは，農水省側の勝手な思い込みにすぎなかった[23]．むしろ，大蔵省は，この「信頼」関係を逆手にとって，上述のような抜け道を意図的に準備したのである．

(2) 二度にわたって現実性の乏しい「再建計画」の策定を指導した大蔵省の狙い

「総量規制」等の実施は，大蔵省の期待どおり地価高騰を劇的にストップさせたが，その後の地価の下落は，大蔵省の予想を大きく上まわるものとなった．92年3月期以降6大都市圏における商業地の地価は，対前年同期比でマイナス15%〜25%というきわめて高い比率で97年まで連続的に下落し，まさに地価の崩壊現象が発生した[24]．また，大蔵省の隠された政策的意図についても，銀行等から融資を新たに受けられなくなった不動産業者たちがノンバンクや住専に殺到し，それを通じて農林系統金融機関の資金が暴落しつつある土地市場に流れ込んだ．その結果，住専はバブルの最終局面で焦げつくしかない大量の不良債権を抱えることになり，また農林系統金融機関はこれら住専と一蓮托生の関係に陥った．

住専の経営状態の急激な悪化に対応して，大蔵省は1991年9月から92年8

月にかけて，住専各社に対して「第一次立入調査」を行なったが，表1-2で示しておいたように，この調査によって住専全体としては約4割の不良債権（地銀生保住宅ローンと日本ハウジングローンの2社は，50%を越えていた）の発生が確認された．貸出残高の約4割が不良債権化しておれば，金融機関としては事実上の倒産状態にあると考えるのが，普通の判断であろう．にもかかわらず，大蔵省は，住専各社のなかでは当時相対的に不良債権率が低かった日住金を住専問題処理のモデルケースとして位置づけ，その「第一次再建計画」の策定を母体行に求めたのである．

ところで，この日住金の筆頭株主であると同時に中心的な母体行でもあった三和銀行が，大蔵省から2ヶ月遅れて，日住金に対して独自に財務調査を行なった．それによれば，日住金は，実質的な延滞債権を1兆2,000億円抱え，そのうち純粋に損失となる回収不能債権は4,500億円と見込まれ，当時すでに大幅な債務超過のゆえに実質的に倒産状態にあると判断された[25]．大蔵省の「第一次立入調査」と比較して，事実上の不良債権率が約2倍と評価されている点もさることながら，表4-1のように大蔵省が日住金については損失見込みをゼロとしたのに対し，回収不能債権額を4,500億円と見積もっている点で際立った違いを見せている．三和銀行が，この状況下で，日住金を倒産処理することを選択肢の一つとしたのは，当然であろう．

表 4-1 住専7社の「第1次立入調査」における大蔵省の損失見込額（1991～92年）

(億円)

	分類額	第2分類額	第3分類額	損失見込額
日本住宅金融	6,617	6,617	0	0
住宅ローンサービス	4,326	4,293	33	17
住総	7,465	7,438	27	13
総合住金	3,690	3,688	2	1
第一住宅金融	5,435	5,435	0	0
地銀生保住宅ローン	6,252	6,135	117	59
日本ハウジングローン	12,694	11,938	756	378
合　　計	46,479	45,544	935	468

注1）　大蔵省証人の損失見込額＝4分類の全額＋3分類額×50%
【出所】　岩田規久男『金融法廷』

だが，大蔵省は，自らの「第一次立入調査」結果に依拠して，三和銀行が選択肢の一つとした回収不能債権の抜本的処理案を退け，もう一つの選択肢であった母体行による金利減免などの支援を内容とする再建案を，92年8月の母体行会議で取りまとめさせた．この「第一次再建案」がいかに非現実的なものであったのか，あるいはそもそも大蔵省の「第一次立入調査」が，不良債権や回収不能債権をいかに過小に見積もっていたのかは，この計画が，決定後わずか半年あまりで事実上破綻してしまったことに，端的に示されている．それにもかかわらず，大蔵省は，住専の不良債権や回収不能債権の正確な実態をつかむための調査のやり直しもしないまま，母体行に対して日住金の「第二次再建計画」の策定を指導した．

しかも大蔵省は，この「第二次再建計画」を母体行にまとめあげさせるにあたって，「総量規制」以来住専と抜きさしならない関係に陥った農林系統金融機関を繋ぎ止めておくために権謀術策を駆使した．一方で，大蔵省銀行局は，1993年2月3日に，農水省経済局とのあいだで密かに「覚書」を交わした．その内容は，第一に，この再建計画に母体行が責任を負い，取り決められた金利減免措置以上の負担を農林系統金融機関にはかけさせないように，大蔵省が母体金融機関を責任をもって指導していく，第二に，金利減免の水準を，母体金融機関は0%，一般金融機関は2.5%，農林系統金融機関は4.5%とする，そして第三に，この金利減免措置が農林系統金融機関にとってきわめて厳しい内容であることをふまえ，必要な資金を日銀が農林中金に対して融通する，というものであった．他方で，大蔵省は，この「覚書」にそって，93年2月26日の母体行会議において，日住金を通じて各母体行に再建計画に責任をもつ旨の「念書」を書かせ，それを大蔵省銀行局長宛てに提出させた[26]．大蔵省が，日住金の「第二次再建計画」策定段階で，農林系統金融機関の「説得」と「再建計画」の存続にいかに腐心・固執していたかが窺われる．

では，なにゆえ大蔵省は，これほどまでに住専の「再建計画」にこだわったのであろうか．この点を理解するうえで重要なのは，大蔵省が，住専各社で不良債権が大量に発生しているのを把握していながら，「再建計画」進行中を理

由に，各金融機関に対して住専向け融資に関して貸倒引当金を積むことを認めてこなかったことである．再建可能ということで経営努力を行なっている案件について，融資が回収できないことを想定するのは，理屈に合わないというわけである．ここでは，明らかに，「再建計画」の存在が，銀行が住専の不良債権について貸倒引当金を積む，すなわち会計上不良債権の処理を行なうのを，妨げる口実になっている[27]．この点からして，大蔵省が，当時望んでいたのは，住専の文字どおりの再建ではなく，「再建計画の存在」という既成事実にすぎず，住専問題における真の政策的意図は，当面不良債権処理は行なわせない，換言すれば住専問題は先送りする，ということだったように思われる．「第一次立入調査」における不良債権，とりわけ回収不能債権の過小な見積もり，「第一次再建計画」破綻の理由を「予想を越えた地価の急落」に求めておきながら，新たな地価水準での不良債権の実態調査もないまま「第二次再建計画」をただちに取りまとめさせようとしたこと，しかもその際，農林系統金融機関の資金の引上げを回避すべく水面下で強引なまでの政治介入を行なったことなどの一連の事実は，この文脈のもとで，はじめて一貫した意図のもとに遂行されたことが理解されるであろう．

(3)　日本版 "Too Big To Fail" の出発点となった住専問題処理

戦後初の本格的な地価下落に直面した金融機関が，地価のすばやい反転を期待し，それまでの当面のあいだ不良債権化した不動産関連融資の処理を先送りしようという意図をもつことは，資本価値の維持・増大を求める資本の本性からして当然であろう．金融機関の利益を体現した金融行政・金融政策を戦後一貫して遂行してきた大蔵省が，この局面でもそのような意図を金融機関と共有したことはうなずける．だが，前項で明らかにした住専問題における不良債権の先送りという大蔵省の政策スタンスは，バブル崩壊局面での金融機関の「待ち」の姿勢一般に解消しえない問題を含んでいる．

住専問題が，日本の金融システム全体をまきこんだ金融破綻劇であったにしても，各業態が，不動産関連融資（表3-3）あるいは住専それ自体に対する融資

(表 3-1，表 3-6) にどのように関わっていたかに応じて，おのずと住専問題の深刻さも業態ごとに異なっていた．まして，個別金融機関レベルでいえば，不良債権・回収不能債権を処理するための「体力」は千差万別であって，不良債権をいつ，どのように処理するかは個々の金融機関の経営戦略に属する問題であった．

　この点からすれば，先に日住金について筆頭株主でありかつ主要な母体行の一つであった三和銀行が，独自の調査結果にもとづいて，日住金の倒産処理を選択肢の一つとして掲げたことは，三和銀行自身の立場からすれば，この時点で日住金それゆえ住専問題を最終的に処理しておくことが，経営上必要かつ可能であると判断したことを意味している．業態別にみた場合，住専に対する融資集中度や不良債権処理のための「体力」という点で，都市銀行は相対的に有利な立場にあった．とはいえ，表 4-2 に示されているように，三和銀行は，都市銀行のなかでは，さくら銀行とならんで住専向け融資額が 3,000 億円を超え

表 4-2　住専 7 社にたいする紹介融資と貸付額

(億円)

銀　行　名	紹介融資額	貸　付　額	負担見込額
住　　　　友	2,688	896	565
日　本　興　業	207	6,653	4,915
富　　　　士	1,065	667	585
日本長期信用	204	4,677	3,231
三　　　　和	421	3,050	2,787
住　友　信　託	1,574	5,006	3,253
三　井　信　託	1,385	3,342	2,866
三　　　　菱	1,694	732	535
三　菱　信　託	531	5,051	3,214
安　田　信　託	822	3,574	2,330
第　一　勧　銀	1,299	580	535
さ　く　ら	1,249	3,091	3,026
日本債券信用	74	3,454	2,371
東　洋　信　託	912	2,320	2,016
東　　　　海	899	793	608
中　央　信　託	531	1,442	895
あ　さ　ひ	260	947	947

注 1)　貸付額は 95 年 9 月末現在
【出所】『週刊朝日』96 年 3 月 29 日号

ているばかりではなく，日住金に対しては中心的な母体行の地位にあるがゆえに，倒産処理するとすればかなりの負担額が見込まれる立場にあった．にもかかわらず，三和銀行としては，日住金の不良債権・回収不能債権の大きさ，ならびにそれが地価暴落の状況からして今後改善のめどが立たないことから，この時点で最終処理する方が，住専問題の処理費用を抑えるという点から見ても，さらには資産運用全体の健全化という点から見ても，望ましいと判断したわけである．

　だが，他の母体行・一般金融機関の状況は，このような個別的な破綻処理を許さなかった．これは，たんに日住金の他の母体行が，日住金の破綻処理によって直接に被る損失額の大きさから三和銀行による処理案に反対したというにとどまるものではない[28]．むしろ，日住金の先行的処理が，住専問題全体に及ぼす影響を予想して，他の住専各社の母体行あるいは業態ぐるみで強い反対があったと考えられる．具体的にいえば，もし住専の破綻処理が，日住金のようにできるところから個別的・先行的に行なうという形で進行するならば，日住金の財務状態は住専業界のなかではまだましな部類に属していたわけであるから，おのずと経営状態の悪い他の住専に対して，破綻処理を強制する形で市場圧力がかかってくることが予想された．しかも，日住金の先行的な処理は，償却余力のある母体行による破綻処理であるのだから，これまでの金融界における慣行からすれば，母体行が中心的に損失負担を担う処理形式になる可能性が強かった[29]．もし，事態がこのように進行するならば，住専7社に関してはまったく母体としては関与していない農林系統金融機関の問題は別としても，貸出額の20％以上を住専業界に貸し込んできた信託業界の場合や，さらには第一住宅金融に対して唯一の母体行となっている日本長期信用銀行や，日本ハウジングローンに対して二行のみで母体行を形成している日本興業銀行や日本債券信用銀行などの長期信用銀行の場合には，実際に個々の金融機関の経営破綻に結びつく可能性がきわめて大きかった．これらの業態や銀行が，三和銀行の倒産処理案に強く反対したのは容易に予想できる．

　大蔵省もまた，バブル崩壊後，住専問題に対応するにあたって，このような

危機認識をもっていたはずである．そして，重要なのは，大蔵省が，この状況認識の上に立って，当時大手銀行の一角が崩れるならば，それが日本の金融システム全体の動揺につながりかねないと判断し，そこから，「大手銀行は一行たりともつぶさない」という基本的立場を固めたと思われることである．これは，大蔵省が自ら推進してきた「金融の自由化」の流れに反して，バブル崩壊局面で，バブルにまみれた大銀行を救済・温存するために，新たな「護送船団方式」を採用したことを意味するにほかならない．「護送船団方式」という場合，通常大銀行に比べて経営効率の悪い中小企業向け金融機関を基準にして金融行政・金融政策を運営するものと理解されてきたが，少なくともバブル崩壊後の不良債権処理については，それは明らかに事実に反する．この新たな局面での「護送船団方式」で保護・救済の対象となったのは，一部の大銀行である．つい先日まで日本の金融界全体にかかわって「銀行不倒神話」が語られていたにもかかわらず，90年代前半以降信用組合や信用金庫，さらには第二地銀などでは，乱脈融資のかぎりを尽くした金融機関が次々と経営破綻し，銀行部面からの撤退を余儀なくされた．中小金融機関の経営破綻は，それが預金者の全般的な取り付けに発展しない限りは容認するが，金融システム全体を揺らぎさせかねない大手銀行の経営破綻は，断固阻止する，すなわち，アメリカの80年代金融破綻処理でひそかに懸念された"Too Big To Fail"が，日本では，バブル崩壊直後から，大蔵省の金融危機管理の基本方針に据えられたのである．償却余力のある銀行による住専の個別的・先行的な処理を認めず，それどころか偽りの「再建計画」を二度にわたって策定させ，それを理由に住専の不良再建処理を丸ごと先送りさせたのは，この"Too Big To Fail"という基本的立場を実現するためだったのである．だが，まさに日本版「ゾンビ銀行」を，ただ大銀行であるという理由で温存したことが，住専問題，ひいては不良債権処理問題をきわめて深刻な事態にまで追いやり，住専処理については最終的に税金を注ぎ込む措置をまねき，さらに97年末以降大銀行部面で金融危機を本格化させる結果になったのである．

5 住専処理はいかに行なわれたのか

そこで,大蔵省によって2回にわたって先送りされた住専問題が,最終的にどのような形で処理されたのかをみておくことにしよう.1993年2月に決定された「第二次再建計画」は,母体行が金利を0%にすることを柱とした金利減免措置によって10年間で予想損失額を処理することを意図していたが,その前提条件は回収不能債権がそれ以上増えないことであった.だが,地価は,前述のように,6大都市圏の商業地についていえば年率20%前後の水準で下落しつづけ,住専各社の不良債権・回収不能債権は雪だるま式に増大していった[30].その結果,さしもの大蔵省も1995年6月に住専各社の「再建計画の抜本的な見直し」の必要を認め,「第二次再建計画」の事実上の撤回を余儀なくされた.これを契機に,9月における住専各社ごとの母体金融機関の会議,さらに10月以降の母体行と農林系統金融機関との数回にわたる交渉があいついで開催され,住専の整理・清算が基本的に確認された.だが,後述のように責任の所在や損失負担をめぐる利害関係の対立から,関係諸機関による意見調整は難航をきわめ,結局11月に入って大蔵省による政治的調停が本格化することになった.以下,大蔵省が提示した住専処理の素案を起点とする政治的調停過程を概観しつつ,住専の破綻処理の問題点を明らかにする.

(1) 母体行責任での処理を最初から回避した大蔵省・銀行業界

大蔵省が主導した住専の処理案策定の過程では,最初から母体行の責任による住専処理という方式は選択肢の外におかれた.大蔵省が処理案作成のたたき台として11月半ば過ぎに提示した素案(図5-1)では,住専の不良債権処理のために設立される「受け皿機関」への債権譲渡に際して生ずる損失額7兆3,000億円は,母体行・一般行がともに債権の85%(6兆3,000億円)を放棄し,農林系統金融機関が18%(1兆円)を放棄することを通じて,民間金融機関によって負担されるべきものとされていた.この大蔵原案について,「民間銀行の負担で農林系機関の債権放棄を少なくする仕組み」との評価がただちに流布

230

図 5-1 住専処理の仕組み(大蔵省素案)

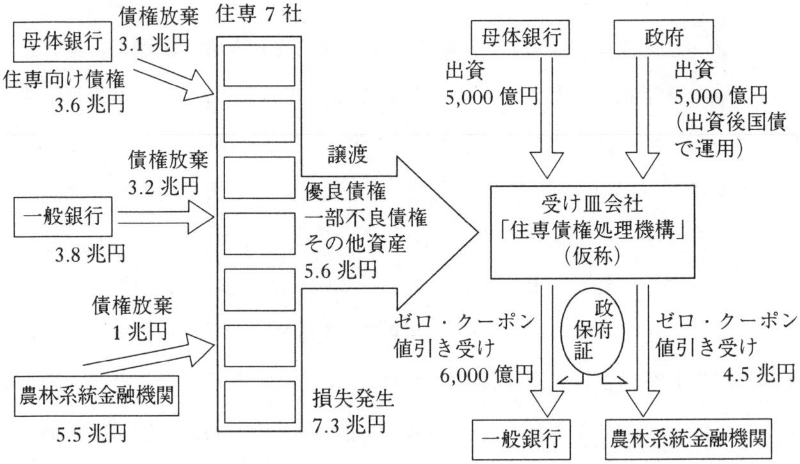

[図：住専7社への債権放棄と受け皿会社「住専債権処理機構」(仮称)の仕組み
- 母体銀行：住専向け債権3.6兆円、債権放棄3.1兆円
- 一般銀行：3.8兆円、債権放棄3.2兆円
- 農林系統金融機関：5.5兆円、債権放棄1兆円
- 住専7社：譲渡 優良債権・一部不良債権・その他資産5.6兆円、損失発生7.3兆円
- 母体銀行：出資5,000億円
- 政府：出資5,000億円(出資後国債で運用)
- 受け皿会社「住専債権処理機構」(仮称)、政府保証
- 一般銀行：ゼロ・クーポン値引き受け6,000億円
- 農林系統金融機関：ゼロ・クーポン値引き受け4.5兆円]

【出所】『日本経済新聞』1995年1月19日付け.

されたが[31]，このような評価は，住専問題のそれまでの経緯や従来の金融慣行などをまったく無視したものと言わざるをえない．

　第一に，二回にわたる「再建計画」が，母体行による金利減免を中心的内容としていたことに集約的に表現されていたように，住専問題の責任は母体行にあるというのが，住専問題全体の経緯，住専各社が事実上母体金融機関の子会社として活動してきた事実からごく自然に出てくる理解であろう．「第二次再建計画」の策定に際して，大蔵省があえて農林省とのあいだで，母体行が再建計画に責任をもち，農林系機関には今回の金利減免以上の負担はかけさせないという内容の「覚書」をとりかわしたのも，まさにこのような理解を無視しえなかったからである．第二に，銀行系列のノンバンクの破綻処理は，母体行の責任で行なわれるべきだというのは，従来の金融界におけるメインバンクによる破綻処理の慣行にもとづいて，大蔵省自身が，静岡信用金庫系列の静信リースの破綻処理において確認した原則であった．静信リースの場合には，全債務を母体である静岡信用金庫が負えば母体行自身の経営破綻に導きかねないということで，例外的にいわゆる「修正母体責任方式」が採用されたにすぎな

い[32]．これらの事情を踏まえるならば，住専処理にあたっては，まず「母体行責任主義」にもとづく破綻処理を追求するのが本筋であって，そのうえで個々に母体行が負担を負いかねるという場合に限って「修正母体行責任方式」が検討されるべきであった．

だが，大蔵省が原案で採用したのは，「母体行責任主義」でもなければ「修正母体行責任主義」でもなかった．母体行は，自身の全債権の放棄すら求められなかったのである．その意味では，大蔵原案は，全債権者に債権額に応じて損失負担を求めるいわゆる「貸し手責任主義」の変形というべき処理策であった．それが基本的に意図したものは，「母体行責任主義」の排除であり，これを前提とした関係金融機関のあいだでの損失負担の違いは，質的問題ではなくたんなる量的問題でしかなかった．

大蔵省が，このような「母体行責任主義」の排除を原案段階からもちだしてきたのは，前述のように「大手行は一行たりともつぶせない」と考えていたからである．表5-1は，処理案が検討されはじめた時点で，「母体行責任主義」，「修正母体行責任主義」そして「貸し手責任主義」を採用した場合に各業態が負担することになると考えられた予想損失額を示したものである．おそらく，「母体行責任主義」を採用すれば，興銀はともかく日本債券信用銀行ならびに

表 5-1　住専7社向け融資の損失額試算　　　　　　　　（億円）

	貸出残高	母体行責任	修正母体行責任	貸し手責任
都　　銀	14,659	※16,970	11,309	7,183
長信銀	15,104	※20,939	9,760	7,401
信　　託	21,965	11,548	※14,346	10,763
地　　銀	8,521	5,838	※6,230	4,175
第二地銀	2,571	※6,674	2,288	1,260
生　　保	8,062	1,255	3,170	※3,950
損　　保	1,915	0	517	※938
農林系	54,753	0	15,136	※26,829
その他	1,483	0	466	727

注1）　※印の数字は，それぞれの業態で最大の損失額．
【出所】『日本経済新聞』1995年11月8日付け．

日本長期信用銀行の経営破綻は必至であり,「修正母体行責任主義」をとれば,一部の信託銀行の経営破綻が懸念されたのであろう[33]. 大手行はつぶせないと判断していた大蔵省がとるべき途は,母体行の責任を問わない処理策でしかなかった.

(2) 破綻処理の局面でも問題の先送りを意図した大蔵省・銀行業界

この大蔵原案に対しては,当然,先の「覚書」を反故にされた農林系統金融機関の側から強硬な反対意見が出された. 農林系の主張は,住専問題を深刻化させた責任は母体行にあるのだから,その責任を不問に付したまま,母体行と同じ「貸し手責任」を農林系に求めるような処理にはいっさい応じられないという,処理の形式,枠組みにかかわる原則的反対であった. さらに,「母体行責任主義」を免れた銀行業界の側からも,一般行としての負担も含めれば6兆3,000億円に達する損失負担は大きすぎるという,反対意見が出された.

利害の対立する両陣営から挟撃された大蔵省は,都銀の一部に「修正母体行責任」もやむなしとする意見が出はじめたこともふまえ[34],農林系の実質的な協力を引き出すために,母体行による債権の全額放棄と農林系による資金贈与形式の採用(債権は全額返済)という修正を行なうことにした. だが,上述のように「修正母体行責任主義」では信託銀の一部や長銀などで経営破綻が生じる懸念があったため,大蔵省は,この修正にあたって損失処理の一部先送りを決断した. それが,当初7兆3,000億円と見込まれた損失予想額のうち,「実際の損失額が最終的に確定されていない第三分類債権」の処理を「二次損失」として,「受け皿機関」への債権譲渡時に発生する「一次損失」から切り離すという提案であった. 素案の提示からわずか10日間あまりのうちに,一次損失は全体として6兆円強に圧縮され,その結果,母体行・一般行の債権放棄という形態での損失負担は5兆2,000億円に,また農林系統金融機関の贈与や出資形態での損失負担も1兆円前後にまで切り下げられることになった(図5-2). この二次損失として切り離された第三分類債権は,後の最終案でも「回収不能がほぼ確実」と評価せざるをえなかった債権であり,回収可能かどうかという

第 7 章 不良債権問題と「住専処理」 233

図 5-2 住専処理の仕組み

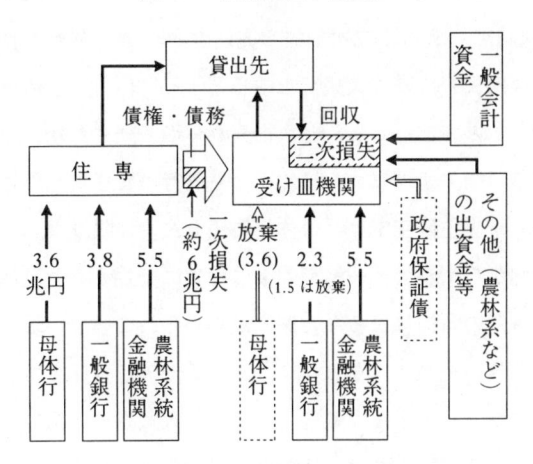

【出所】『日本経済新聞』1995 年 11 月 28 日付け.

点では回収不能債権であり，ただ 100% 焦げつくかどうか現時点で不明であるというにすぎない債権である．もし住専の不良債権処理を責任をもって行なうというのであれば，この部分だけを切り離して処理を先送りすることなどありえない話である．その意味で「二次損失」なるものは，当面の負担額を抑えるために大蔵省がもちだした屁理屈であり，住専処理の最終局面でも大蔵省が不良債権の迅速かつ全面的な処理をめざしてはいなかったことを物語るものである．

(3) 公的資金の導入によって損失負担の回避をもくろんだ大蔵省・銀行業界

ところで，大蔵省による住専処理の修正案は，破綻処理の一部先送りを公的資金＝財政資金の投入によって実現しようとするものであった．住専処理に際しての公的資金投入問題は，あたかもそれが農林系統金融機関を救済するために計画されたものだとする理解が流布されてきたが[35]，それは明らかに事実経過に反している．

大蔵省が，財政資金投入に直接言及するようになったのは，損失処理額を抑

制するために第三分類債権を二次損失として分離し，その処理を先送りしようとした11月末時点である．二次損失を先送りし，銀行業界の負担を抑えるといっても，一次損失の段階で大銀行を中心とする母体行が全債権を放棄するところまで譲歩したのであるから，一次損失から切り離された二次損失，すなわち第三分類債権の損失処理までも母体行・一般行の責任で処理させられることになるならば，事実上修正案は「母体行責任方式」に限りなく近づくことになる．大銀行の側からすれば，一定期間後に確実に発生すると見込まれる予想損失について，自らの負担にならない保証が与えられていない限り，先送りといっても最終的な負担軽減にはならない．また「母体行責任主義」での処理を最初から回避しようとしてきた大蔵省としても，大蔵省の威信にかけて素案における基本的枠組みは維持しなければならない．だとすれば，このような事態のもとで大蔵省が二次損失の穴埋めのために財政資金を投入するという方針を決めた意図は，明らかであろう．それは，処理案作成の当初から大蔵省が考えていた「大手銀行はつぶさない」という基本的立場を，政治的調整過程のなかで生まれてきた母体行による全債権の放棄という新たな条件の下で維持するために不可欠の道具立てであったのである．

　だが，この11月末の修正案では二次損失の穴埋めに限定されていた財政資金の投入は，96年1月末の最終案(図5-3)では，民間金融機関の負担で処理されることになっていた一次損失についても投入されることになった．これは，修正案段階では農林系統金融機関が負担しうるぎりぎりの上限と目され，大蔵省としても農林系が受け入れるものと期待していた1兆円あまりの負担額が[36]，95年12月14日時点で突然農水省から5,300億円に減額通告された結果によるものと言われている[37]．先の「覚書」の経緯からも明らかなように，住専問題をめぐって「再建案」策定の段階から大蔵省と農水省とは，それぞれが代表する業態の利害，さらには官僚機構としての独自の省益を実現すべく，たがいに政治的駆け引きを行なってきた．破綻処理にいたるまでは，総じて大蔵省が農水省をうまく抱き込みつつ農林系統金融機関の資金を住専にふり向けさせてきたのであるが，損失負担をめぐる最終局面で，いわゆる族議員と呼ばれ

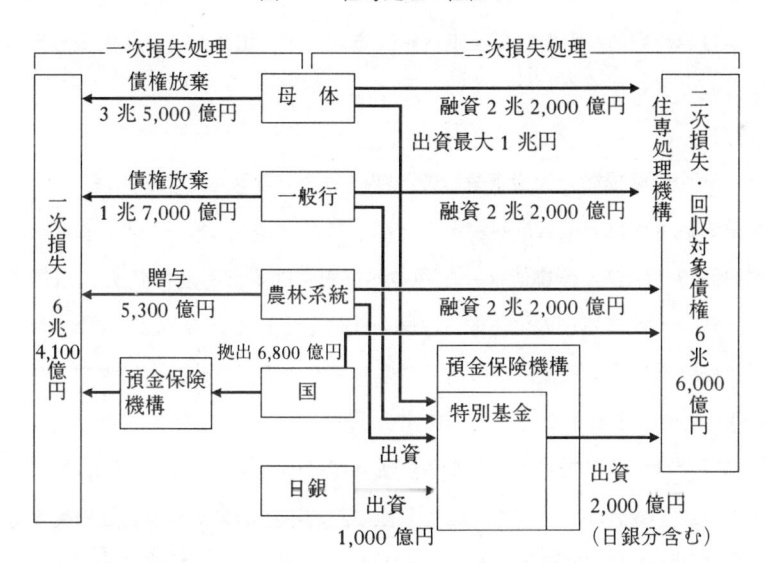

図 5-3　住専処理の仕組み

```
           ――― 一次損失処理 ―――  ――――― 二次損失処理 ―――――
              債権放棄                融資 2 兆 2,000 億円       二
              3 兆 5,000 億円  母 体                           次  住
   一                                出資最大 1 兆円            損  専
   次          債権放棄                                        失  処
   損          1 兆 7,000 億円 一般行   融資 2 兆 2,000 億円      ・  理
   失                                                        回  機
   6          贈与                                           収  構
   兆         5,300 億円       農林系統  融資 2 兆 2,000 億円     対
   4,100                                                    象
   億    預金保険  拠出 6,800 億円     預金保険機構             債
   円    機構          国            特別基金                  権
                                                           6
                                   出資                     兆
                     日 銀          出資  2,000 億円         6,000
                                   1,000 億円 (日銀分含む)    億円
```

【出所】『日本経済新聞』1996 年 1 月 25 日付.

る農林系議員の強力なバックアップもあって農水省による閣議決定(95 年 12 月 19 日)直前の部分的な巻き返しが効を奏し，対応に苦慮した大蔵省が国民への新たな負担転嫁で急場をしのがざるをえなくなったものと言えるのではなかろうか．

　以上の点からすれば，住専処理における財政資金の投入問題は，11 月末の修正案段階で二次損失という形態で第三分類債権の先送りを意図した大蔵省が，財政資金でその穴埋めを行なおうとしたことが，そもそもの出発点であり，その意味で「大手銀行はつぶせない」，すなわち金融システム維持のためには財政資金の投入はやむなしとの大蔵省の判断・決定が，基本線をなしている．そして，このような既定方針があったればこそ，12 月末の，農水省から大蔵省に対して農林系統金融機関の損失負担額について突然の減額通告がなされるという緊急事態に対しても，大蔵省はなんら躊躇することなく，その減額分を新たに国民に転嫁するという形態で処理することを決断しえたのである．この一次損失への財政資金の投入の経緯だけに着目し，農林系統金融機関救済

のために国民の血税が使われると一面的に主張するのは，不良債権処理に際して大銀行救済のための新たな「護送船団方式」を採用せんとした大蔵省を免罪するものと言わざるをえないであろう．

(4) 預金保険機構を大蔵金融行政の別働隊に変質させた住専処理

閣議決定された大蔵省最終案をもとに，1996年6月18日に成立した「特定住宅金融専門会社の債権債務の処理の促進等に関する特別措置法」(以下「住専法」)による住専処理の全体像は，図5-4に示されているとおりである．

預金保険機構は，預金保険機構内の住専勘定に設置された金融安定化拠出基金の1,000億円と日本銀行からの拠出金1,000億円を出資して，住専処理を具体的に行なう受け皿機関である住宅金融債権管理機構(以下住管機構)を設立する．この住管機構は，一方で，住専7社の回収不能債権にかかわる損失見込み額6兆2,700億円と欠損見込み額1,400億円の合計，6兆4,100億円を処理し，他方で，正常資産3兆4,900億円と第三分類債権も含む回収見込み不良資産3兆2,900億円の合計，6兆7,800億円を譲り受け，その回収に努める．前述のように，閣議決定直前の農水省側の抵抗によって民間金融機関の負担で処理できなくなった一次損失のうちの6,800億円については，預金保険機構内の住専勘定の緊急金融安定化拠出基金をつうじて財政資金が投入される．また住管機構が，住専からの債権譲り受けのために母体行・一般行・農林系統金融機関から低利融資を受けた6兆6,000億円(各機関ともに2兆2,000億円)については，預金保険機構が元本保証をし，実際に譲り受けた債権のうち最終的に回収不能となり損失処理されなければならない二次損失については，その二分の一はオール・ジャパン＝奉加帳方式であらゆる金融業界から集められた金融安定化拠出基金(住管機構への出資分を除く)の運用益で，残りの半分は，一次ロスと同様に緊急金融安定化拠出基金経由で支出される財政資金で，穴埋めされる．

大蔵省が主導した住専処理の基本的枠組みが，預金保険機構によって支えられていることが一目瞭然である．預金保険機構とは，元来預金取扱い金融機関

第 7 章 不良債権問題と「住専処理」 237

図 5-4 住専処理のスキーム

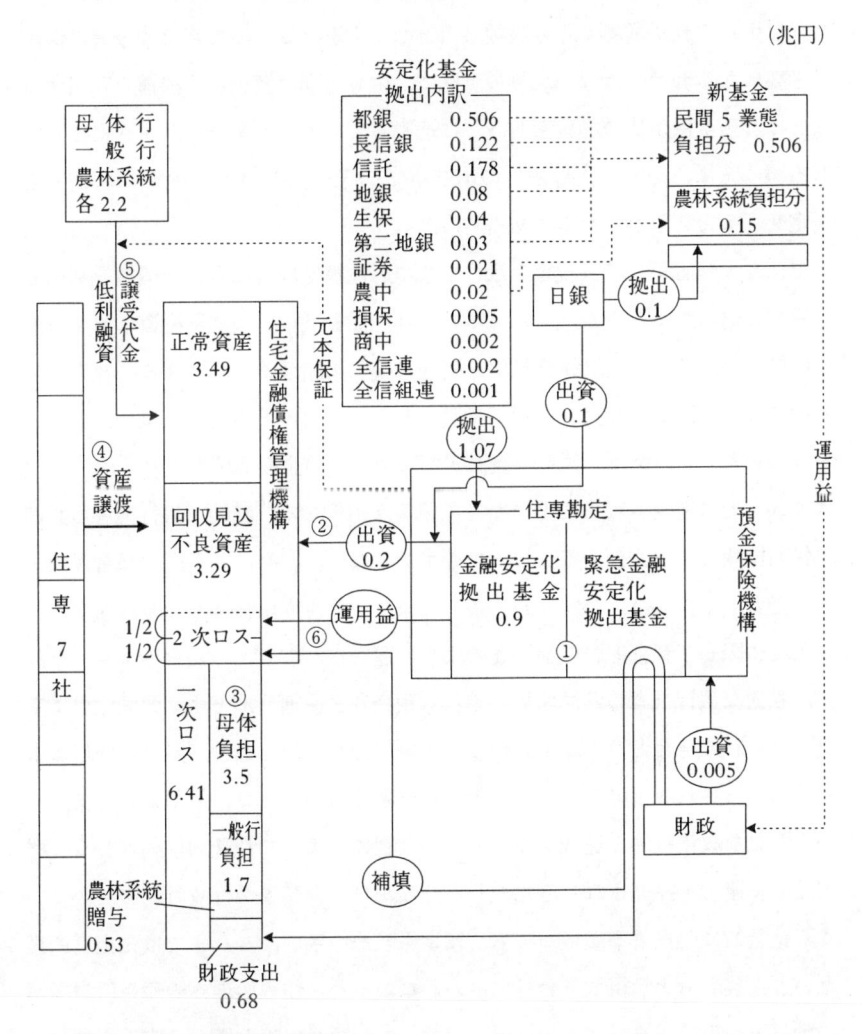

(兆円)

安定化基金 拠出内訳	
都銀	0.506
長信銀	0.122
信託	0.178
地銀	0.08
生保	0.04
第二地銀	0.03
証券	0.021
農中	0.02
損保	0.005
商中	0.002
全信連	0.002
全信組連	0.001

新基金
民間 5 業態負担分　0.506
農林系統負担分　0.15

母体行・一般行・農林系統 各 2.2

⑤ 譲受代金／低利融資
④ 資産譲渡

住宅金融債権管理機構
元本保証

正常資産 3.49
回収見込不良資産 3.29
2 次ロス 1/2 1/2
一次ロス 6.41
③ 母体負担 3.5
一般行負担 1.7
農林系統贈与 0.53
財政支出 0.68

② 出資 0.2
⑥ 運用益

住専勘定
金融安定化拠出基金 0.9　緊急金融安定化拠出基金
①

日銀　拠出 0.1
出資 0.1
拠出 1.07

預金保険機構
出資 0.005
財政
補填
運用益

住専 7 社

【出所】『金融財政事情』1996 年 7 月 29 日号.

が経営破綻に陥った際に預金者を保護するために設立された機構である．しかも，法律上は，預金保険限度額の設定にみられるように，1,000 万円以内の零細預金者を保護することを基本目的としている．今回，預金保険機構が 100% 出資の子会社である住管機構をつうじてその破綻処理を行なうことになった住

専は，いかなる意味でも預金取扱い金融機関ではない．預金取扱い金融機関でない以上，それが業界ぐるみ破綻したとしてもそれによって直接預金者の保護が必要になるわけではない．その意味で，住専処理に預金保険機構を利用することは，預金保険法の趣旨を明らかに逸脱している．大蔵省は，まさにそうであるがゆえに，先の「住専法」の第三条で，「預金保険機構の業務の特例」を規定せざるをえなかったのである．

では，大蔵省が，特例規定を設けてまで，住専処理に預金保険機構を利用した意味は何なのであろうか．これについては，住管機構への低利融資に対する政府保証をめぐって，それが直接財政資金の投入に結びつくがゆえに，預金保険機構による保証とした方が国民の批判をそらしやすいとの判断が働いたと，言われている[38]．確かに，預金保険機構が預金取扱い金融機関が支払う保険料収入で基本的に運営されることになっている点からして，私的な銀行業者の共同の保険機関という側面をもつことは否定できない．だが，わが国の預金保険機構の場合，その設立の経緯からみても，またバブル崩壊後個々の金融機関の経営破綻に際して預金保険機構がどのように運営されてきたのかをみても，それが，私的な銀行業者の共同意思，それも預金者を保護せんとする共同意思に基礎づけられてきたとはとても評価できない．むしろ，それは，バブル崩壊によってもたらされた金融不安という新たな金融環境のもとで，信用秩序の維持という新たな政策目的を達成するために，大蔵省によって裁量的に動かしうる機構として運営・拡充されてきた．しかしながら，大蔵省が行政目的のためにいくら裁量的に動員するといっても，預金保険法の手前，これまでは預金者保護という大義名分を無視するわけにはいかなかった．住専処理への預金保険機構の動員・利用は，まさにこの制限を突破して，預金保険機構を名実ともにバブル崩壊後の大蔵金融行政の別働隊として利用することの宣言とみなされる．1997年末の金融危機の本格化以降，日銀特融の乱発とならんで預金保険機構による負債超過に陥った大銀行に対する巨額の救済措置が問題となっているが，その出発点は，1996年の「住専法」における住専処理への預金保険機構の動員に求められるべきであろう．

1) 住専業界を全体として整理することが政治的に決定されたにもかかわらず農林系の協同住宅ローンだけが当面破綻処理を免れたことは，この住専問題における農林系統金融機関(信用農業協同組合連合会や農林中金)の関わりの深刻さを浮き彫りにするものである．だが，協同住宅ローンは住専業界のなかにあっては1979年設立の最後発部隊であり，また経営規模も他の7社の半分以下の水準であり，業界全体としての動向に影響を及ぼす存在ではない．
2) 1970年代に住専を事実上の住宅金融専門子会社として設立した各金融業態，各母体行は，70年代後半には自らも個人向け住宅ローンを手がけるようになった．ところでこの段階では，住専が提供する住宅ローン商品は，連帯保証人がいらない点や，融資限度額が大きく返済方法も多様化されているなど，なお製品差別化で一定の有利性を保持していた．だが1980年代に入ると母体行は多様な商品開発を行ないつつ，住専の取引相手のなかで優良な顧客にターゲットを絞りつつ「借り換え攻勢」を積極的に展開するようになった．住専の行なう住宅ローンの実行やその月々の返済が母体行の預金口座を通じて行なわれるのであるから，顧客調査は母体行にとってはきわめて容易であり，また住専が母体行などからの借入に依存している限りコスト面での母体行有利は明らかであった．この母体行による「借り換え攻勢」の結果，住専は1983-90年にかけて，一方で37万件の新規顧客を開拓したにもかかわらず，全体として貸出件数を17万件も減少させることになった．以上の点については，野田正穂「『住専破綻』と母体行の責任」(山田弘史，野田正穂編『現代日本の金融』，1997年，新日本出版社所収) 88-90頁参照．
3) 1995年時点で，わが国の家計負債は全世帯平均で425万円，借入世帯平均では1,006万円であり，借入世帯は全世帯の過半を超えている．この家計の負債は，住宅ローンといわゆる消費者信用の二つのタイプに大別されるが，1件あたりの金額では前者が圧倒的に大きくなっている．バブル崩壊後不況が長引くとともに，個人の自己破産が社会問題化しているが，その中心は「多重債務者」の表現に端的に示されているように消費者ローンがらみの破産であり，所得階層的には低所得者層，金額的には300万円台の負債に多くみられる．鈴木淑夫・岡部光明編『日本の金融』東洋経済新報社，1996年，62-64頁参照．
4) 大蔵省は，1995年から1996年にかけて当時最大の不良債権問題とみなされた住専問題を処理するために，住専処理法案を含むいわゆる金融6法案の成立をもくろんだ．これらの法案の背後にある大蔵省の意図は，公的資金の投入をてこに，すなわち納税者である国民に負担転嫁するという「高度な政治的判断」にもとづいて，これまで「貸し手責任」と「母体行責任」を互いに主張することによって歩み寄りを見せなかった都長銀をはじめとする民間銀行団と農林系統金融機関との両者に対して，「政治的妥協」を強制することであった．半年間に及ぶ「住専国会」では，国民の血税投入の是非をめぐってさまざまな視角から議論がなされたが，大蔵省は，この国会審議に対して一貫して情報を小出しにする態度をとった．本節で主要に依拠している大蔵省の住専7社の個別貸出先に対する査定報告は，1996年1月19日の政府提出資料(前節で具体的に検討した一連の資料)では大口貸出先リストが匿名であったことに対して与野党から強

い批判が出されたことを受けてのものである．その詳細については，『日本経済新聞』1996年2月6日付け等を参照．
5) 商業銀行が銀行信用の本来的形態である商業手形の割引などの短期金融を中心に貸出を行なっている場合には，もちろん担保貸付など問題にならない．戦後日本の高度成長過程では，企業の旺盛な投資資金需要があったにもかかわらず社債や株式などの証券市場が未発達であったため，銀行がしばしば設備投資資金を供給する役割を果たさざるをえなかった．このような長期貸付の必要性と戦後一貫した地価上昇が，わが国における不動産担保貸付を一般化する基本的条件であったといえよう．
6) 『日本経済新聞』1996年4月26日付け参照．このような低い担保権で融資を実行した事例のほかに，日本ハウジングローンが第1順位の設定額の200倍の担保権を第2位で設定した事例も報告されている．
7) 『日本経済新聞』1996年2月6日付け参照．
8) 大蔵省が不良債権の実態の公表を求める世論に押されてしぶしぶ発表した不良債権の範囲は，当初破綻先債権と6ヶ月以上返済や金利支払いが滞っている債権，延滞債権との合計額に限定されていた．だが不良債権問題の深刻化にともなって，大蔵省は不良債権に金利減免債権を加え，さらに延滞債権についてもアメリカなみに3ヶ月以上延滞しているものにまでその範囲を広げた．大蔵省が，当初からいわゆる不良債権をできるだけ小さく見せようとしていたことが，この点からも見てとれる．
9) 日住金がこのように第25期に突然巨額の貸倒引当金を繰り入れたことの是非について，会計学者からも厳しい評価がなされている．原田富士雄氏は，日住金の第24, 25期の会計報告の詳細な分析にもとづいて，以下のように述べておられる．「わずか一年の間に融資金（ならびに担保不動産）や保有不動産の評価をこれほどに変えねばならないような経済的環境の変化があったとは到底思われない．そうだとすると，第24期の決算においては，破産申し立ての要件成立を回避するために意図的に債務超過を計上しないような会計処理を施した，と，疑われても，やむを得ない面があろう．」（同著「住専問題と会計職能」『経済学論纂』中央大学，第37巻第5・6合併号，308～309頁）
10) ちなみに都市銀行の貸出行動が80年代にどのように変化したのかを示せば，以下の通りである．まず規模別の貸出構成は，1981年9月時点で大企業向け貸出が64.8%，中小企業向け貸出が35.2%であったものが，1991年3月末には中小企業向け貸出が51.9%と過半を占めるにいたった．また業種別貸出構成についてみれば，1981年9月末時点で製造業が32.9%，卸・小売業が27.1%と，両者で6割を占めていたものが，1991年3月には製造業が16.0%，卸・小売業が15.1%とほぼ半減し，これに対して同期間に，サービス業が6.5% → 15.1%，個人向けが11.1% → 20.3%，不動産業が4.9% → 11.5%，金融・保険業が3.5% → 7.0% へと，2～3倍の大幅増加を示した．以上のような貸出行動の変化も含め80年代における銀行経営の変化については，鳥畑与一「金利自由化と銀行経営」（熊野剛雄・龍昇吉編『現代の金融〈下〉現代日本の金融』，1992年，大月書店，所収）参照．

11) なお帝国データバンクが住専の大口融資先32社の借入先を業態別に分析した調査結果によれば，借入金総額7兆1,190億円のうち，住専以外のノンバンクが24.6%を，住専が19.5%を占め，続いて信託銀行が15.4%，長信銀が10.8%，都銀が10.5%となっていた．『日本経済新聞』1996年2月16日付け参照．

12) 大蔵省・農水省が1996年2月に発表した「住専関連資料」によれば，住専に対して貸付を行なっている金融機関は300機関，うち母体だけで168機関にのぼる．

13) 信用関係の歴史的発展を機能的展開の側面から捉えるならば，19世紀までは商業信用を基礎におく銀行信用の形態で生産金融が発展したのに対し，20世紀に入ると，一方では独占成立を契機に，生産金融の面で設備投資のための長期資金を融通する証券形態での信用関係が発展すると同時に，国債や各種の消費者金融などのいわゆる生産物需要補完金融が新たに展開し，金融構造において独自の地位を占めるようになった．生産金融は，短期資金であるか長期資金であるかは別にして，貸し付けられた資金が生産拡大を媒介することによって自ら返済のための資金源泉を生み出すという意味で，還流の自償性をもつ．これと比較すれば，生産物需要補完金融の場合には，国債であれ消費者金融であれ，調達された資金は直接に生産過程に投じられるのではない（不生産的支出）のであるから，還流の自償メカニズムは作用せず，それゆえ前者の場合には租税収入から，後者の場合には個人所得から返済されざるをえない．確かに，高度成長期にみられたように，国債発行や消費者金融の拡大が新たに「有効需要」（支払能力ある需要）を産み出し，それがきっかけとなって社会的生産が拡大し，結果的に租税収入や国民所得も増大するという場合もありうるが，これはあくまで迂回的な還流メカニズムでしかない．

これに対して，ここで問題にしている投機活動のための金融，すなわち投機金融は，生産拡大との接点を根本的に欠いた金融機能である．しかも投機活動がある一定時点での「自己崩壊」を運命づけられている以上，投機活動に金融をつけそれを助長することは，社会的・経済的に有害であるばかりではなく，貸し手の側からみてもこれほど危険な融資業務はないはずである．にもかかわらず，1990年代以降世界的にはデリバティブ取引の発展によって「金融の投機化」現象が急速に進展し，日本ではそれに先行して，1980年代に土地市場の特殊性から全金融システムをあげて土地投機に関与するという異常事態が生まれた．乱脈経営のかぎりを尽くした住専に，300の金融機関が先を争って貸し込んだことは，日本の金融界の投機的体質を象徴するものだといえよう．金融機能の側面から，金融構造の歴史的展開を理論的に総括したものとして，生川栄治『信用制度と資本蓄積』（有斐閣，1967年），川合一郎「現代資本主義の信用構造」同編『現代信用論』（下）（有斐閣，1978年）所収，参照．

14) 大手銀行が，不動産融資を拡大していく過程で用いた「仲介手数料の預金による回収」，「不動産の回転売買」，「オプションによる仲介手数料の回収」，「担保掛目などの基準を超える貸出」，「相続対策としてのプライベートバンキング」などの手口については，銀行問題研究会『金融投機の経済学』（新日本出版社，1993年）173～175頁参照．

15) この紹介融資に関する資料は，いわゆる住専国会で連立与党側が，母体金融機関に債権の全額放棄以上の損失負担を担わせようという意図のもとに，住専各社に提出させたものであった．だが，それによれば，紹介融資は必ずしも母体金融機関だけが行なったものではなく，非母体金融機関によるものも数多く含まれている．問題は，紹介融資を行なったのが母体か非母体かにあるのではなく，銀行等の金融機関が「リスクの高い融資先への貸出金を住専に肩代わりさせ」ようとしたことにある．その結果，紹介融資の86.5％が不良債権化し，48.6％が回収不能になったのである．ちなみに回収不能債権化率は，母体金融機関による紹介分については51％で，非母体によるものの45％より高くなっている．『日本経済新聞』1995年8月26日付け，ならびに1996年3月2日付け参照．

16) 川口弘『日本の金融・融資集中のメカニズム』(日本評論社，1966年)

17) 本表は，表3-5と『日本経済新聞』1996年1月20日付けの住専7社の業態別の借入額に関する数値をもとに，住専各社の母体行(金融機関)を考慮して推計したものである．都銀5行，信託銀2行，地銀2行を母体行とする日住金については，母体行融資総額7,794億円を，日住金に対する都銀，信託銀，地銀の融資額にもとづいて案分比例した．また信託銀7行によって設立された住総については，表3-5では母体行融資額は9,028億円となっているが，後者では信託銀の住総に対する融資額は8,065億円であり，ここでは後者を採用した．

18) ここで系列融資・協調融資を理論的に展開する余裕はないが，それが，現代日本における独占的銀行資本の存在様式であり，さらに金融資本的結合の一形態であるというのが筆者の基本的立場である．この独占体制という構造的視点を欠如させた近代経済学流の機能主義的メインバンク論では，大企業が銀行借入を相対的に必要としなくなるなどの条件変化が生ずれば，それがただちに機能的結合の弛緩につながるという皮相な理解を生み出すことになる．銀行と企業との結びつきを支払・決済業務を軸に展開しつつ，独占体制の構造分析としてメインバンク論を展開したものとして，鈴木健『メインバンクと企業集団──戦後日本の企業間システム──』(ミネルヴァ書房，1998年)参照．

19) 大蔵省・農水省は，通達「信連の農協法第10条第9項第3号に規定する『その他の金融機関』に対する貸し付けについて」における「住宅の取得に必要なものに限る」という規定は，信連の住専向け融資を個人向け住宅ローンに限定したものではなく，「住宅開発業者等に対する宅地開発ならびに住宅建設資金も含まれる」と解釈している．だが，このような拡大解釈に立ったとしても，住専各社が行なったさまざまな形態でのバブル資金の融資がこの独自の解釈をも逸脱していることは明らかである．まさに，そうであったからこそ，農水省は，1993年にこの通達そのものを廃止したのではないかとする，土門剛氏の推論は，的を射ていると言えよう．同著「住専問題は通達違反に始まり，農水省は違反隠しに終始する」(『エコノミスト』1995年12月18日号)参照．岩田規久男氏もまったく同様の理解を示されている．同著『金融法廷』(日本経済新聞社，1998年)102頁参照．

20) 土門剛氏は，農林系統金融機関と住専とのあいだには債権譲渡における担保協

定書は存在しないとしたうえで，担保をまったくとらず母体行に一括管理してもらっている状況からして，農林系統金融機関の住専への融資は，実際には「貯金」のような位置づけを与えられていたのではないか，と推論されている．同著「国民へのツケ回し 誰のための住専処理か」（『エコノミスト』1996年2月13日号）

21) 例えば，1995年10月5日の参議院本会議で，当時の武村正義蔵相は，この問題について，「特定業種向けの融資量の調整を求める厳しい措置は，免許業種である金融機関に限るのが適当だと考えた」と述べている．『日本経済新聞』1995年10月6日付け．

22) 『日本経済新聞』1996年1月17日付け，参照．

23) 驚くべきことに，農水省は，大蔵省が1991年から92年にかけて行なった住専への「第一次立入調査」の結果についても，まったく知らされていなかった．農水省の真鍋武紀元経済局長は，この調査結果を，1996年2月15日の衆院予算委員会での公表で初めて知ったと，当予算委員会で参考人として述べている．『日本経済新聞』1996年2月16日付け，参照．

24) 戦後日本では，ほぼ恒常的に地価は上昇しつづけてきた．地価が一時的にせよ下落したのは，バブル崩壊以前には，戦後の第二次土地ブーム終了直後の1974年9月〜1975年9月の一年間だけであり，その時の下落率は，わずかに8〜9％にすぎなかった．（六大都市市街地価格）バブル期の第三次土地ブームが，史上初の本格的な地価暴落を特徴の一つとするといわれる所以である．拙稿「現代日本における『ストック経済化』と土地市場」（中央大学経済研究所編『戦後日本資本主義——展開過程と現況——』中央大学出版部，1999年所収）参照．

25) 岩田規久男前掲書，7〜12頁，参照．

26) 『日本経済新聞』1995年8月25日付け，参照．

27) 長野彪士「不良資産問題解決の道筋を示し，過剰な懸念を払拭する」（『金融財政事情』1994年2月21日号），参照．

28) この抜本的処理案ではなく，金利減免による支援策に対しても，母体行の一つであった大和銀行が最後まで抵抗を示した．いくら母体行の一つであるといっても，融資額が640億円（融資比率2.7％）にすぎない自行が金利減免を受け入れても，融資額が1,000億円を超える日本興業銀行や農林中金が負担を免れるのでは，支援の実効性があがらないということであろう．だが，この抵抗も，結局大蔵省銀行局の「指導」のまえには無力でしかなく，「母体行9行のみの金利減免」を受け入れざるをえなかった．『日本経済新聞』1992年8月18日付け，参照．

29) 1991年4月の静岡信用金庫系列の静信リースの倒産は，いわゆる修正母体行責任で破綻処理が行なわれた．だが，大蔵省としては，銀行系のノンバンクの破綻処理は母体行の責任で行なわれるべきで，静信リースは例外的措置との立場を表明した．大海和友「住専処理の"修正母体行方式"に異議あり」（『金融財政事情』1995年8月21日号）参照．

30) 住宅ローンサービスの「第二次再建計画」では，10年間で地価が25％上昇することを見込んでいたと，当時の井上時夫社長が，衆院予算委員会で参考人とし

て証言している．『日本経済新聞』1996 年 2 月 16 日付け，参照．

31) 1995 年 11 月 18 日に大蔵省の素案が明らかにされた翌日に，『日本経済新聞』は，大蔵原案に対してこのような評価を与えている．『日本経済新聞』1995 年 11 月 19 日付け，参照．

32) 野田正穂氏は，東海銀行をめぐる株主代表訴訟で，名古屋地裁が，大蔵省の「母体行責任主義」にもとづく行政指導を認定したことを紹介している．山田・野田編前掲『現代日本の金融』，94〜96 頁，参照．

33) この試算では，金融機関の住専 7 社に対する貸出残高（1995 年 3 月末で 12 兆 9,000 億円）の 7 割が不良債権で，さらにその 7 割が回収不能債権化すると仮定されている．母体行責任主義による処理が行なわれるならば，第一住金の単独母体行である日長銀と，日本ハウジングローンの母体行を二行だけで構成している日債銀・興銀のわずか三行で 2 兆 939 億円を負担しなければならないわけである．『日本経済新聞』1995 年 11 月 8 日付け，参照．

34) このような姿勢をいち早く示したのは，三菱銀行や富士銀行であった．先の表 4-2 から明らかなように，これらの銀行は大銀行としては住専向け融資額が 1,000 億円に満たない銀行であり，同じく都市銀行といっても住専向け融資額が 3,000 億円を上まわるさくら銀行や三和銀行とは，住専処理に伴う損失負担の問題で立場が大きく異なった．『日本経済新聞』1995 年 11 月 26 日付け，参照．

35) 例えば，大蔵省が二次損失に財政資金を投入する方針を固めたと報じた『日本経済新聞』1995 年 11 月 28 日付けは，「財政資金の投入により農林系金融機関の元本は実質的に保証されることになる」と論じていた．

36) 『日本経済新聞』1995 年 11 月 26 日付け，参照．

37) 岩田前掲書，113〜114 頁参照．この農水省による突然の減額通告と，それによる一次損失への財政資金投入の責任をとって，当時の大蔵事務次官が辞任した．まさに大蔵官僚にとって予期せぬハプニングであったと思われる．

38) 1995〜96 年の大蔵省主導の住専処理計画に先だって，1992 年に銀行業界が，5,000 億円の公的資金を投入して 8 年間で住専の不良債権を処理する案を計画し，大蔵省に打診したことが報道されている．この計画の公的資金とは，日銀貸出 3 兆円と財政投融資資金 1 兆 9,400 億円を資金源とした運用益であった．大蔵省，銀行業界ともに，この時点では公的資金の投入に対する国民世論の反対を恐れて，この計画を断念せざるをえなかった．『日本経済新聞』1996 年 1 月 28 日付け．

第 8 章

マルクスの公信用論

1 マルクスの公信用についての見解

　公信用論研究は，マルクスの公信用論，とくに「経済学批判」体系における「公信用」とどのような関係にあるのか．この考察が本稿の対象課題である．とはいえ，問題点は多岐にわたり論理は錯綜し，本格的な分析は容易ではない．ところが，この問題，すなわち「経済学批判」体系と「公信用」の関連について，すでに中村良広[1]と濱内繁義[2]の詳細な研究がなされている．そこで，これらの研究に依拠しつつ，批判的摂取を試み，現代公信用論構築のための一つの準備作業を行うとしたい[3]．

(1) 「経済学批判体系」と公信用

　マルクスは『経済学批判』序言の冒頭の文章で，「私はブルジョア経済体制をこういう順序で，すなわち，資本・土地所有・賃労働・国家・外国貿易・世界市場という順序で考察する．はじめの3項目では，私は近代ブルジョア社会が分かれている三つの大きな階級の経済的諸生活条件を研究する．その他の3項目の間の関連は一見して明らかである．」[4]と述べている．

　この序言で，明らかにされているように，「はじめの3項目」「資本・土地・

賃労働」と，それ以外の「国家・外国貿易・世界市場」とは明確に区分されている．通常は前3項目を前半体系，後3項目を後半体系と呼んでいる．マルクスは「序言」の思想を発展させる形で「経済学批判」体系（ノートMとノートII『経済学批判要綱』）を発表した．この「経済学批判」体系は，マルクス経済学分野では，どのような位置をしめるかについては激しい論争が行われてきた．この6部構成のプランは『資本論』に全部とりかえられた．『資本論』はプランの「資本一般」をカバーしたにすぎない．『資本論』（原理論）はプランを変更・拠棄したもので，プランの対象はすべて段階論，現状分析の問題である．等々多数の解釈も出されているが，『資本論』は不完全であったにせよ，前半体系をカバーしていると見るのが妥当であろう．

国家は，この後半体系の最初に位置している．このため，国家につづく，外国貿易，世界市場の後半体系全体の前半体系との結合を考察するためには「国家」の分析は避けてとおれない課題である．また「国家」は，「国家」という上部構造での「ブルジョア社会の総括」という意味で，前半体系のまとめと後半体系への移行の結節点となる．この点で「国家」は6部編成プランの枢要な位置をしめることになる．

この「国家」の細目範疇の中で「国債」「公信用」は位置づけられているのである．以下では「経済学批判」体系における「国家」の内容をみておくこととしたい．

一般に『経済学批判序説』として知られている『経済学批判要綱』の中のノートM，（1857年8-9月執筆）のプランの概要を簡略化すれば以下の通りである．（ゴーガンによるプランの要約）

   第一部　「資本について」
    第一篇　「資本一般」
     第1章　「商品」
     第2章　「貨幣」
     第3章　「資本一般」

        1　資本の生産過程
        2　資本の流通過程
        3　両過程の統一，あるいは資本と利潤(利子)
    第二篇　「諸資本の競争」
    第三篇　「信用」
    第四篇　「株式資本」
 第二部　「土地所有」
 第三部　「賃労働」
 第四部　「国家」
 第五部　「外国貿易」
 第六部　「世界市場」

注1) ゴーガン「経済学批判プランと『資本論』」注10) 13-14 ページ
この表はゴーガンが『経済学批判要綱』を基礎にマルクスの手紙等を参照にして作成したものである．
 2) 坂本忠次『『資本論』と財政諸範疇の展開』
『資本体系8巻』注64) 6 ページにも類似の表が掲載されている．

ここでの「国家」の細目範疇は，「国家形態でのブルジョア社会の総括．それ自体との関係での考察．『不生産的』諸階級．租税．国債．公信用．．．．」[5] (プラン A と略)と規定されている．

ところが，それから数ヶ月後の 1857 年 11 月頃に書かれたとされる「ノートII」によれば，当該個所は「．．．III, 信用としての資本．IV 株式資本としての資本，V 金融市場としての資本．VI 富の源としての資本．資本家．資本家ののちに続いて土地所有を取り扱うべきであろう．そののちに賃労働．．．三つの階級．次には国家「国家とブルジョワ社会．—租税，または不生産的諸階級の存在—国債—人口．．．．外側に向かっての国家．．．」[6] (傍点マルクス，プラン—B と略)と書かれている．

このプラン A とプラン B を比較すれば，プラン A にあった「公信用」が，プラン B では消滅している．プラン A での「公信用」がなくなり，プラン B ではただ「国債」のみが残ったのは何故か．この変更を重大な問題として指摘

しているのは，中村良行の諸論文[7]である．中村は，この変化は ①「公信用」はプランBでは経済学的研究の対象外となった．② 上記プランBのIII—Vの私的信用に「公信用」は編入された，③「公信用」は「国債」に吸収され，代表されることになったとの三通りの解釈がなりたつとし，それぞれを考察し，マルクスの体系からみて，①と②は成立しえないことを論証し，③の「国債」吸収説を支持している．ただし，プランAで「国債」と「公信用」は区別されていたのであるから，プランBの「国債」はプランAの「国債」にくらべて一定のふくらみをもつものになる．それでも現代資本主義分析の公信用の理論としては，その枠組みの狭さが問題となると指摘されている．

ここで問題となるのは，プランAからプランBへの移行の全体構造である．プランAの前半体系で簡略化されていた信用制度（私的）はプランBではIII～Vへと大幅に拡張されている．また，プランAの『不生産的』諸階級．租税は，プランBでは租税，または不生産的諸階級と変更されている．さらに，多くの論争の焦点となったプランAの「国家形態のブルジョア社会の総括．それ自体との関係での考察．」は，プランBでは「国家とブルジョア社会」の表現におきかえられている．これらは重大な変更と見られるが，これらの変更自体どう評価するかが基本的な問題である．国家論について，大泉英次はプランBの「国家とブルジョア社会」なる文言は，「ブルジョア国家論の基本構成がより高度な内容をもって再現された」[8]と簡単にふれているのみである．マルクスが提起したプランAの「基本的な方法論的思想」はプランBでも原則的に継承されたと見れば，プランBでの変更はきわめて限定的な意味しかもたないことになる．とすれば「国債」ではなく「国債．公信用」が分析視角として保持されるべきであろう．中村のいう「国債」の一定のふくらみは公信用のことを意味するのであろうから，ふくらみを表面化し公信用としたほうが理解しやすいことは事実である．中村は，「国債」は租税と異なり金融市場の受容を前提として発行されるのであるから，公信用として一定のふくらみをもつと解釈される．しかし，この説では逆に，プランAは何故「国債．公信用」と区分したのか，プランAの「国債」は狭い概念でとらえられていたのかと

いう疑問を発生させることになる．論理の迷路に入ることを避けるためには，プランAの「国債．公信用」を基軸として分析したほうがよいように思われる．仮に一定のふくらみという表現は認めてもそのふくらみの内容は異なった解釈もなりたちうるのである．マルクスは後述するように「国債」以外の公信用形態に言及している．この点からすれば，プランBの「国債」は国債以外の公信用が背景にあり，公信用の代表として「国債」をとりあげたという見解も成立するであろう．

　中村もいうように，『資本論』第3部5篇25章「信用と架空資本」のはじめで「われわれはただ商業信用と銀行信用を取り扱うだけとする．この信用の発展と公信用の関係は考察しないでおく．」[9]と限定したのは，私的信用の発展と公信用の関係について，当該個所で当面考察をしないということで，考察の留保を意味するものである．（この文章は，私的信用の発展を考察しないことと私的信用と公信用には関係があることが明示されている．）私的信用については，第3部5篇で分析が加えられ，プランBでも拡張された表現となったが，公信用は留保されたままであった．それは考察の対象外となったことを意味するものではない．ゴーガンの次の一般的な指摘は正しいであろう．マルクスは「本文の中ではこの抽象を指摘しなかった．このような叙述様式は，まったく合法則的であった．抽象しなければならない諸現象に一つひとつ言及することは，積極的叙述からの一定の後退であった．当然『資本論』のような論理的に構築された複雑な著作のなかでは，そのような後退は最小限にとどめなければならない」[10]

　当然，マルクスは留保した理由を明示しているわけではない．しかし，当時の公信用は受信面(国債)に，ほとんど限定されていた．また公信用論は，国家理論と信用理論の相方から明らかにする必要がある．この現実と理論の両面から明らかにすることには大きな制約があったとみられる．したがって，「国債．公信用」と「国債」の表現上の区別は，明確な理論的根拠にもとづくものではないように思われる．この点は，次の国債と公信用の問題とも関連する．なお，中村も指摘しているように，公信用という用語は，ドイツ財政学ではあり

ふれた用語であった．佐藤進の研究によれば，ハンスマイヤーという学者が，『公信用論』を書き，そのなかで「公信用は歴史的に見れば一般的補助金給付の特別形態であったと述べている」ようである．マルクスは補助金であったからか，また当時のドイツ財政学は官房学としての技術論であったからかその理由は不明であるが，慣用語となっている「公信用」を正面からとりあげなかった．

(2) 国債と公信用

国債と公信用との関連を考察するまえに，マルクスの著作の中での国債についての概念を確認しておくこととする．第1部7篇24章のいわゆる「本源的蓄積」おいて「『公信用すなはち国債制度』の起源を，われわれはジェノヴァやヴェネツィアではすでに中世に見い出すのであるが，それはマニファクチュア時代には全ヨーロッパに普及していた．」，「公信用は資本信条となる．」，「国債は本源的蓄積のもっとも力強い槓杆のひとつとなる．」[11] このように，国債・公信用制度の起源が語られ，国債が本源的蓄積のもっとも強力な槓子であったことが述べられている．

続いて「国債は国庫収入を後ろだてとするものであって，この国庫収入によって年々の利子などの支払いがまかなわれなければならないのだから，近代的租税制度は国債制度の必然的な補足物となった」[12]とし，国債制度と近代的租税制度が明らかに関連づけられ，これはプランの「租税」「国債」の概念とも明確に結びつくものである．この点では，「租税」「国債」は本源的蓄積段階にのみに限定された問題ではない．

本源的蓄積の進行により，「国債」は (1) 金融業者，有閑金利者階級たちに即製の富をあたえ蓄積された貨幣に増殖の機会を作り出し，現金であるかのような流動性をあたえた．(2) 証券投機と近代的銀行支配を興隆させ，(3) イングランド銀行(1694年創立)は国民の永久の債権者となり，(4)「国債」とともに国際的信用制度も発生したことも述べられている[13]．

この第1部7篇24章における公信用の叙述をもって中村良広は，これは

『資本論』の枠外であるとされる[14]．『資本論』は資本制経済の運動法則を解明するものである以上，歴史的に1回限りの現象を『資本論』の論理の枠組みで論ずることは無理であると中村は解釈する．このように考えれば，第3部5篇25章の留保(信用の発展と公信用の関係を考察しないでおく)の表現は矛盾なく生きてくると述べている．本源的蓄積が公信用考察の留保を発生させたとの説明であるが，マルクスは全体の考察の観点から留保したのであるから，この説明は納得的ではない．(本源的蓄積の部分がなければ，マルクスは留保しなっかたのであろうか)『資本論』の論理外とする説明にも無理がある．前述したように，近代的租税制度と国債制度は結合されていたし，萌芽状態にあるにせよ近代銀行制度は発足していた．「国債」公信用は本源的蓄積段階の象徴としての存在であったが，それらは1回限りの現象ではなく，その後も生成発展した．その後ヨーロッパ全体へと普及した．したがって，本源的蓄積段階のみに該当する固有の現象と見ることはできず，それはプランの細目範疇を構成する要素をもっていたとみるべきではなかろうか．もっとも，中村は，その後の「公信用」の論文[15]では，本源的蓄積そのものは，一回限りの現象ではあるが，資本主義の生成期に現れた国家権力の行使が財政赤字を生み出し，帝国主義段階の以降にも新たな規模で公信用が動員されると，説明の基調を変化させている．

　第2部では，1篇3章において国家資本，国家費用等について言及がなされている．「政府が生産的賃労働を鉱山や鉄道などに充用して産業資本家として機能する国家資本」[16]「大きな資本投下を必要とする諸企業は」，「資本主義的に経営されない．たとえば，共同体や国家の費用による．」[17] これらは，国家自体の分析ではないが，国家が企業を経営する可能性，民間に対する国家費用負担の傾向など，現代へと発展する国家介入の諸形態の原型を述べたものである．

　第3部では，5篇において「国債」の分析が行われている．29章「銀行資本の諸成分」では，銀行資本は，(1) 現金(金または銀行券)と，(2) 有価証券からなっている．有価証券は商業証券，手形と公的有価証券に区分される[18]．国

債は，国の保証が前提にされていれば，流通する．しかし，国による支払いが利子とみなされる資本は，やはり幻想であり，架空資本である[19]．

国債所有者にとっての収入は資本の利子であり，国債という資本は相変わらず架空の資本であるが，この架空の資本はそれ自身の運動をもっている[20]．このように利子生み資本の収入が資本の利子となって現れると同様に，「国債」という資本もそれ自身の運動が展開される．ただ「国債」の流通には国の保証が前提とされ，国が利子を支払う点が，民間の銀行と異なっているだけである．ここでは，利子生み資本に擬制化された「国債」の運動法則が解明されている．

30章「貨幣資本と現実資本」では，「国債」と銀行等の富の蓄積が分析対象となる．「国債という資本蓄積が意味するものは，租税額のうちからある金額を先取りする権利を与えられた国家の債権者という一階級の増大以外のなにものでもない．このような債務の蓄積でさえも資本の蓄積として現れることがありうるという事実には信用制度の歪曲の完成が現れている[21]」「貨幣資本の蓄積とは，一方の私的貨幣資本家と他方の国家や自治体の」「あいだにたつ媒介業者としての銀行業者の手のなかでの富の蓄積のことだ」「というのは，信用制度の巨大な広がりの全体が，およそ全信用が彼らの私的資本として利用されるからである[22]．」

このように「国債」への運用は，貸付可能な資本，「狂った形態の母」[23]としての利子生み資本にとって絶好の利殖の機会となる．それは「国債」のもつ特殊的性格の反映であるが，信用制度のもとで起きる歪曲の完成以外のなにものでもない．

以上，国債の概念の大要を簡略化してみてきたが，次いで公信用についてみておくこととする．体系プランの細目に先行して使用されている公信用概念は，濱内の詳細な研究[24]があるのでここでは『資本論』における公信用を対象とする．

中村は，「公信用」[25]の論文において『資本論』段階の公信用として次の4項目をあげている．

第1は，本源的蓄積と公信用である．イギリスでは「17世紀末には植民制度，国債制度，近代的租税制度，保護貿易制度として体系的に総括される」[26] この場合「公信用制度すなわち国債制度」が問題となる．これは近代的租税制度と結合し，証券投機と近代銀行支配とを，興隆させたことは，すでにみてきたところである．中村は「一方の極では，社会の生産手段と生活手段を資本に転化させ，反対の極では民衆を賃金労働者に，自由な『労働貧民』に，この近代史の作品に，転化させる」[27] ことにふれているが，この部分は「国債」というより，本源的蓄積段階の資本主義的生産様式自体の問題であろう．

第2は，公信用を媒介とした「国家買取り」である．この部分は第5篇36章「資本主義以前」のヴェネツィアやジェノヴァの信用組合の問題である．この信用組合は「これらの都市共和国に設けられた本来の銀行は同時にまた公信用の施設として現れ」「この施設から国家は租税を担保として前貸を受けた」「信用組合の商人は国家を自分たちに従属させることに関心をもち」「高利に対する攻撃」「高利貸しからの独占を奪い取り」[28] とかの表現にみられるように，近代的銀行の前身である商業資本中心の信用組合が，近代的銀行制度へと脱皮する過程での諸資本の葛藤のなかで，公信用が広範に利用された事例であろう．ここでの「公信用施設」の意味は不明であるが，当時の公信用制度の機構の一環であったと思われる．

なお，ヴェネツィアとジェノヴァにマルクスは数カ所で言及しているが，それは12世紀前後に，両国はヨーロッパの覇権国家であり，進取的な都市共和国でもあったので，そこで，公信用・国債制度が発生し，それがその後ヨーロッパ全体に普及したことに大きな意義を認めたからであろう．

第3は，公信用と臨時費である．これは，第1部7篇24章における前述した近代的租税制度と国債の結合に続いて説明されている．「国債によって，政府は納税者にそれを感じさせることなしに臨時費を支出することができるのであるが，しかしその結果はやはり増税が必要となる．」「近代的財政は，それ自体のうちに自動的累進の萌芽をはらんでいる．」[29] このように，突発的（戦争等）な財政支出は租税負担に転化しにくいので「国債」が利用され，それは結

果的には増税となることが指摘されている.

　第4は，公信用の架空性である．この点は第3巻5篇30章の「貨幣資本と現実資本」のところですでにふれたが，中村は公信用の架空性は，一面では「信用制度(私的)」＝金融市場を前提にしながらも，その主体の本性からして，内部に国家的＝非市場的動因をはらむものとして，「信用制度(私的)」にさらに可能的に攪乱的な契機を付加すると指摘している.

　以上は，中村論文を敷衍した形での『資本論』における公信用の概念である．われわれは，これまで国債と公信用について，マルクスの説明を要約してきたが，次の問題は，国債と公信用の関係をどうみるかということである．マルクスの言及は，『資本論』の各個所に散在するが，この問題についての分析にあてられた篇や章はもちろん存在せず，それ程多くない記述も一貫しているわけではない．マルクス自身，この問題を当面継続的に展開する意図はもってなかったと思われる．したがって散見する説明から，一貫した解釈をあたえることは困難である．しかし，そのなかでも若干の傾向を以下のように読みとることは可能であろう．

① 「国債」は，本源的蓄積の段階での近代的租税制度との結合，利子生み資本との関係における架空性，臨時費との関係などで，現代にも共通する構造的な問題がとりあげられている.

② 国債は租税に転化され，結局増税となる．国債は国家の租税徴収権を基礎としている．このように国債と租税の関係は明確にとらえられている．これは「国家形態でのブルジョア社会の総括」．「不生産的諸階級」の経費の1次的財源としての租税，次いで国債というプランの論理とも一致するものである.

③ 公信用は，「公信用すなわち国債制度」に代表されるように国債との関連で説明される場合が多い．しかし，公信用と国債とは同義語とは考えられない．本源的蓄積のところでは「公信用は資本信条となる」「公信用の施設」という表現があり，公信用の関連では，国家資本(2巻1篇3章で1回限り出てくるが，産業資本として機能する国家の機能にふれられてい

る)国家費用などが2巻ではとりあげられている．さらに後述する国家信用あるいは国民的信用までふくめれば，公信用の概念はさらに拡大することになる．

このようにマルクスの叙述からは一義的な解釈はできない．ある部分をとり出せば国債＝公信用ともいえるが，全体的にみて国債は公信用の重要な構成要素ではあるが，公信用の概念には国債以外のものを含めていたとみることもできる．亀島泰治が古い論文で「一般に公信用は国債によって代表される．」しかし「『経済学批判序説』によれば，マルクスは国債のほかに公信用を論ずる意図があったように思われる」[30]（傍点引用者）と指摘されている．とすれば，プランの「特殊的諸理論」（ゴーガン）としての公信用の問題の解明には，マルクスの引用にとどまるわけにはいかない．プランの特殊的諸理論は，現代認識の方法論的基礎であるから，プランの解釈にとどまらず，現代資本主義との関連において，特殊的諸理論自体の発展をはからなければならない．

こうした国債と公信用の関連は日本でどのようにとりあげられているか．以下その概略をみておくこととする．公信用を国家を主体とする信用の受信と授信と両面にわたるものとし，国債は受信の一形態とする見解が支配的であるが，国債と公信用を一体としてとらえる説明もなされている．井田啓二は「『国債．公信用』は租税を前提にしながら，しかも租税を補完する国家収入調達の一手段にほかならない」[31]として，租税論に引きつけて，国債と公信用を事実上同一視している．小牧聖徳の場合は明確ではないが「租税を担保とし国家が前貸してもらう公信用」（現代における公信用は不換銀行券制度下の国債発行においてあらわれる）[32]と述べているところからみると，公信用＝国債論のように思われる．中島将隆も「公信用は国債だけに限定されるべきものではない」としながらも「広く国債が利子つき資本と取り結ぶ信用関係」[33]とし，別の著作[34]でも公信用の表題のもとで，事実上は国債の分析がなされているので，国債論に傾斜した公信用論といえよう．

岩波一寛は，「国家信用関係を通じて〈利子つき資本〉として貨幣を貸借するもので」「授信面で出資や融資など多面的な形態で展開される」（大月書店

『経済学辞典』）と広義に解釈されている．しかし「公信用は．．．利子生み資本の運動に依拠し，公的収入を担保とした貸借の形態」「遊休貨幣資本は．．．『利子生み資本』たることを求めつつ遊休化しているのであり，財政がこれを吸収して財源にしうる手段は公信用による以外ない」[35]という部分で，利子生み資本の運動を特別に強調すれば，国債論となるが，一方では担保となる公的収入は，租税に限らず受益者受担金等も含めているので広義の公信用論としての性格をもっている．このように，日本においても多義的な解釈がなされているのが現状である．

(3) 「国家」規定と中央銀行

a 「国家」規定

「経済学批判」体系における国家の位置についても，多くの研究者が発言しており，統一的な見解が形成されているわけではない[36]．そこで，『資本論』における国家の経済的役割の概要をみておこう．

1) 貨幣論では，国家による鋳造．本位貨幣および価格水準の設定．紙幣の強制通用力の付与等（第1部1篇3章）
2) 剰余価値論では，労働者強制における調整者としての国家．標準労働日の設定．工場法（労働日の長さ）等（第1部3篇，4篇）
3) 本源的蓄積過程における植民制度，国債制度，近代租税制度，保護貿易制度等（第1部7篇）
4) 信用論では，半国家機関，国家信用の民間銀行に対する役割（第3部5篇25章）

以上の他にゴーガンは，社会的資本の再生産と流通，現実資本と架空資本の差異をあげ，『資本論』では国家は剰余価値の仕上げに必要なかぎりでのみ考察されたと述べている[37]．

このように『資本論』で，国家の役割が考察されているが，マルクス主義全体の国家論としては，宮本憲一の指摘する「階級国家論と共同社会事務受託国家論」[38]の観点が重要である．

階級国家論としては『資本論』第3部7篇51章では,地代,利潤,労賃の3大収入に対応する資本主義の三つの大きな階級—土地所有者・資本家,賃金労働者が分析され「生産の物質的発展と生産の社会的形態とのあいだに衝突が起きる」[39)]と考察している. これは階級闘争が意識された叙述である. プランでの「国家形態での考察」『不生産的』諸階級, という文章は,ブルジョワ社会としての階級国家の位置を明示しており,『不生産的』諸階級は「常備軍,警察,官僚,聖職者,裁判官」などが, この国家の権力機関となるのである.

共同社会の事務は,「(1) 直接に生産に属さない一般管理費, (2) 学校や衛生設備等々のいろんな欲求を共同でみたすためにあてられる部分, (3) 労働不能者等のための元本」[40)]などが考えられている, この点をエンゲルスは「国家は全社会の代表者であり, 目に見える一団体に全社会を総括したものであった」[41)]とみている. 国家のこの様な業務は, 市民社会を維持してゆくために,共同欲望に応えることが目的である. この共同社会事務は中立的にみえるが,マルクス・エンゲルスは「近代の国家権力は, ブルジョア階級全体の共同事務を処理する委員会にすぎない」[42)]とみなしているので, 階級国家論と共同社会事務受託国家論とは2元的にとらえるのではなく, 階級国家がそのなかに共同社会事務を内包していたとみるべきであろう.

このような「国家」規定と中央銀行との関係をどうみるかが次の問題である. ここでは濱内繁義の中央銀行論[43)]を公信用論との関係で検討することとしたい.

ここで問題とするのは, いわゆる中央銀行論ではない. 公信用論に限定してみた場合の中央銀行の役割である. もちろん, 濱内の問題意識も公信用論を補強・強化するものとしての中央銀行の機能分析におかれている. 濱内の諸論文では, 恐慌の理論, 移行の論理, 国家論など, 主題は多くの側面にわかれているが, その主張は国家規定への中央銀行の導入の一点に収斂される. 濱内は多くの迂回経路をたどっているが, それは根本主題(中央銀行)を表現するための予備作業であるように思われる. 以下濱内説の若干を引用する. (引用ページは濱内『経済学批判体系の研究』)

濱内は，宮本義男[44]の研究（中央銀行の移行期結節点論）を展開させる形をとっている。「プランの前半体系から後半体系への展開過程において，媒介項としての中央銀行を措定し，その中央銀行の『発券統一』規定を通じて架橋しうる『国家』規定を展望すること」(83 ページ),「前半体系から後半体系の移行において，中央銀行をそれの媒介環として措定し，それにおける機能を通じて剔抉される『国家』規定を契機とすることによって...公信用を包含しうる意味は，きわめて重要である．」(88 ページ),「資本制的生産様式において最高に発展した経済的機関である中央銀行が媒介環たりうる」(110 ページ),「総資本的要請にかなうところの，最高に発展した経済的機関たる中央銀行」(116 ページ),「として把握した後，このような信用機構のもとでの，信用擬制の貫徹形態として規定する」(126 ページ). このような表現は続くのであるが，中央銀行が移行期の媒介環であり，それが「国家」規定の重要な要因であり，こうした論理の導入より公信用論は発展するという諸点に濱内説は要約できるであろう．したがって中央銀行，国家，公信用が一体のものとしてとらえられ，その基軸は中央銀行であるという論理構成になっている．

濱内自身，「国家」規定の評価に関して，二つの論点を提起される．その第1は，銀行券における信用創造規定の展開であり，第2は「国民的信用」概念が「国家」規定の旋回点をなしうるのではないだろうかという点である(84ページ). 中央銀行の機能規定でも同様の論点が出されている．(ということは，濱内は国家と中央銀行を同義語としてとらえられているように思われる．) まず中央銀行の考察には「論理的断層」がある．それは，前述の「われわれはただ商業信用と銀行信用だけを取り扱うだけにする．この信用の発展と公信用の発展は考察しないでおく」[45](第3部5篇23章)という表現は無視しえない問題である．そこで，濱内は「(1)貨幣が土台で，信用制度はそこから離脱できない，(2)信用制度は社会的生産手段の独占を前提とする．信用制度は内在的形態であるとともに他方では生産様式を最高最終の形態まで発展させる推進力だということである．」[46](第3部5篇36章)という説明を手掛りに，信用創造，信用の擬制的性格を考察することと「国民的信用」の概念を旋回点とすることに

よって,「難点に対処」しようとする (132 ページ).

すでに論点は明白となった. (1) 信用創造, 信用擬制, (2)「国民的信用」の延長線に中央銀行あるいは「国家」規定が想定しうるかどうかということである.

b 信用制度と中央銀行

第 1 の問題は信用理論の発展の側面である. 深町郁彌の『所有と信用』, 竹村修一編『金融経済論』を検討した結果, 貨幣制度と信用制度の関連性の重要性を確認したあと, 銀行券における「信用創造」が, 手形流通に立脚するものとして, それの展開に焦点を設定せざるをえないとされる (84 ページ). ここで議論されている「発券統一」「一般流通」「銀行券」などは, 信用論ではなく貨幣論の領域の問題としての性格をもつものである. また, 信用創造とか, 信用の擬制的性格という表現が出てくるが, これは信用制度の問題であろう. とすれば, 深町の「商業信用 → 銀行業・銀行信用という上向体系から, ただちに国家・財政・公信用という「経済学批判」体系の後半体系に属するブルジョア社会の上部構造の諸範疇を前提した領域へ論を展開させることは論理的に不可能である.」[47] という発言が正しいように思われる.

もともと, マルクスの信用理論には限界性があった. 信用の必然性論は, 資本の「流通時間なき流通」と「資本の所有制限」の打開の 2 要因を契機 (『経済学批判』要綱) として発展してきたが, マルクスは信用論の全面的な分析はしなっかた. 第 3 部 5 篇は信用の詳細な考察であるが, 研究対象は利子と企業者利得・利潤の分裂と利子生み資本である. 他にも貨幣資本と現実資本の分析も行われているが, 限定的な取り扱いである. 第 3 部 5 篇 22 章では冒頭で「この章の対象も, およそ後で取り扱われるすべての信用上の現象も, ここで細目にわたって研究することはできない」「われわれがここでしようとするのは, ただ, 利子生み資本の独立な姿と利潤にたいする利子の独立化とを展開するということだけである.」[48] また, さきに引用した「考察しないでおく」の文章, すなわち第 3 部 5 篇 25 章のはじめに「信用制度やそれが自分のためにつくり出す道具 (信用貨幣など) の詳しい分析は, われわれの計画の範囲にははいらな

い」[49] つまり，公信用だけでなく，信用制度・信用貨幣も考察の対象外とされているのである．(濱内がいうように，第5篇29章で国の保証があたえられる国債の「資本の利子」「資本の架空性」がふれられているが限定的叙述である．) マルクスは，「信用分析を資本家的生産様式一般の特徴づけに必要な若干の数少ない項目に限定し，第33章の材料(信用制度のもとでの流通手段)の大部分あるいは全部を『資本論』の枠外にもちこそうとしていた」[50] ことは明らかである．このようにみてくると濱内が信用理論展開の基本認識とされた前述の3部5篇36章の貨幣と信用制度についての僅かばかりのマルクスの叙述も全体の大きな流れのなかに埋没し，論理展開の有効な道具になりえないのではなかろうか．とすると中央銀行の規定をマルクスの信用論の体系から外延的に導出することはできないものと思われる．(国家，国債で博引傍証な濱内は，中央銀行について殆ど文献の引用がなされていない．)

　c 「国民的信用」「国家信用」

　第2の命題は，濱内が旋回点とみている「国民的信用」の問題である．この概念は第3部5篇25章の「たいていの国では，銀行券を発行する主要銀行は，国立銀行と私立銀行との奇妙な混合物として事実上その背後に国家信用をもっており，その銀行券は多かれなかれ法定の支払手段であるからである．」[51] (傍点引用者)

　「この『国的民信用』の概念は多義的に規定されており，不明瞭な形態の措定となっている」(77 ページ) ことは事実である

　もともと，「ナチオナールな信用 (National Kredit)」の訳語上の相違が，国家概念をめぐる見解の対立と結びついている．米田貢によれば「国家を前提にして，中央銀行を規定しうるのか否かという問題である．階級国家を前提とすべきではないとする立場にあっては『国民的信用』と訳し，『国家信用』と区別する．徴税権を有する国家を前提として『国家信用』と訳する論者は『国民的信用』を無概念とする．」[52] もっとも，米田は，その後の論文では「『資本論』においては，不換国家紙幣の流通条件として Staatskredit が使用され，それに対して同じく法貨規定をうけている中央銀行であっても兌換制を前提と

している場合には，その信用の流通条件として National Kredit という用語があてられるから，National Kredit を国民的信用，Staatskredit を国家信用と訳語上区別しておくことは一定の意味を持っている.」[53]とモダレートな見解を示している.

この国民的信用か国家信用かという問題は従来から論争が続けられてきたが，抽象的な概念論争にはあまり意味がなく，それの現実的な位置づけのほうが重要のように思われる．(ここでは，租税徴集権を背景とした「国家信用」という表現を採用するが，濱内説の説明には，使用されている「国民的信用」の表現によることとする)

濱内の「国民的信用」と中央銀行の関係は，濱内の『経済学批判体系の研究』第2章1節「中央銀行と『国家』規定」のなかで展開されているが，そこでは深町郁彌と竹村修一の所説が検討されている．しかし，濱内の説明は両説の紹介，批判，賛同および自己の主張が混在しており，複雑な構成となっているので，ここでは濱内説と推測される個所の引用にとどめることとする．濱内は深町説の「発券統一」「銀行の社会性」「一般的流通」などの諸概念が検討され，深町説は「信用制度論的側面の過小評価」(63ページ)「結果的には，『国民的信用』は貨幣論的『国家』規定と同一視され展開されている」(73ページ)とみる．竹村の見解「商業信用 → 私的銀行信用 → 中央銀行信用 → 国民的信用への信用形態の上向」「国家による支払保証」たる「国民的信用」の規定などを「高く評価」(75ページ)しているが「積極的な『国家』の内容規定が提示されていない」(79ページ)と批判している．松井安信[54]については，「商業信用 → 私的銀行信用 → 中央銀行信用 → 公信用（徴税権）」のシェーマ化を支持し，やはり「『国家』の内容規定がなされない」とみる(80ページ)．しかし，「私信用と公信用の二重化された擬制資本化」に賛成し，松井説を「これまでの展開ではもっとも説得性を持っており，興味深い」(83ページ)と賛意を表明している．松井はこれまで公信用と「国家信用」の同一性を一貫して強調し，徴税権を有する国家を前提とした「国家信用」を主張し，「国民的信用」は無概念的用語として排斥してきた[55]．こうした松井の「国家信用」論と濱内

の「国民的信用」論はどのように連結されているのか，濱内の文章からは理解しえないことである．

濱内の場合「中央銀行を媒介環とし措定し，その機能を通じて剔抉される『国家』規定」(88 ページ) が明らかにされる限りにおいて「国民的信用」の理論は有効なのであり，「国民的信用」自体を分析する意図はないように思われる．「マルクスは中央銀行を...総資本的要請にかなうところの最高に発展した経済的機関として把握した後...信用の擬制的性格が深化していく過程で，国家ごみの信用関係を規定可能なものと考えたのではないだろうか」(傍点引用者)「このような解釈を可能ならしめる重要な根拠は...『国民的信用』概念の措定である．」(115 ページ)「『国民的信用』を後循にすることによって銀行資本が，債権・債務の相殺度を，どの程度にまで高度化させうるものとなりうるか」(118 ページ) このいくつかの引用が濱内の「国民的信用」に関する代表的説明である．これらをみる限り，「国民的信用」の内容は明確にとらえられない．濱内は中央銀行規定の「難点に対処」するものとして「国民的信用」の概念を旋回点と考えていたはずであるが，「国民的信用」自体の概念が明示されなければ，中央銀行への連絡回路も閉ざされたままのように思われる．

周知のように，「国民的信用」「国家信用」の概念に統一された見解があるわけではない．しかし，国家の問題としては，貨幣制度への介入(濱内の指摘としている (1) 価格の尺度標準としての貨幣，(2) 鋳貨形態での貨幣，(3) 強制通用力等)，租税徴収権の評価などがある．中央銀行に関連しても「発券集中論」(濱内は発券統一の規定でもって，銀行信用と「国民信用」との連結を意図していたようにみえる．)，強制通用力と「国民的信認」あるいは「一般的信認」，兌換準備金，最後の貸手機能などの問題がある．これらは残された課題である．これらを解決するなかで，「国民的信用」「国家信用」ひいては公信用の概念がより明確となるであろう．

d　中央銀行と国家の関係

以上みてきたように，濱内は (1) 信用の社会化，信用制度論と (2)「国民的信用」を区分し，それぞれの固有の回路から導出された概念を統一して，中央

銀行あるいは「国家」規定を構成することが意図されていた．信用形態の変化に関しては濱内が紹介しているように，竹村，松井も「商業銀行信用―私的銀行信用―中央銀行信用」という上向形態に言及している．（川合一郎も同様の体系を述べている．）しかし，私的信用の自動的な展開が，中央銀行につながったわけではない．深町は「中央銀行が背後にもつ『国民的信用』は」「一般的信認とし」（72 ページ）竹村も「国家による支払保証たる『国民的信用』を媒介とする」（74 ページ）とみている．松井の場合は「国家権力―徴税権」を背景とした『国家信用』が信用関係の連鎖を展開させたとみる．(81 ページ) 論点は相違しているが「国民的信用」「国家信用」との関連において，中央銀行が論じられている．この点からみれば，濱内の信用制度と「国民的信用」という二つに区分された回路は成立しえず，この二つのルートは同一次元の問題とみなければならない．また濱内は各論者に積極的な「国家」規定がないと批判している．「『国民的信用』が一般的信認と表象されつつも，強制通用力なり，『国家信用』に，結果的に一義化されている点に，中央銀行とかかわる『国家』規定が欠落していた主要な原因があった」(84 ページ) とみている．しかし，濱内の論理は，信用制度や「国民的信用」を通じて明らかにされた「中央銀行を，．．．通じて架橋しうる『国家』規定を展望すること」(83 ページ) であった．この最後の国家が説明の前半部分で規定されないことが，前半部分の欠点で，『国家』規定が導出されないとみるのは，説明の手順前後であり，同義反復的な定義とならざるをえない．このように，濱内の論理構成で，中央銀行あるいは「国家」を規定することは無理があるように思われる．（それは同時に公信用論の限界ともなる）．

　この濱内説の問題点は中央銀行と国家との関係に集中的に現れている．濱内は「中央銀行機能を通じて剔抉される『国家』」「中央銀行の本質的機能を問題にすることによって措定される『国家』規定」の表現に示される様に，中央銀行と国家を同一視するだけでなく，中央銀行をおり込むことによって積極的に「国家」規定を発展させることが意図されている．この面では二つの問題がある．第１は中央銀行の性格[56]．第２は「国家」規定の内容である．中央銀行が

「政府の銀行」であり，政府と一体性をもつ国家機関であることは事実である．しかし，国家それ自体ではない．深町がいうように「中央銀行は兌換制の維持されている段階でもすでに私的信用制度の枠を抜け出た(この点は異論もある)支配階級の共有する公共的な施設となっている．しかし私的信用制度の運動にたいして受動的かつ効率的に連動して機能していくという趣旨からして，ただちに国家所有の形態をとることはない」[57]のである．また辻忠夫はイングランド銀行を例にしながら，「中央銀行の政策によって，国民国家が貨幣信用の面でも一体化され，いわば共同の利害で国民が結ばれているような観念を生む」(傍点引用者)として「中央銀行による信用体系の国家的分離」に言及している[58]．なお，濱内が賛意を表している松井も国家規定と中央銀行のかかわりについては段階差を設けることを主張している[55]．アメリカでは財務省と連邦準備の対立が1951年にアコードを成立させたように，現実はともかくとして，中央銀行は国家から独立した機構なのである．

　第2は，「国家」規定[59]であるが，これはプランの「国家形態でのブルジョア社会の総括」の評価とも関連する．濱内は，宮本義男がブルジョア社会の総括を「市民社会」「市民生活」「市民生活によってとりまとめられている」ととらえられていることに反発して，「資本の運動が，資本の総括として，再生産を通じ自己貫徹していく過程であり，このような過程のかかわりで「国家」がそれに対応する機能的側面を浮きたたせながら，表現されざるをえないものとして規定されている」(109ページ)とみる．このように，資本の運動，資本の総括として国家をとらえるから，中央銀行は「資本制的生産様式において総資本の要請にかなうところの，最高に発展した経済的機関」(115ページ)として，国家概念にくみこまれることになる．いうまでもなく，プランは「資本，賃労働，土地所有...の三大社会階級」のあとに「国家形態でのブルジョア社会の総括」と続くのであるから，「総括」とは3範疇の対立＝階級利害対立にたいする国家権力の介入・制御を意味している．「『総括』の主体と客体はいずれもブルジョア社会そのものである．」[60] この場合の国家は，「不生産的階級」をかかえている階級国家なのであるから中央銀行が入り込む余地はない．この

点は関下稔の「国家を信用制度，とりわけ中央銀行を直接的契機とする見解は，資本所有間の内部矛盾の解決形態ではありえても，3大階級，とりわけ資本家と賃労働者との間の階級矛盾を直接反映するものとはなりえない」[61]という指摘は正しいだろう．このように，プランの「国家」規定に即しても，中央銀行の国家概念への包括は無理であろう．なお，濱内は一貫して中央銀行規定から「国家」概念を導出しようとしている．中央銀行を「銀行組織の分業化」「発券集中→独占的発券銀行」とする見解は多いが，「国家」の問題を除外した論理は成立しえない．問題は，信用制度，発券業務への国家介入の契機である．政治経済社会の諸法則のもとにある国家の信用制度への介入がなされうるのは，「国民的信用」「国家信用」の存在があるからであり，こうした信用の存在のもとで，中央銀行は，最後の貸手機能，一般的強制通用力等をもつことになるのである．したがって，中央銀行を先行させ，「その機能を通じて架橋しうる『国家』規定」という濱内の構想自体は，逆転した論理構成になっているように思われる．

2 現代公信用論の諸問題

これまで，主として，中村，濱内の研究を中心に公信用論を考察してきたが，ここでは現実経済との関連で，残された公信用問題を考えておくこととしたい．

第1は，公信用の現状との関連である．中村も「公信用の全面的展開は，資本主義の高度の発展段階においてはじめてみられる」とし「包括的に解明すべき論理はいかなる次元に設定されるべきか」[62]と問いかけている．濱内も「国家による受信面のみならず授信面にまで拡延された公信用の発動という現実から」「原理的規定の関係が，改めて問題にされてきている．」[63]と述べている．この問題意識は，われわれと共有できるものである．とくに，1970年代以降の先進国の財政赤字と公信用の拡張（とくに日本）が支配的傾向となっている現状のもとでは，公信用の現状分析と理論の解明は，現代資本主義論としての性格をもち，その総合的分析はさし迫った研究課題となるのである．

第2は，公信用分析の方法論である．プラン（ゴーガンのいう特殊的諸理論）問題の解明には，マルクスの文献の引用にとどまるわけにはいかない．マルクスの文献に散在する諸命題を集めて解釈する方法は，それなりに有効と思われるが，それのみに終始することはできない．マルクス以後に資本主義は高度化し，現代資本主義は矛盾にみちた多様性を示しているのであるから，現代の構造分析を特殊的諸理論段階へと還流させ，それをさらに現状分析へフィードバックすることが必要である．特殊的諸理論の段階での公信用論は固有の困難性をもっている．それは，公信用が国家と信用（財政と金融）の両側面をもっていることによる．したがって国家の次元では，民間信用と国債，公信用の交錯関係が問題となる．さらには，この両側面を一体化してとらえることが必要となる．「プラン」の国家の細目範疇として，公信用概念を規定するためには，こうした作業が前提にならざるをえない．

　第3は，租税，国債，公信用の連関構造を再検討することである．「公信用」は「租税を財源調達手段の支柱として成立している公権力＝国家を背景とする信用体系である．」「公信用の本来的な意味は，租税を信用の抵当においた国家の資金借入（受信機能とともに授信機能も租税徴収を基礎とする公権力を前提としている）」[64]であるとする意見も出されている．これは，租税論に引きつけた公信用論であるが，説得的な一面もある．たとえば，日本の郵便貯金・簡易保険も公権力を基盤としているのであるから，授信面での財政投融資も結局租税徴収権を基礎としているという論理となる．（かつて民間銀行は郵貯国債論を唱えたことがある．）この議論の難点の第1は租税以外の公的収入をどうみるかということである．岩波一寛は，様々な受益者負担金を担保にした公的債務が生まれ，その公信用の大きな資金源となっていることを指摘している[65]．これは岩波が提起した新しい問題である．第2は，郵便貯金等の政府貯蓄の問題である．郵便貯金はレーニンが「貯蓄金庫」を分析した[66]ように古くから存在し，原始的貯蓄の一つの手段であったが，現在でも日本，フランスなどでは大きな比重をしめている．この政府貯蓄は最終的には公権力に支持されているにせよ，資金の蓄積過程は民間の市場原理（金利等）に支配され，金融市場で

受容されているので，強権的徴収である租税とは異質なものである．第3は，授信機能の評価である．欧米の公信用の資金源は原則としては租税か国債である．こうしたケースは租税論でわり切れるのか．たとえば，アメリカではEXIM, FNMA, GNMA，など多数の公的金融機関がある．（公的金融の存在理由として「市場の失敗」，リスクの存在等があげられる．）政府は，財政支出一般ではなく，何故信用形態での国家介入を行うのか．これも租税徴収論には還元できない問題である．

こうしてみると公信用は，受信面では国債，受益者負担金，政府貯蓄，授信面で公共投資，公的金融を包括した体系となっており，そのシステム全体を租税（国家）が直接，間接に支持しているとみることができる．このうち政府貯蓄（大部分）と授信機能は，1930年代の管理通貨制以降の現象であり，プラン段階では枠外とされていた問題である．

こうした新しい，公信用形態の基本的な概念規定は，難しいテーマである．公信用は，政府と民間，組織と市場のなかで，どのように位置づけられるのか．前述の租税徴収論にたてば国家として割り切れるが，現実の市場はすでに公信用を内包し，公信用自体も市場メカニズムをとり込んで存在している．しかし本質的には資本それ自体の運動ではない．官でもあり，民でもある（官でもなく，民でもない）分野をどう規定するのか．近代経済学では，「中間組織論」，「組織化された市場論」が展開され，財政学では「準公共財」，「混合財」の議論がでているが，いま一つ明確ではない．しかし，公信用，財投，第3セクター等の広義のグレーゾーン（政府と民間の混合領域）が世界的にみても増加傾向にあるので，「所有」あるいは「計画経済の再評価」の問題とも関連して解明されるべき課題であろう．

これらの現状分析を特殊的諸理論につなぐことが可能であれば，細目範疇の「公信用」はより立体的な構成となり，「租税．国債．公信用．」の連続性が明らかになるであろう．そして，そのことが「国家」規定の概念をさらに発展させることになるように思われる

第4は，公信用の国際的関連の問題である．マルクスは，ドイツイデオロギ

一のなかで「市民社会は...諸個人の物質的交通の全体を包括する．それは一つの段階の商業的および工業的生活の全体を包括するのであって，...外にたいして国民として認められ，内にあっては国家として編成されざるをえない．」[67]と述べている．

この表現にみられるように，国内では相対的に独立した上部構造としての国家はブルジョア社会を総括する．また資本は自らの運動として対外的な経済活動を行うが，そこでは国民性の枠がはめられることになる．資本は世界総資本としてではなく，特定国の総資本としての行動をとる．また，プランBでは「一国債―人口―外側にむかっての国家，すなわち，植民地，外国貿易，為替相場，国際的鋳貨としての貨幣―最後に世界市場」[68]（傍点引用者）と述べている．

「外側にむかっての国家」が上記の「内にあっての国家」とむき合うこととなる．国家はこのように前半体系と後半体系の結節点となるのであるから，国家の細目範疇である公信用も，一国体系としてだけではなく，国際連関を考慮せざるをえなくなる．

すでに，IMF・世銀を頂点とし，アジア開銀などの地域開発金融機関，先進国・途上国の投融資機関，2国間政府開発援助（含借款）とつながる公信用の世界的な連鎖構造がすでに形成されている．こうした分野は，従来は世界経済論，国際金融論の研究領域とされてきた（とくにIMF・世銀の研究は国際金融論の専管領域とみなされてきた）が，最近「体制支持金融」[69]「国際財政論」[70]など従来とやや異なった視角からの接近も見られるものの限定されたものといわざるをえない．こうした分野を公信用論のなかに大胆にとり込む必要がある．世界的公信用機構と一国の公信用体系の重畳的な関係の分析が必要である．そこにおける協調と対立の屈折した関係は，公信用論のなかでこそ明らかになるものと思われる．

以上，いろいろ述べてきたが，考えてみれば，公信用論は包括性があるだけに，一種の「迷路」的性格をもっている．中村と濱内の研究は，「迷路」への挑戦であったとも考えられる．現状分析でも日本の公信用の中心を形成する財

政投融資は，大蔵省の情報非公開原則のもとで「財政研究者でも理解し難い実に巧妙かつ複雑なもの」[71]で研究は人為的に妨げられている．公信用論は理論と現状分析の双方で大きな壁がある．

過去多数の人々がこの研究にとり組んできた．なかには公信用論のような煩瑣な分野は敬遠し，単純明快な結論が出る研究分野へ移行した人もいることであろう．

しかし，この分野になんらかの形で関係した人の多くは，公信用論研究の重要性から，そう簡単にこの分野から全面撤退するわけにはいかないだろう．とすれば，「迷路」をときほぐす困難な作業を継続し，それが複雑な創造過程と結びつくことを期待する他はない．

もちろん，公信用論は個人の領域をこえた問題を多くもっているので，(1) 理論分野と現状分析の相互交流，(2) 理論分野での研究者の有機的関連を意図したボランタリーな「共同研究」の組織化が必要な時期にさしかかっているように思われる．

1) 中村良広 ①「公信用論ノート」I 鹿児島大学『経済学論集』第20号 1982年3月．
②「公信用論ノート」II 上記第23号 1985年3月．
③「公信用」『資本論体系』第8巻 有斐閣 1985年．
2) 濱内繁義 ①「中央銀行と『国家』規定」佐賀大学『経済論集』第10巻2号 1977年10月．
②「『経済学批判』体系と公信用」上記第11巻1号 1978年7月．
③「公信用の展開方法」上記第18巻3・4号 1985年11月．
④『経済学批判体系の研究』九州大学出版会 1983年．
3) マルクスの国家論についての研究は尨大な量にのぼっている．しかし，プランの「国家」の細目範疇である「公信用」の分析は，その重要性にもかかわらず，殆ど研究はなされてない．その点で，中村，濱内の著作は日本での先駆的な研究成果といえよう．なお，公信用論研究の現状については，以下の文献を参照．斎藤壽彦「公信用論について」『千葉商大論叢』第30巻1号 1992年1月．
4) 『マルクス＝エンゲルス全集』 大月書店 第13巻 5ページ．
5) 髙木幸二郎監訳『経済学批判要綱』第1分冊 大月書店 1958年 30ページ．
6) 上記邦訳 第2分冊 185ページ．
7) 上記の中村論文「公信用論ノート」II および「公信用」参照．
8) 大泉英次「国家形態でのブルジョア社会の総括〈不生産的〉諸階級」『資本論大

系』8巻　47ページ.
9)　『マルクス=エンゲルス全集』第25巻第1分冊　大月書店　502ページ.
10)　ゴーガン「経済学批判プランと『資本論』」大月書店　1979年　201-202ページ．ゴーガンの研究は「プランの問題の研究は自足的なものではなく，特殊理論的諸領域の出発点を確認しつつ，現代資本主義経済が提起する理論問題を解明することを目的とする内容で」，訓古学的研究とは，全く異質のものである.
11)　『マルクス=エンゲルス全集』　大月書店　第23巻b　984ページ.
12)　全上　986ページ.
13)　全上　985-986ページ.
14)　注1)　中村「公信用ノートI」.
15)　注1)　中村「公信用」.
16)　『マルクス=エンゲルス全集』　大月書店　第24巻　121ページ.
17)　全上　285ページ.
18)　『マルクス=エンゲルス全集』　大月書店　第25巻b　594ページ.
19)　全上　595ページ.
20)　全上　596ページ.
21)　全上　609ページ.
22)　全上　611〜612ページ.
23)　全上　597ページ.
24)　注2)　濱内『経済学批判体系の研究』　132-144ページ.
25)　注1)　中村「公信用」　83-89ページ.
26)　『マルクス=エンゲルス全集』大月書店　第23巻b　980ページ.
27)　全上　991ページ.
28)　『マルクス=エンゲルス全集』　大月書店　第25巻b　776-778ページ.
29)　全上　23巻b　986ページ.
30)　亀島泰治「公信用」信用理論研究会『講座信用理論体系』II巻　日本評論社．1956年　196-197ページ.
31)　井田啓二「公信用」『金融論を学ぶ』　有斐閣　1976年　159ページ.
32)　小牧聖徳「公信用理論の展開」立命館大学『立命館経済学』第28巻1号　1979年　11，21ページ.
33)　中島将隆「公信用と証券市場」『信用論研究入門』　有斐閣　1981年　165ページ.
34)　中島将隆「公信用と信用制度」『現代信用論』下　有斐閣ブックス　1978年　17-32ページ.
35)　岩波一寛「公信用論」『現代財政学体系』1巻　有斐閣　1974年　146，160ページ.
36)　国家論のサーヴェイについては，以下の文献を参照．
　　坂本忠次『国家と地方自治の行財政論』　青木書店　1979年．
37)　ゴーガン　前掲書注10)　182-183ページ.
38)　宮本憲一『現代資本主義と国家』　岩波書店　1981年　45-48ページ.
39)　『マルクス=エンゲルス全集』　大月書店　第25巻b　1129ページ.

40) 「ドイツ労働者党綱領評注」『マルクス=エンゲルス全集』 大月書店　第19巻　19ページ.
41) エンゲルス「反デューリング論」『マルクス=エンゲルス全集』 大月書店　第20巻　289ページ.
42) マルクス・エンゲルス「共産党宣言」『マルクス=エンゲルス全集』 大月書店　第4巻　447ページ.
43) 濱内繁義　注2)—④の文献参照.
44) 宮本義男『資本論研究』 大月書店　1959年.
45) 『マルクス=エンゲルス全集』第25巻a　大月書店　502ページ.
46) 全上　第25巻b　782ページ.
47) 深町郁彌「中央銀行」(1)『金融論を学ぶ』 有斐閣　1976年　80ページ.
48) 『マルクス=エンゲルス全集』第25巻a　大月書店　447ページ.
49) 全上　502ページ.
50) ゴーガン　注10), 115ページ.
51) 『マルクス=エンゲルス全集』第25巻a　大月書店　507ページ.
52) 米田貢「信用恐慌と中央銀行の『最後の貸手』機能について」大阪市立大学『大阪市大論集』第45号　1984年3月.
53) 米田貢「National Kredit, Staatskredit の概念をめぐって」中央大学『経済論纂』第28巻3・4合併号　1987年7月.
54) 松井安信『信用貨幣論研究』 ミネルヴァ書房.
55) 松井安信「公信用と信用制度」北海道大学『経済学研究』第28号第1号, 1978年3月.
56) 中央銀行論は従来から論争が行われてきた．主要なものとしては以下の文献を参照.
　　日高普『銀行資本の論理』 東京大学出版会　1986年.
　　村岡俊三『マルクス世界市場論』 新評論　1976年.
　　深町郁彌『所有と信用』 有斐閣　1974年.
　　揚枝嗣郎『貨幣・信用・中央銀行』.
57) 注47) 深町論文　86ページ.
58) 辻忠夫『国家と世界経済』 御茶の水書房　1987年　200ページ.
59) 現代的意味での国家論については上記58)のほかに以下の文献を参照.
　　鎌倉孝夫『国家論のプロブレマティク』 社会評論社　1991年.
　　星野智『現代国家と世界システム』 同文館出版社　1992年.
　　中央大学社会科学研究所編『現代国家の理論と現実』 中央大学出版部　1993年.
60) 大泉英次「国家形態でのブルジョア社会の総括『不生産的階級』」『資本論体系』第8巻　48ページ.
61) 関下稔『現代世界経済論』 有斐閣　1986年　7ページ.
62) 中村　注1)「公信用論ノート」I.
63) 濱内　注2)「公信用論の展開方法」.
64) 坂本忠次「『資本論』と財政範疇の展開」注1)—③『資本論大系』第8巻　65ペ

ージ．
65) 前掲注 35) 143 ページ．
66) レーニン「ロシアの経済生活から」『レーニン全集』第 6 巻　大月書店　69-86 ページ．
67) 『マルクス゠エンゲルス全集』第 3 巻　大月書店　32 ページ．
68) 前掲注 6) の文献参照．
69) 松村文武『アメリカ国際収支の研究』東洋経済新報社　1985 年．
70) 坂井昭夫『国際財政論』有斐閣　1979 年．
71) 宮島洋「再建を忘れた積極財政は疑問」『エコノミスト』1987 年 12 月 22 日号．

(なお，本稿は「立命館国際研究」7 巻 2 号の「現代公信用論の課題と方法」の 4 章，5 章を加筆・補正したものである．)

執筆者紹介（執筆順）

岩波　一寛（いわなみ　かずひろ）　客員研究員（中央大学名誉教授）
関野　満夫（せきの　みつお）　研究員（中央大学経済学部教授）
加藤　一郎（かとう　いちろう）　客員研究員（高崎経済大学経済学部教授）
秋山　義則（あきやま　よしのり）　客員研究員（滋賀大学経済学部教授）
代田　純（しろた　じゅん）　客員研究員（立命館大学国際関係学部教授）
井村　進哉（いむら　しんや）　研究員（中央大学経済学部教授）
米田　貢（よねだ　みつぐ）　研究員（中央大学経済学部教授）
龍　昇吉（りゅう　しょうきち）　客員研究員（立命館大学国際関係学部特任教授）

現代財政危機と公信用　　　　　　　　研究叢書 33
2000 年 3 月 31 日　発行

　　　　　編　　者　　中央大学経済研究所
　　　　　発 行 者　　中央大学出版部
　　　　　　　　代表者　辰川　弘敬

　　　　　　　　　　　東京都八王子市東中野 742-1
　　　　　発行所　中 央 大 学 出 版 部
　　　　　　　　電話 0426(74)2351　振替 00180-6-8154

© 2000（検印廃止）　　ISBN 4-8057-2227-4　研究社印刷・千代田製本

━━━━━━━━ 中央大学経済研究所研究叢書 ━━━━━━━━

1. 経済成長とインフレーション　　中央大学経済研究所編　A5判　本体1000円
2. 地域開発における新産業都市　　村田喜代治編　A5判　本体4000円
　　──松本・諏訪地区の研究──
3. 企業集中と産業再編成　　中央大学経済研究所編　A5判　本体2000円
4. 経済成長と産業構造　　中央大学経済研究所編　A5判　本体2800円
5. 経済成長と就業構造　　中央大学経済研究所編　A5判　本体1000円
6. 歴史研究と国際的契機　　中央大学経済研究所編　A5判　本体1400円
7. 戦後の日本経済──高度成長とその評価──　　中央大学経済研究所編　A5判　本体3000円
8. 中小企業の階層構造　　中央大学経済研究所編　A5判　本体3200円
　　──日立製作所下請企業構造の実態分析──
9. 農業の構造変化と労働市場　　中央大学経済研究所編　A5判　本体3200円
10. 歴史研究と階級的契機　　中央大学経済研究所編　A5判　本体2000円
11. 構造変動下の日本経済　　中央大学経済研究所編　A5判　本体2400円
　　──産業構造の実態と政策──
12. 兼業農家の労働と生活・社会保障　　中央大学経済研究所編　A5判　本体4500円
　　──伊那地域の農業と電子機器工業実態分析──
13. アジアの経済成長と構造変動　　中央大学経済研究所編　A5判　本体3000円
14. 日本経済と福祉の計量的分析　　中央大学経済研究所編　A5判　本体2600円
15. 社会主義経済の現状分析　　中央大学経済研究所編　A5判　本体3000円
16. 低成長・構造変動下の日本経済　　中央大学経済研究所編　A5判　本体3000円
17. ME技術革新下の下請工業と農村変貌　　中央大学経済研究所編　A5判　本体3500円

中央大学経済研究所研究叢書

18. 日本資本主義の歴史と現状　中央大学経済研究所編　A5判　本体2800円
19. 歴史における文化と社会　中央大学経済研究所編　A5判　本体2000円
20. 地方中核都市の産業活性化——八戸　中央大学経済研究所編　A5判　本体3000円
21. 自動車産業の国際化と生産システム　中央大学経済研究所編　A5判　本体2500円
22. ケインズ経済学の再検討　中央大学経済研究所編　A5判　本体2600円
23. AGING of THE JAPANESE ECONOMY　中央大学経済研究所編　菊判　本体2800円
24. 日本の国際経済政策　中央大学経済研究所編　A5判　本体2500円
25. 体制転換——市場経済への道——　中央大学経済研究所編　A5判　本体2500円
26. 「地域労働市場」の変容と農家生活保障　——伊那農家10年の軌跡から——　中央大学経済研究所編　A5判　本体3600円
27. 構造転換下のフランス自動車産業　——管理方式の「ジャパナイゼーション」——　中央大学経済研究所編　A5判　本体2900円
28. 環境の変化と会計情報　——ミクロ会計とマクロ会計の連環——　中央大学経済研究所編　A5判　本体2800円
29. アジアの台頭と日本の役割　中央大学経済研究所編　A5判　本体2700円
30. 社会保障と生活最低限　——国際動向を踏まえて——　中央大学経済研究所編　A5判　本体2900円
31. 市場経済移行政策と経済発展　——現状と課題——　中央大学経済研究所編　A5判　本体2800円
32. 戦後日本資本主義　——展開過程と現況——　中央大学経済研究所編　A5判　本体4500円

＊定価には別途消費税が必要です。